U0008413

榮格論現代人的心靈問題

SEELENPROBLEME DER GEGENWART

C. G. JUNG 1875／1961

作者 卡爾・榮格

溫澤元、林宏濤——譯

推薦序

閱讀榮格，從「支撐點」到「中流砥柱」

徐玟玲

本書原文第一版於一九三〇年問世時，榮格五十五歲。榮格自認與佛洛伊德（Sigmund Freud）的分歧在於自己視無意識與意識同樣具有生命和意義，曾在自傳《回憶．夢．省思》（*Erinnerungen, Träume, Gedanken*）中說：「我的一生是無意識自我實現的故事。」然而，榮格也非常重視現實世界，一九一三年至一九一七年間與幻想的潛意識人物密集對話時，即確知：「需要在『這個世界』有個支撐點。」而家庭和職業正是他在現實世界裡過正常生活的重要支撐點，以抗衡歧異的內心世界；另一方面，他借曼陀羅繪畫來取代與幻想之阿尼瑪（Anima，陰性基質）的對話。到了一九二八年，榮格正納悶為何會畫出一幅中國味很濃的《金色城堡》（*Gelb-Schloß*）曼陀羅畫作之際，衛禮賢（Richard Wilhelm）寄來一篇論述中國道教煉金術的草稿，他飢渴地一口氣讀完，得到滿滿的共鳴，才一掃先前的孤單感，終於開始覺得可以對外建立關係了。一九二九年，與衛禮賢合著《金花的祕密》（*Das*

Geheimnis der goldenen Blüte）之後，他找到重返世界的歸路，開始到處演講、旅行，同時轉向西方煉金術尋找可以有系統地深入心靈原型的方法。

榮格在這本集結演講和論文的書中，即是以系統式循序漸進的架構，為讀者呈現他就整體心靈結構的所思所想，並提出務實的分析心理學方法，諸如：

第一篇，列舉四階段分類法來探討分析心理學的整體結果——自白（Bekenntnis）、澄清（Aufklärung）、教育（Erziehung）及轉化（Verwandlung）。第二篇，藉由關照詩歌藝術作品而說明了「自律性情結」及互涉的一些重要概念——象徵、集體無意識、原型與理想；甚至探討到藝術的社會意義。第三篇，從自身的實務工作與親身體驗，來就佛洛伊德與阿德勒（Alfred Adler）兩位各有所長的學理有一番理性的反思。第四篇，就心理治療的目的，精彩分享了自己的夢工作理念與方法。第五篇，說明其臨床工作中，是先針對心靈事實進行調查與分類，產生一套心理現象學後再進一步建立心靈結構理論，又在後續的實證經驗應用裡，發展出的心理類型學。

到了第六篇，開始全面涉及心靈的結構，從心理、生理、外在環境條件的表現與關係，區分出心靈的三個階段——意識、個人無意識、集體無意識——並安排許多臨床個案討論。第七篇至第十篇，著力於表述「相較於意識褊狹的探照燈柱，心靈是範圍更大而黑暗的經驗領域；無意識也屬於心靈的範圍」。文本指出原型是種種習性系統，它們既是教養也是情緒，它們遺傳了腦部結構的心理面向，一方面形成一個根深柢固的本能成見，另一方面則是本能適應的最有效的輔具。榮格也用不少篇幅致力於說明：大地的物質和動力是父母親面具背後更大的真實力量，存在於父母親和孩子之間的神祕分受；母親的原型相當於中文的「陰」的定義，而父親的原型則是相當於「陽」。接著，先往原始追緝「古人類」的心理投射與其形成的世界秩序；再著墨「生命的轉折」，討論個體主體性的形成與年齡階段的問題；繼而，切入「婚姻作為心理學的關係」。

書末的第十一篇至第十三篇，榮格從「分析心理學與世界觀」、「精神和生命」、「現代人的心靈問題」三大議題，表現出他對存在與人生的積極關懷。榮格表示，分析心理學不是個世界觀，而是個科學，它提供了基石或工具，人們可以用來建構一個世界觀，也可以拆除或改建它，心靈是一個源自人世間的環境條件的適應系統。因而，榮格從其時代中的表現主義藝術，清楚看見預言：人們已經從外在世界撤離，轉向主觀的內心世界。

當代，在榮格筆下既深深觸及黯黑又高高懷抱光明，且多到讓凡人讀不完的文獻群裡，筆者個人覺得，本書屬於「中流砥柱」，能讓人步履適中且安全地，接觸到榮格全面關懷人生的精粹觀點。誠如榮格自序裡所提示的本書作用：「它要探討的是問題，而不是解答。……『心靈』這個大哉問讓現在許多人腸枯思竭，而這部文集正是旨在告訴讀者窮究它的方法。」由於這本書適合想瞭解榮格根本理念的普遍讀者，也就能對廣泛分布在社區裡的「陪伴」工作者帶來新視野。一般而言，生活感的自然而然式陪伴，一種同在感，是受陪者最能接受的方式。然而，對陪伴者而言，「同在」卻是一門功夫，本書所提出的許多要義，能幫助陪伴者更細緻地觀察對方心態、洞察與轉化自己的作為、尋找調節陪伴作為的資源……等等客觀的務實任務，可使陪伴者保有正向存在，而避免因全然被動或受制而發生耗竭。

又，榮格在本書有許多關於藝術創作運用在心理學及臨床工作上的觀點與心得，他認為在正常工作情況下，引導出一種精神狀態後，創作者會開始用自己的本質與存在來進行實驗，在一種流動、變化以及成為的狀態中，想像力總是以令人驚訝的方式找到正確的途徑，將人從「僅此而已」的束縛中解放而出，讓人來到玩鬧遊戲的境界。但，榮格沒有忘記強調：「大家不能將我的手法解讀為漫無目標、無邊無際。我永遠都堅守一項原則，那就是將詮釋的範圍限縮在有效時刻的意義範圍內。」因此，以筆者身為藝術治療師的角度來看，本書對於一些急於採行榮格「積極想像」（Active Imagination）方法，卻尚未窮究其中各層次義理與原則的表達性藝術治療者、心理助人工作者或陪伴者而言，是一個充滿珍奇又鑲有鏡子的實用抽屜寶盒，一層層拉開來細數之際，讀者原本匱乏的經驗知能與虛空，可以因此一層層從自身反映出新的覺知，十分可貴。

本文作者為榮格取向藝術治療師、中華民國教育部授證助理教授

推薦序

豈是不堪回首月明中：尋找現代人的心靈故國之路

魏宏晉

榮格心理學引人入勝，卻多深奧難解，不乏不得要領而中道廢弛；或束書不觀，遊談無根者。縱使榮格心理學於今日貌似復興，清談者眾，然借名流竄，故作沽激，實則蠹惡者，所在多有，誤人甚深，有志親近者不得不慎。慎選入門，免入歧路、誤觸魔道，允為要務。而最是穩妥之道，莫過於親炙原典。商周出版近年來有計畫地翻譯榮格德文原典，該系列書籍，水準整齊，信達雅兼具，堪為中文讀者福音，最新出版的《榮格論現代人的心靈問題》尤其是初窺門道，或久而不得其門者必讀之作。

本書最早在一九三〇年以德文在瑞士出版，兩年後再版，從他簡潔的初版和再版兩篇序文就可以看出來，他已經走出佛洛伊德決裂後沉潛、與自己無意識爭戰的黑暗期，對自己的心理學論述更加自信，揮灑尤為自如。而英文版在德文版之後，很快地於一九三三年便在美國出版，而根據英文版的中文翻譯則在一九八〇年代在台灣出現，之後兩岸不同譯本推出絡繹不絕，底本多還是以一九三三年的英文版為本，可能已不下十種之多。英文版的內容順序與部分章節和德文原版稍有不同，但根本的精神內涵幾乎無異。

榮格於本書基本上全面討論了他的思想，主題廣泛，除涵括諾斯替主義（Gnosticism）、神學、東方哲學與一般靈性等大眾口味外，涉及現代心理治療實際應用的問題這一大部分，實際上完整而簡潔地介紹了他自己心理學理論的基本假設，大篇幅闡述了分析心理學，讓人們可以對比出與佛洛伊德理論的區別，不再有似是而非的混淆。

榮格的著作有個特色，不同作品間常常內容重複，只是剪剪貼貼的重組，但總能就不同主題回應時代問題，甚至歷久彌新，多年之後讀來，仍發人深省，心有戚戚焉。

比如在「論分析心理學與詩歌藝術作品之關係」一章，他藉論述藝術的本質，傳達他的自律性情結理論，以象徵、集體無意識、原型與理想等概念，再次提醒人反省人類的渺小，偉大的藝術作品的原始意象是全人類的共有資產，其來源不存在於創作者的個人無意識，而是在無意識的神話領域裡頭。

因此，不論他在討論與佛洛伊德理論的對比、心理治療的目的、他的心理類型學、心靈的結構等理論性的問題時，他反覆強調的不外乎每個人作為人類整體、甚至整個自然界的一部分時，值此科學理性主義大興、人類自信滿滿的時代，更該謹慎謙卑、重視靈性，我們的存不在自身而已……過去、現在與未來，都是作為彼此的部分的互動的因與果。也因此他特別強調不管作為一個科學家，甚至只是一個個人，士農工商、為人處世，倫理問題永遠都得占據考量的首位。

而在提醒了人的責任、重視心靈的能量之外，書末「現代人的心靈問題」這一章作為結論重點，他卻又帶出一個反轉，認為當代人類社會面臨的難題不盡是因為科學主義壓抑靈性的問題而已，而是以消費主義包裝的靈性復興，可能只是個假象。膚淺的新興宗教大行其道，對各種「主義」過度地片面性狂熱，其實與那黑暗的、母性的、土壤的生命基礎是失去聯繫的，不僅與人類古老的靈性無關，甚至越走越遠，豈是不堪回首月明中。

總之，本書特點在於：一是所有篇章都在蘇黎世心理學俱樂部各種講座中發表，其中部分曾被修改成文單獨出刊，大多數則直接就演講內容整理而收入本書。

再者，由於演講對象為大眾，顧及了深入淺出，比諸他的其餘專著，本書可謂是最為平易近人的一部。三是不管他是發表著作，或者進行演說，基本上都會反覆他的心理學源起、結構以及特性等重點，本書也是如此。既然更加淺顯易懂，當然是入門的不二之選。

本文作者為實踐大學家庭研究與兒童發展學系兼任助理教授

一九三〇年初版序言

收錄於本書的講演和論文，都是在回答大眾對我提出的重要問題。問題的提出本身，就是我們時代的心靈問題的某個寫照。就像這些問題一樣，答案也是源自我個人以及執業上關於這個光怪陸離的時代的心靈世界的經驗。大眾有個根本的誤解，以為世上有特定的答案、「解答」或見解，人們只要說出來，就可以指點迷津。可是正如歷史證實了千百遍，如果真理沒有成為個人真正屬於自己的內在經驗的話，它再美麗都沒有用。每個明確的、「清楚」的答案，卻一直藏在腦海裡，只有在極為罕見的情況下才會闖進人的心裡。重要的不是「知道」真理，而是體驗它。問題的重點不是擁有一個知性的見解，而是要找到通往內心的、或許是言語道斷的、非理性的經驗。沒有比談論它應該是什麼更無益的，也沒有比找到通往這個遠方的目的地的道路更重要的。當然，大部分的人都知道它應該是什麼，但是有誰指出通往那裡的道路在哪裡？

正如這部作品的書名所指出的，它要探討的是問題，而不是解答。我們這個時代的心靈還是在種種難題裡打滾；我們還是在找尋根本的課題，我們以為，如果找到的話，或許一半的解答就出來了。比起我們的祖先，「心靈」這個大哉問讓現在許多人腸枯思竭，而這部文集正是旨在告訴讀者窮究它的方法。

一九三〇年十二月於蘇黎世屈斯納赫特（Küsnacht）

一九三二年二版序言

自第一版問世以來，也才一年半的時間，因此沒有理由需要大幅度的修訂。因此我的文集形式沒有什麼變動。而我也沒有聽到什麼原則性的反駁或者誤解，也就沒有必要回答、闡述什麼，所以也就沒有理由寫個長篇大論的序言了。不管怎樣，我沒有必要贅述我對於心理主義（Psychologismus）時常做的批評，因為沒有任何公正的思考者會以為我獨厚我自己的專業領域而瞧不起形上學家或神學家。我不會忘記以心理學的角度去觀察且評斷所有可觀察的心理現象。而每個理性的人都知道，那並不意味著指出了什麼究竟的真理。只有信仰的領域（或是妄自尊大的人）才會有絕對的確定性。

一九三二年七月於蘇黎世屈斯納赫特

CONTENTS

五 心理類型學 133

六 心靈的結構 161

CONTENTS

CONTENTS

本書各篇大標為方便讀者閱讀所下，非榮格原文所有

一　現代心理治療的難題

心理治療（Psychotherapie）意指心靈（Seele）治療以及針對心靈的療法，不過這個術語目前對普羅大眾來說，已是精神分析（Psychoanalyse）的同義詞。

「精神分析」一詞如今無所不在，每一位使用這個術語的人都貌似瞭解箇中道理，但外行人其實大多不曉得這個詞的真正意含。佛洛伊德（Sigmund Freud）是此術語的創始者，根據他的本意，精神分析只能用來指涉他創立的分析手法，也就是將心靈上的各種問題與症狀，還原回溯為內心潛抑的特定衝動。分析師必須具備符合這套手法的觀點與認知才能進行分析，因此精神分析的概念包含特定理論前提，也就是佛洛伊德提出的性理論，他本人就再三強調此定義。儘管如此，外行人卻一概而論，將精神分析一詞套在各種試圖探查心靈的現代科學手法上。因此，即便阿德勒（Alfred Adler）學派的觀點和取徑顯然與佛洛伊德學派天差地別，仍不得不被貼上「精神分析」的標籤。基於各種差異，阿德勒並未將自己的心理學派稱為精神分析，而是個體心理學（Individualpsychologie）。我則偏好將我提出的架構稱為「分析心理學」（analytische Psychologie），目的是以這個較為統稱的術語，來囊括精神分析、個體心理學與**情結心理學**（*komplexe Psychologie*）[1]中的其他方法和論述。

心理學的學派之爭與心靈本身的複雜性

從外行人的角度來看，人類心靈就只有那麼一種，心理學當然也就只會有一種。因此，大眾總認為學派之間的差異要不是主觀上的吹毛求疵，就是平庸之輩又在耍老把戲了：替自己的學派取個冠冕堂皇的名號，搞得煞有其事。要是一一唱名其他不屬於「分析心理學」的學派，「心理學」的分類清單可是會沒完沒了。事實上，心理學界存有各種水火不容的分析方法、立場、觀點與信念。不同派別之所以相互競爭，主要是因為互不理解，也不願承認對方的正當性與有效性。現代心理學論述如此多樣、差異甚鉅，這種現象實在驚人，門外漢根本無法理解，也完全摸不著頭緒。

假如我們在病理學教科書中發現，某疾病有數種截然不同的療法，就能推斷說其實沒有任何一種療法特別有效。倘若各種分析手法都號稱能讓人進一步探究心靈，我們就能認定在這麼多學派中，沒有任何一種方法能百分之百準確達標，至於那些大放厥詞的學派就更不用說了。現代心理學的多樣性，其實顯露出糾結複雜的困境。大家逐漸體認到，探查心靈的方法，甚至是心靈本身，其實都是艱難的課題。套句尼采（Friedrich Nietzsche）的話，這就像「長了牛角的難題」（ein Problem mit Hörnern），如同鬥牛一般難以馴服。學界會湧現這麼多分析手法，試圖從各種角度來破解這個難以參透的謎團，其實也不令人意外，而這種現象勢必會衍生出數種相互對立的觀點與見解。

我個人認為在談論精神分析時，討論範疇不能受其狹隘的定義所囿限。我們應該要廣泛探討所有被歸納在分析心理學底下的學派，全面瞭解現今試圖解決心靈問題的手法和概念，概括分析各家之長以及不足之處。我想這種觀點大家肯定都能認同。

順道一提，作為經驗事實的人類心靈，為何會在當今突然變得如此有趣？數千年來情況並非如此。在此，我只想點出這個看似無關痛癢的問題，但沒有要試著去深究回答。這個問題其實與本書主題相關，因為現代心理學研究的終極意向，某種程度上與這個問題有著表面上看不出來的關聯。

目前，門外漢口中所說的「精神分析」，其實源於醫學實務，所以多數精神分析都落在醫學心理學的範疇。醫生的諮商室在這種心理學上留下確鑿的痕跡，這不僅體現在術語上，更顯現在理論概念中。不管到哪裡就診，醫生都抱持科學與生物模型的假設。正因如此，學術人文學科和現代心理學之間才會存有如此巨大的鴻溝，因為後者基本上是奠基於非理性自然之上，前者則是來自人類精神。自然與精神之間的鴻溝本就難以彌合，而醫學生物層面的術語則進一步放大這種距離。這些術語聽起來往往相當技術性，時常對那份想理解患者的良善初衷造成負擔。

考量到目前精神分析與心理治療的概念無比混亂，我認為自己有必要提出上述見解，但現在我要開始談這本書的實際主題，也就是分析心理學的成就。

分析心理學的第一階段：自白

由於我們的心理學的意圖五花八門，所以我們必須盡最大努力，才能建立概要總結的觀點。所以說，當我試圖將這些意向與成就畫分為等級或（更確切來說是）階段時，顯然只是種暫時分類法。或許會有人批評，說這跟遍布於某國土地上的地圖三角測量點一樣隨機、無規律。不管怎麼樣，我想透過四階段分類法來探討分析心理學的整體結果，那就是**自白**（*Bekenntnis*）、**澄清**（*Aufklärung*）、**教育**

（*Erziehung*）及**轉化**（*Verwandlung*）。我會在接續段落中討論這些聽來或許有些陌生的術語。

所有分析心靈治療模型的起源都來自告解。不過，這兩者之間的關聯並非來自因果關係，而是較非理性、精神上的根源連結，所以站在遠方的觀察者難以將精神分析的基礎與告解這種宗教制度聯想在一起。

人類心智成功發明出罪惡的概念後，心理上被隱藏起來的東西就出現了。用分析式的語言來說，這種在心理上被藏起來的東西就是「被潛抑的事物」（das Verdrängte）。被藏起來的東西是祕密。祕密如同精神上的毒藥，會讓內心有祕密者與社會疏遠。在劑量極小的情況下，這種毒藥或許是種寶貴的解藥，甚至是對個體分化來說不可或缺的先決條件，以致於在原始發展階段，人類就覺得自己必須發明祕密來保護自己：與其說是不讓心靈蒙受致命的危險，不如說是讓自己不要消融在群體無意識（Unbewußtsein）中。大家都曉得，隨處可見的古老入教儀式及其崇拜狂熱的祕密，都是為了滿足這種個體分化的本能而存在。連基督宗教聖禮在早期教會中也依然被認為是神祕的，就像洗禮那樣在隱蔽的空間舉行，而且只用寓言式的暗示性語言來指涉。

與少數幾人共享的祕密具有正面扶持力量，只屬於個人的祕密則會帶來傷害與破壞。這種祕密如同罪惡一般，將鬱鬱寡歡的祕密擁有者與其他人之間的社群連結斬斷。比起當事人不知道自己心中有祕密、不曉得自己在隱藏什麼，如果我們清楚知道自己在隱瞞什麼，祕密的殺傷力顯然會比較小。在個人不曉得自己隱藏祕密的情況下，他或她不會在有意識的情況下保守隱瞞的內容，甚至還會對自己隱瞞祕密。祕密從意識中脫離，成為一個獨立的情結，在無意識心靈中成為特殊的存在，不受意識的干擾與導正。這種情結可以說是構成了一個小型封閉式心理。正如經驗所示，這種情結還發展出一套獨特的幻想活動。幻想實際上是心靈的自我活動。在意識的壓抑稍稍減弱或完全停止時，這種幻想活動就會突破封鎖，例如在睡眠中。睡眠時，幻想以夢的形式出現。但即便在清醒時，我們也會在意識的閾限之下繼續做夢，而這種夢主要是被壓抑或無意識的情結。順道一提，無意識的內容絕對不只是由曾經有意識、但後來透過潛抑變成無意識的情結所組成；無意識也有其特有內容，這些內容從未知的深處萌芽生出、循序漸進通達意識。因此，我們絕不能將無意識的精神，想像為單純用來盛裝被意識推開的內容的容器。

所有無意識的內容，要不是從下方接近意識的閾限，就是停留在稍微低於意識的位置。這些內容多少都會影響意識。由於這些內容不會直接出現在意識中，其影響必然是間接的。多數所謂的意識**失誤**（*Fehlleistung*）都是由這種干擾造成，就像所有所謂的**精神官能症狀**（*neurotische Symptome*）一樣，它們（若以醫學術語來表達）全然是心因性（psychogen）的（但所謂的衝擊效應就屬例外，例如砲彈爆炸造成的衝擊效應等）。最溫和的精神官能症形式為意識的失誤，例如口誤、突然遺漏姓名與日期、意外地笨手笨腳導致受傷等等意外、誤解和所謂的記憶幻覺（以為自己說過或做過），還有對聽到或讀到的資訊有錯誤認知與理解等。

在所有上述情況中，我們能透過澈底的調查來揪出某種內容的存在，證明這種內容以間接、無意識的方式破壞、改變意識的表現。

所以，一般而言，無意識的祕密造成的損害，比有意識的祕密造成的傷害還大。我曾經看過許多患者，他們因為生活環境艱困而產生自殺傾向（天性軟弱者可能會發現自己難以抵抗自殺衝動），但後來在理性思考下，越來越有意識地阻止自殺行為，並以這種方式產生無意識的自殺情結。無意識的自殺衝動反過來引發許多危險意外事件，例如在高台或懸崖邊暈過去、在行進的車前猶豫地停下腳步、把咳嗽藥水與昇汞搞混，還有突然想做危險的體操特技等。如果能在上述情況下有意識地體認到自殺的衝動，那有意識的理性就能透過有意識的選擇，來體察並避免自殺的可能，以抑制的方式進行干預並提供協助。

無論是否真為如此，從普遍認知的道德角度來看，所有個人祕密都是罪以及過犯。

隱藏的另一種形式是克制（Zurückhalten）。一般來說，會被克制的通常是**情感**（*Affekt*）。在這裡，我一樣得先強調，克制是一種有用、有益的美德。正因如此，我們才會發現原始人類民族也將自律視為最早期的一種道德技藝。自律是入會儀式的其中一環，主要形式為對痛苦和恐懼的堅忍毅力以及苦行禁欲。在這種情況下，克制是在祕密社群中實踐操作的，是種與他人共享的行為。但是，假如這種克制僅限於個人範疇，而且與宗教觀毫無關聯，那它就會像私人祕密一樣變成有害的存在。道德過於高尚者的易怒性跟眾所周知的壞脾氣，就是從這種克制而來。被克制的情感也算是被隱藏的東西，而且除了對外人，人也能對自己隱藏情感。這算是一種男人相當擅長的技藝，而除了少數例外，女性通常不敢於隱藏，害怕會因為隱瞞而觸犯、傷害情感。被克制的情感跟無意識祕密一樣讓人孤立不安，而且同樣應受譴責。某種程度來說，如果我們內心懷有他人不知道的祕密，自然就會怨恨我們；

如果我們在他人面前隱藏情緒，自然同樣會憎惡我們。從這個角度看來，自然充滿強烈的厭惡留白（horror vacui），所以長遠看來，那種來自克制情感、不冷不熱的相處互動最讓人無法忍受。被壓抑的情緒通常就是內心隱藏的祕密。不過，很多被克制的無意識情感其實無關乎祕密，而且是源自有意識的情況。

有些精神官能症是因為隱藏祕密而來，有些則是因為克制情感所致。總之，那些自在宣洩情感的歇斯底里症患者，主要都是因為內心藏著祕密；頑固的精神衰弱症患者則是因為無法順利排解、消化情緒而病。

隱瞞祕密跟克制情感都會造成傷害，而自然最終會以疾病的形式來應對這些傷害。我必須再次強調，祕密與克制情感只有在純屬個人時才會構成傷害。如果祕密與克制情感是與他人共有、共享的，那就是一種順應自然的行為，甚至還稱得上是有益的美德。只有純屬個人的隱瞞與克制才會造成危害。對於同胞身上的一切陰暗、殘缺、愚昧與罪惡，人類似乎有無可剝奪的權利去得知與揭穿。但為了自我保護，我們必然會將這些面向深埋心中。掩飾個人的劣勢和全然活在劣勢中，似乎都是種自然的罪惡。人類似乎擁有一種良知：如果個人沒有在某時某地，以某種方法拋開自我保存與自我主張的高尚自尊，坦承自己也跟其他人一樣可能會犯錯失誤，就會受到這種良知譴責。要是不這麼做，他心中就會出現一堵無法穿透的牆，將他與那種鮮活的感受區隔開來，無法覺得自己是芸芸眾生中的一員。

這就清楚顯示真誠、不加掩飾的告解有多重要。自古以來，大概所有入會儀式與神祕教派都體現這項真理，古代的神祕主義格言就說：「有捨才有得。」

我們能直接將這句話當成心理治療初始階段的格言。其實，精神分析的起源無非是以科學的方法重新探索古老的真理。就連第一種精神分析法的名稱，也是古代聖禮或入會儀式的常見說法，也就是所謂的**淨化**（*Katharsis*）。無論是否以催眠術從旁輔助，早期淨化手法主要是讓患者潛入其意識的背景深處，這在東方瑜伽系統中就是所謂的冥想或沉思狀態。不過跟瑜伽不同，我們在此想關注的事物，是那些零星出現、朦朧模糊的概念軌跡，無論是意象或情感都好。這些軌跡脫離無意識中無可探查的黑暗背景，讓我們在內觀時能夠隱約看出其輪廓。透過這種方式，被潛抑與遺失的事物重返意識，而這本身就是種收穫。縱然這些收穫偶爾令人難堪難受，但這些劣勢、甚至是應受譴責的事物，也是屬於我的一部分，它們確立了我的存在和肉體，更是我的**影子**。要是沒有影子，我還有辦法存在嗎？如果想要擁有全整的存在，陰暗面就不可或缺，而只要我清楚意識到自己的陰暗面，我就能提醒自己：

我跟所有同胞一樣是個有血有肉的人。無論如何，倘若能在這種起先無聲沉默的狀態下找回自己的全整，個人就能回到精神官能症（也就是分裂情結）出現前的狀態。假如繼續停留在這種沉默無聲的狀態，孤立的狀態就會延續，而損害只能獲得部分改善。但是透過自白，我們就能重返人性的懷抱、擺脫道德放逐的重擔。淨化法的目的是**澈底自白**：不只在理智上全然承認事實，還要用心去肯定事實、解放被克制壓抑的情感。

這種自白的效用，對天真無知的人來說影響深遠，療效自然也相當驚人。不過針對我們的心理學在這個階段的主要成就，我不只希望看到患者能得到治癒，更希望能讓大家確實體認到自白的意義，因為這關乎所有人。每個人都因為保守祕密而與他人之間出現隔閡；意見與幻想的虛幻橋樑輕率地取代了自白的穩固橋樑，使人際之間的鴻溝逐漸擴大深化。

但我絕不是想在此呼籲大家都這麼做。俗濫的互相悔罪有多令人反感，大家想必都心知肚明。心理學只能清楚點出這裡有一個首要致命傷，但我們不能直接處理這個致命傷，因為它本身又是個複雜棘手的問題。為什麼？在名為**澄清**的下一個步驟中我們就會曉得。

分析心理學的第二階段：澄清

顯然，如果淨化是萬靈丹，那新興的心理學就會在自白階段止步。我們必須知道，淨化不是永遠都能成功讓患者接近意識、讓他們察覺到內心陰影。反之，許多人（這些人性格天生複雜、意識強烈）頑強地僵固在意識中，沒有任何事物能讓他們脫離意識。治療者試圖將他們的意識排除推開時，他們通常會激烈抵抗。這種人想要意識清醒地與醫師交談，並且在理智上描述、討論自己的困難。他們已經有夠多東西要懺悔自白了，所以不需為此求助於無意識。我們需要一套完整的技術來讓這種患者接近無意識。

此一事實會在治療初期大幅限制淨化療法的效用，而且隨後又會出現另一種限制，並立刻引出我們在澄清階段會碰到的問題。比方說，在某個特定病例中，淨化性告解已經發生，精神官能症也已消失，也就是說我們已看不見症狀了。我們能斷定患者已經痊癒、可以回家了。但是，他或她（尤其是她）不能離開。患者顯然是透過自白來與醫生產生連結。倘若這種看似無意義的連結被強行切斷，病況就會惡性復發。不過，非常特別且奇特的是，在某些案例中，患者與醫生之間並沒有產生依戀或連結。患者離開時表面上看來已被治癒，他或她被自己的心靈深處所吸引，繼續對自己進行淨化療法，而代價是無法順利適應生活。他跟無意識產生連結、跟自己綁在一起，而不是跟醫生建立連結。這類患者的命運，顯然跟提修斯（Theseus）和戰友皮瑞蘇斯（Peirithoos）一樣。他們進入冥界企圖將冥界女神帶走，因為路途疲勞而坐下來休息，卻發現自己因為雙腳被石頭卡住而動彈不得。

這些古怪、無法事先預期的個案，就跟我之前提到的個案（對淨化之良善意向毫無反應的病患）一樣，都需要借助澄清的協助。雖然這兩類患者顯然有許多差異，但澄清對他們來說都是從同一個起始點開始的，那就是所謂的固著（Fixierung，或譯作固戀），佛洛伊德就清楚、正確地點出固著的現象。我們很常在接受過淨化療法的患者身上看出固著的現象，尤其是那些在接受淨化療法後與醫生產生連結、依附的患者。在催眠治療導致的不良後果中，我們已經能看出類似現象，但這種連結的內在機制依然不為人知。現在我們能確定，這種連結的性質與父子關係雷同。患者對醫生產生幼稚的依賴，而且就算患者發揮自己的理性洞察力，也無法免除這種依賴。這種固著甚至具有異常龐大的力量，大到令人懷疑其背後是否有不尋常的動機。不過，固著是一段發生在意識之外的過程，患者的意識無法透露任何相關資訊，我們也碰上這個問題：該如何克服這個新的難題？這顯然是精神官能症的成形過程，是種新的症狀，而此症狀就是由治療所引發。這種狀況的顯著外部特徵，是患者將父親的情感記憶意象轉移到醫生身上。不管醫生願不願意，醫生對患者來說仿若父親。此外，患者不是到這個階段才出現這種移情心態。這種心態一直都在，只不過之前被潛抑了。這種情結現在浮出檯面，而且想要重建親子家庭氛圍，因為患者終於找到思念已久的父親。佛洛伊德適切地將這種症狀稱為**移情**（*Übertragung*）。對能提供幫助的醫生產生某種程度的依附，這是很正常、而且常人都能理解的現象；如果這種移情異常頑固，又無法在有意識的情況下接受導正，那才是異常、令人出乎意料的。

佛洛伊德的一項主要成就，是他至少闡明這種依附在生物學上的性質，從而讓心理學相關知識得已大幅躍進。現在，證據清楚解釋這種依附是由無意識幻想造成。這些幻想主要帶有一種**亂倫**（*inzestuös*）的特質。這似乎能完美解釋為何這些幻想是無意識的，因為連最澈底坦承的自白，也無法揭露這些幾近無意識的幻想。雖然佛洛伊德總說亂倫幻想是因為受到潛抑才進入無意識，但後續經驗清楚顯示，在許多個案中，這種幻想從來就沒有進入過意識，或者只是以最隱約晦澀的形式被感知。所以，這類幻想不可能被清醒的意向所壓抑。根據最新研究，亂倫幻想更有可能是無意識的，而且從過去到現在一直都是，直到治療師用分析手法將這些幻想攤在陽光下為止。我並不是說這是一種應受譴責、干預自然的操作。當然，這是一種近似於心靈外科手術的行為，但這絕對必要，因為亂倫幻想觸發移情的症狀情結。移情固然表面上是個藝術品，但還是個異常面向。

淨化療法基本上是讓自我重新獲得那些有意識能力的內容（這些內容原本就屬於意識層面），移情的澄清則揭開幾乎不可能以這種形式被意識到的內容。這就是自白與澄清階段的根本區別。

我們在前段提到兩類患者，一種是無法靠淨化得到改善的病例，另一種則會在淨化後陷入固著狀態。針對會發展出固著或移情現象者，我們已有著墨。然而，除了這類患者，如前所述，還有一些患者並未與醫生建立聯繫，而是與個人的無意識產生依附、陷入其中。在這種案例中，父母的意象並沒有轉移到另一位人類客體身上，依然是幻想中的意象。不過，這種意象發揮同樣強大的吸引力，造成與移情相同的依附。前者無法順利接受淨化法的治療，而根據佛洛伊德的研究，原因在於：

這類患者在接受治療前，就已經仿同他的父母，因而獲得權威、獨立及批判能力，使他們能順利抵抗淨化治療。他們主要是受過教育、與眾不同的人，不像其他人無助地成為父母意象之無意識活動的受害者，而是透過無意識將自己視為父母，來占領支配這種活動。

面對移情現象，單用自白來治療患者是行不通的，所以佛洛伊德也不得不大幅修改布魯爾（Josef Breuer）原先開發的淨化法。佛洛伊德現在使用的，就是他所謂的「解析方法」（Deutungsmethode）。

這項進展必要且合理，因為移情關係特別需要靠澄清來揭示。外行人固然說不上來怎麼回事，而突然被拉進一團費解的幻想觀念裡的醫生，更是不明所以。病人移轉到醫生身上的東西必須接受解析，這就是所謂的澄清。由於病人不曉得自己到底在移轉什麼，醫生必須針對病人傳遞出來的幻想片段進行解析。**夢境**就是繼幻想後出現最重要的產物。因此，佛洛伊德率先在夢境中檢視那些因為無可調和所以被潛抑的欲望，並在研究過程中發現我前面提到的亂倫內容。當然，這項研究不僅找出各種在狹義上可被稱做帶有亂倫特質的素材，同時還揭示各種人類能想像出來的污穢概念。大家都知道此類概念不勝枚舉。就算耗盡畢生精力心血，我們也無法毫無遺漏地將這類概念全數列出。

佛洛伊德學派的澄清方法，對人性陰暗面進行極為細緻的分析與描述，這可是前所未見的創舉。面對人類本質的理想主義式幻想，這套方法可說是效用最強的解毒劑。所以，佛洛伊德及其學派受到各方激烈反彈，這種反應其實不足為奇。在此我不想談論那些堅定不移的幻想主義者，我只想強調就連在那些反對澄清方法的群眾當中，也有不少人縱然對人類的陰暗面不抱幻想，卻還是提出反對意見，認為我們不能單從人類陰暗面來解釋人。畢竟，最重要的不是影子，而是產生影子的肉體。

佛洛伊德採用的是所謂「**還原式**」（*reduktive*）的解析手法，如果在使用這種解析模型時太過單一片面或誇大，則會造成破壞。不過，佛洛伊德的澄清工作讓心理學洞見獲益匪淺；透過這套模型，我們知道人類本質中有陰暗面，而且不只是人本身，人的作品、體制和信念都是如此。就連我們最純潔神聖的觀點，也是建立在深沉、黑暗的基礎上；而且，我們不僅能從屋脊往下來解釋一棟房子的結構，也能從地窖往上來分析、拆解房屋的構造。第二種解析方法在本質上反而更正確無誤、更具優勢，因為房子本來就不是從屋頂往下蓋，而是從地基向上建造。再者，一切具有完備形體的東西，最初都是由簡單、粗糙的東西建構而成。雷納希（Salomon

Reinach）用原始圖騰的觀點來解析《最後的晚餐》，這種解析方法非常有意義，我想這點沒有人會反對；所以，八成也不會有人拒絕將亂倫假說套用在美善的希臘神話上。當然，從陰影面來解釋光明的事物，再透過某種方式將其拉回骯髒污穢的起始點，這在情感上是件令人痛苦難為的事。不過我相信，如果這類事物會因為陰暗面的解析而遭到破壞，那就是美善光明事物以及人性的弱點。我們之所以對佛洛伊德學派的解析感到害怕恐懼，完全是因為我們太過野蠻或天真幼稚，因為我們不曉得萬丈高樓平地起的道理，更不曉得「物極必反」才是終極真理。如果我們認為針對陰暗面的解析會讓光明的事物消失，那才是錯誤觀念。那是個令人遺憾的錯誤，就連佛洛伊德也難以倖免。有陰影就有光明，有善就有惡，反之亦然。所以說，我不會譴責澄清療法對西方幻想與其侷限造成的衝擊，反而要展開雙臂歡迎它，因為它是一種必要的歷史修正手法，而其意義根本無可估量。有了這套手法，哲學相對論才得以滲透發跡，這種相對論在當代愛因斯坦（Albert Einstein）論述中，以數學和物理方式體現出來，而這基本上是來自遙遠東方的真理，我們目前還無法預知其效應為何。

理智學識上的想法大概是最沒有效用的東西，但如果想法是**心靈事實**（*seelische*

Tatsache），而且還悄然出現在不同領域、顯然沒有任何歷史因果關聯，那我們就得當心注意。因為屬於心靈事實的想法，在邏輯與道德上，都比人類本身和人類的腦袋更無可辯駁、不可動搖。人可能會以為這些想法是他自己製造出來的，但實際上是這些想法在型塑他，所以他不自覺成為這些想法的代言人。

分析心理學的第三階段：教育

回到先前探討的固著問題，我想探討澄清手法能發揮何等效應。一路回溯至固著的背景陰暗面，就會貶低患者的地位；患者必然會發現自己的主張與要求有多徒勞與幼稚。在其中一種情況中，患者會從武斷的權威高位，下降至某種比較謙卑的水平，處於某種或許有益身心的不確定狀態中；在另一種情況中，患者會體認到，向別人提出要求是種幼稚的便宜之計，而他必須靠肩負更大的個人責任來取代這種心態。

患者若能擁有這番洞察，就會從中得出自己的道德結論，相信自己是有缺陷的，並以此為武器，衝入為生存而戰的鬥爭中，以便在漸進的努力奮鬥和經驗中，消耗掉那些一直使他執著於童年天堂或至少頻頻回顧的力量與渴望。常態適應以及對自身缺陷的容忍，將會成為個人的首要道德原則，並盡可能擺脫自己的多愁善感及幻想。無意識作為軟弱與誘惑的根源，以及道德敗壞和社會淪喪的所在，患者必然會極力擺脫。

醫生目前在治療多數患者時碰到的問題，是如何將患者**教育成社會人**。在此我們也正式進入第三階段。對於許多天生對道德觀相當敏感的人來說，洞察力本身就能發揮足夠的激勵力量；然而，在道德幻想較弱的人身上，洞察力無法發揮任何作用。如果沒有人從外部急促揮鞭驅策，就算患者對醫師的澄清與解釋深信不疑，光靠洞察力還是不夠，更遑論那些雖然對一針見血的分析有所理解、但依然半信半疑的個案。後者同樣又是那些在精神思想上較與眾不同的人。他們雖然體認到還原性解析的真理，但單純貶抑個人期望與理想仍無法讓他們滿足。在這些案例身上，洞察力會失去效用。澄清療法如果要生效，先決條件是患者本身具有敏銳易感的特質，這種人能夠靠一己之力從洞察中得出道德結論。比起純粹、未經詮釋的自白，澄清的效用確實更進一步，因為澄清至少教化人類心智，或許還能喚醒沉睡的力量，讓人更進一步干預導正。但事實是，在許多情況下，接受澄清之後，患者雖然多了點洞察與覺醒，但依然是個不適切的幼稚孩童。而且，正如後續發展所示，佛洛伊德關於**欲望**（*Lust*）及其滿足的解釋原則，其實是片面且不充分的。並非所有人都能從這個角度來解釋。確實，所有人心中都涵蓋這個面向，但這並非所有人面對的主要問題。你給一位飢腸轆轆的人一幅美麗的畫，但他卻比較想吃麵包；你任命一位墜入愛河的男子為美國總統，但他卻比較想將愛人抱在懷裡。一般來說，比起適應不良者（換句話說，就是那些因為在社會上有所不足而渴望地位權勢的人），我們更能用欲望的角度，來解釋那些在社會適應與社會地位上沒有困難的人。追隨父親腳步而獲得社會權力的長子，會被自己的欲望所困；另一方面，在父兄壓抑下處於劣勢的次子，會被自己的雄心壯志以及被肯定的需求驅策、把這股激情看得比其他東西都還重要。所以對他來說，其他事物都不會變成問題，至少不是太攸關生命的大問題。

在此，澄清治療系統出現一個明顯的缺口，而佛洛伊德以前的學生阿德勒就挺身彌補這個空缺。阿德勒令人信服地證明，比起欲望原則，許多精神官能症案例更適合用**權力驅力**（*Machttrieb*）來解釋。所以他的解析意向在於讓患者知道，他或她是如何「安排」自己的症狀、利用自身的精神官能症，來獲得一種虛構的地位以及主權。就連移情與其他固著也是為了滿足患者對權力的驅力而存在，因此也代表對想像中之壓迫的「男性欽羨」（männlicher Protest）。[2]阿德勒關注的，顯然是那些受壓迫、在社會上不成功的個體，這些人內心唯一的激情是得到外界的認可與肯定。這些個案之所以出現精神官能症，是因為他們仍認為自己處於被壓迫的狀態，並徒勞地跟想像中的壓迫抗爭。在這種情況下，他們也最無法達成心中最渴求的目標。

阿德勒基本上是從澄清階段開始，也就是剛才描述的那種澄清。在這方面，他再次訴諸洞察力。不過，阿德勒的特點是他對純粹的洞察不抱太大期望；除了洞察之外，他清楚意識到社會教育的重要性。佛洛伊德是研究者和解析者，阿德勒基本上則是教育者。因此，阿德勒承接佛洛伊德的未竟事業：他沒有讓患者心中的孩子無助地留在原地、只給予珍貴的洞察力，更試圖透過這種教育手段讓患者成為能正常適應的人類。這種操作顯然是基於以下信念：社會適應與常態化，是值得追求的理想目標，是人類本質必要且理想的實現。從這種基本態度出發，阿德勒學派發揮廣泛的社會效用，但他們同時也開始迴避無意識，而這種迴避偶爾也提高到否認的程度。正如我在前段所提，在佛洛伊德強調無意識的同時，這種對無意識的迴避或許是無可避免的反應，正如奮力追求適應與健全的患者自然會厭惡無意識那樣。原因在於，如果我們單純地將無意識當成盛裝人類邪惡陰暗面的容器（包含史前的淤泥沉積），大家會真的無法體會為何要在這個曾失足跌入的沼澤旁逗留。對研究者來說，泥潭可能是個充滿奇蹟的世界，但普通人寧願轉身把泥潭拋在腦後。正如原始佛教為了脫離兩百萬尊神祇的沉重背景而不敬拜任何神祇，心理學也一樣：如果心理學想進一步發展，就必須與佛洛伊德之無意識這種極為負面的東西拉開距離。

阿德勒學派的教育意向，正好承接佛洛伊德留下的空白，並滿足患者心中可以理解的需求：在獲得洞察之後，能找到正常生活的方式。顯然，光是知道自己的疾病為何而生以及從何而來是不夠的，因為對病因的洞察未必能讓人直接擺脫疾病。大家務必謹記，精神官能症的錯誤行為與心態，會演變成各種頑強的習慣。縱然對這些習慣有所洞察，如果我們沒有用新的習慣來取而代之，惡習就不會消失，而新的習慣只能靠練習實踐來達成。我們只能透過實際的教育來達成這項任務，必須確實將患者「拉到」其他路徑上，而這只能透過教育的意志來完成。所以說，阿德勒的操作主要受到牧師與教師的認可，而佛洛伊德學派的支持者則是醫生和知識份子，這種現象不難理解：醫生和知識份子可說是相當糟糕的教育者與照護者。

分析心理學的第四階段：轉化

我們心理學的每個發展階段，都有其所屬的終結點。在**淨化法**的徹底宣洩當中，我們會相信：就是這樣了，一切都水清魚現，真相大白，以前的焦慮和眼淚，就讓它們過去吧。**澄清**階段正是要確切地說：現在我們知道精神官能症從何而來、最早期的記憶已被挖出、最底層的根源也被翻攪而出，而移情不外乎是滿足個人對童年天堂願景的幻想，或是試圖重回往昔家庭生活的現象。通往常態、清明醒悟生活的康莊大道就在眼前。最後則是**教育**階段，而此階段點出自白或澄清無法使彎曲的樹變直，只有在園丁用支架調整矯正後，樹才有可能再次長直。常態適應要在這個階段才會出現。

每個階段都有這種古怪的終結感覺，而這也點出以下事實：時至今日，有些淨化派治療師顯然沒有聽過夢的解析；有些佛洛伊德派學者根本不懂阿德勒在說什麼；有些阿德勒的支持者則對無意識不屑一顧。不同治療手法與階段的擁護者，都被其原則中固有的終結性所侷限，因而引發意見和觀點的混淆，使心理學領域難以找出自身定位與方向。

不過，這種讓各方固執己見的終結感究竟從何而來？針對這個問題，我能說這是因為每個階段都是來自一項終極真理，而各方人馬總能找到個案來證明特定真理。在這個充滿荒謬與錯誤的世界，真理變得極其珍貴，以致於沒有人想因為碰到少數與真理不符的例外就去推翻真理。只要稍稍懷疑真理，就會被其他人當成無核心信仰的害群之馬，因此討論與辯論中都充斥著狂熱與水火不容的氛圍。

不過，每個高舉知識火炬向前行的人，終究都只能走上一小段路，並且必須讓其他人接棒繼續前進。如果能以客觀的方式來理解這項事實，也就是說知道我們並非真理的創造者，而是真理的表述者，只是傳達出當代心靈需求的發言人，就能免除許多摩擦與痛苦，更能清楚洞悉人類心靈之間深刻、超越個人的連結。

一般而言，我們不會去思考其實淨化療法的實踐者，代表的不只是一個抽象概念，他們的作用不只是帶出淨化效用。淨化師也是活生生的人，雖然淨化師在個人有限範圍內思考，其行動卻能發揮完整個人影響力。雖然嘴上沒有明說、心裡沒有清楚意識到，但淨化治療師在潛移默化中做了不少澄清與教育的工作，就像其他階段的治療師也在沒有明確強調的情況下從事淨化的工作。

所有鮮活的生命都是活生生的歷史，就連冷血動物也以暗示與影射的形式活在我們心中。所以目前提到的分析心理學前三階段絕對不代表真理。第三階段絕對不會併吞或取代前兩階段。這三階段比較像是同一個問題的三大不同面向，不會以任何方式在其內在本質上相互抵觸，就像罪之赦免不會跟告解互相抵觸那樣。

這個道理也適用於第四階段，也就是**轉化**。我們一樣不該聲稱轉化是唯一終極真理。轉化這個階段的存在，能彌補前三階段的不足，但那也只是先前階段所無法觸及的額外需求罷了。

為清楚說明轉化這個階段的目的，並大概闡述這個聽來較不尋常的術語究竟是什麼意思，我們必須探討在人類心理中，有哪些面向是前三大階段未能觸及的。換言之，我們必須判斷：除了當一個能夠常態適應的社會人，人類心理還有什麼更進一步、更崇高的需求？當一個正常人，這或許是大家想像中最適切、最有益的目標。不過在「正常人」的概念中（在適應的觀念裡亦然）隱含著一種平庸的侷限。只有對那些難以融入日常世界的人（例如因精神官能症而無法如常生活的人）來說，這種平庸的侷限才是值得嚮往的進步目標。對於非成功人士以及比普羅大眾更難適應生活的人來說，「正常人」是相當理想的目標。不過對那些總能成功應付生活、締造豐碩成就的人來說，僅是當一個正常人的概念或道德限制，就像普洛克路斯忒斯（Procrustes）的鐵床那樣，[3]乏味沉悶到令人難以忍受，簡直像地獄那樣貧瘠無望。很多人因為無法過正常的生活而受精神官能症所困，但也有不少精神官能症者因為自己太平庸而生病。對於後者來說，一想到有人竟然會想透過教育來讓他們變得更「正常」，簡直就像一場惡夢，因為他們真正渴望的，不外乎是過著不正常的生活。

人不會安於自己已經具備的東西，只能從尚未擁有的事物中尋找滿足和成就。如果社會適應對一個人來說易如反掌，那這對他來說就沒有任何吸引力。假如一個人總是言行適切，那把一件事做對，對他而言就沒什麼挑戰性；然而，對事情永遠做不好的人來說，把事情做對，就是其內心默默渴求的遙遠目標。

每個人的需求和必需品各有不同。對一個人來說是救贖的東西，對另一人而言可能是監獄。常態與適應的概念也是如此。儘管生物學定理表示人是群居動物，只有在社群生活中才得以身心健全，但我們隨時有可能在現實世界中碰到反例，顯示他或她只有在不正常及反社會情況下，才有可能全然達到健康的境界。令人絕望的是，在真正的心理學領域，我們找不到普遍有效的準則與規範。每個個案的需求和主張都不同，而個體差異大到我們基本上無法預知個案的狀況會如何發展，所以醫生最好放掉所有先入為主的觀念。但我的意思不是說醫生該澈底拋棄一切預設，而是將預設作為可能的解釋應用在個案身上。這麼做的目的並非指導或說服患者，而是讓患者知道醫生是如何應對其特殊狀況的。因為不管從哪個角度看，在這種醫學治療的客觀冷靜的框架中，醫生和患者間的關係都是個人的關係。治療是種相互影響作用的產物，而作為完整的個體，患者與醫生都在其中發揮作用，這點我們無法否認。治療過程中，兩個非理性的存在（也就是兩個人）相遇交會。這兩名個體並非可明確畫定分割的定數，雖然他們各自有明確清晰的意識，卻共同創造出一個不確定、無邊無際的無意識疆界。雖然醫生的言行無疑會對病情造成正面或負面影響，但相較之下，醫生與患者的性格通常會對心靈治療的成效發揮更龐大的效用。兩個具有各自性格的人碰在一起，就像將兩種化學物質相互混合：如果兩者能發揮作用，雙方都會有所改變轉化。如我們所預期，在所有真正發揮效用的心靈治療中，醫生會對患者產生影響。不過，這種影響只有在醫生也受到患者影響時才會出現。產生影響就是「易感」（Affiziertsein）的同義詞。要是醫生刻意去掩蓋患者帶來的影響、躲在父親般專業權威的煙幕背後，這對醫生一點好處也沒有。要是醫生這麼做，他就是拒絕去運用那最重要的認識器官。不知不覺中，患者對醫生造成影響，使醫生的無意識出現變化。許多心理治療師都知道這種職業心靈干擾的存在，這甚至可說是一種損害，而這種損害昭然若揭地顯示出所謂患者的化學性影響。其中最常見的一種現象就是移情造成的**反移情**（*Gegenübertragung*）。不過，此類影響通常更隱約微妙，除了「將疾病轉嫁給健康人」的舊觀念，我們無法以其他方式來描述這種現象。健康者必須靠自己的健全來征服病魔，而這也必然會對其身心健康造成負面影響。

醫生與患者之間存有非理性的關係因素，這種因素會產生相互**轉化**。兩者之間比較穩定強大的性格，會決定治療的最後走向。不過，在許多案例中，我也發現雖然醫生具備理論知識和專業意向，最後還是被患者同化，而結局經常（並非總是）對醫生不利。

轉化階段是建立在這些事實之上。若要對這些事實有明確的認知，二十五年以上的充分實務經驗是先決條件。佛洛伊德也因為體認到這點而接受我的主張，認為醫生本人也必須接受分析。

而我的主張究竟是指什麼？這項主張非常單純，就是醫生應該要跟病人一樣「接受分析」。在心靈治療中，醫生與患者是同等重要的組成要素，也同樣會遭受轉化的影響。事實上，要是醫生無法受到轉化的影響，他也會削弱這種影響在患者身上發揮的效用；如果醫生僅是在無意識之下受到影響，他的意識中就會出現一個缺口，使他無法正確看待患者。不管是哪種情況，療效都會打折扣。

所以說，醫生也得承擔他希望患者承擔的任務，例如成為一個能適應社會的存在，或是一個不順應社會的存在。當然，根據患者的具體需求與情況，醫生在治療過程中對患者提出的要求也各不相同。假如醫生認為患者必須擺脫幼稚型症（Infantilismus），醫生得先克服自己的幼稚型症；如果醫生認為患者必須釋放所有情緒，那他自己也得釋放所有情緒；要是醫生認為患者需要培養全整的意識，那他自己也得先達到這個境界才行。如果希望能對病人帶來正確的影響，醫生至少得不斷努力達成自己提出的要求。所有與治療相關的首要原則，其實都體現相當高標的倫理門檻，而這些門檻其實代表一項真理：**你必須實際以身作則**。紙上談兵永遠是空泛空洞的，不管你使出多麼詭詐機智的把戲，永遠都無法蒙蔽這個簡單的真理。能讓治療發揮效用的，永遠都不是你讓病患相信「什麼」，而是患者「真的」被你說服了。

所以，在分析心理學的第四階段，醫生必須**將自己相信的那套治療系統運用在自己身上**。而且醫生也得跟自己對待病人時一樣，秉持不講情面、堅定、堅持到底的態度。

心理醫生為了找出患者的方向與認知哪裡出了錯，以及為了揭穿患者內心幼稚的祕密，必須全神貫注分析患者並給予批評。以此看來，若是醫生能將同樣的功夫運用在自己身上，其實也是相當可觀的成就。我們通常都對自己沒什麼興趣，而且也沒有人會付錢讓我們對自己進行內觀自省。此外，真正的人類心靈遭到極大的漠視，以致於自我觀察和省思幾乎成了病態行為。人顯然會懷疑自己的心靈的健康狀態，所以探究分析自身心靈就有探視病房之嫌。醫生必須克服的，就是這種自我施加的阻力，因為要是他自己不接受教育，又怎麼能教育他人？如果醫生自己蒙昧無知，又如何能澄清患者的狀況？假如醫生自己不純潔，又該如何淨化他人？

從教育進展到**自我教育**的過程是相當合乎邏輯的發展，同時也是前期治療階段的開展擴充。轉化階段的要求，就是要醫生先自我轉化，藉此進一步轉化患者。不過這個要求相當不受歡迎，這點其實不難理解。首先，這種要求顯然不切實際；再來，對自我的分析與省思，會引來令人不愉快的偏見；最後，強迫自己達成對病人的所有期望，有時是件極其痛苦的事。最後一點大概是使大家抗拒此要求的首要原因，因為任何想教育並治療自己的人很快就會發現，自己的本質中隱藏著一些堅決抵抗常態化的東西；儘管持續進行澄清以及宣洩釋放，這些東西依然以最令人不安的方式困擾著他。面對這些東西，他該如何是好？醫生雖然曉得患者該如何應對（畢竟他在專業工作上有義務這麼做），但是當這些事物來自己身時，他又該如何秉持最堅定的信念來應對處理？或者，如果狀況發生在與他最親近的親人身上，他該如何應對？醫生在自我審視的過程中會發現自己的劣勢，而這會令人擔憂地拉近他與患者的關係，甚至可能損及他的權威。他該如何面對這種尷尬困窘的發現？無論醫生認為自己有多正常，這些關於「精神官能症」的問題都會令他深感困頓。此外，醫生還會發現，那些重壓著他與患者的終極問題無法靠任何療法來解決，而其他的解決方法仍然太天真，但如果找不到解決方法，他們只能再次把問題壓下去。

在此，我就不繼續探討自我審視會引發的一連串問題。有鑑於人類心靈至今依然模糊未知，這些問題目前還不是最要緊的。

治療的轉向

另一方面，我更想強調的是，分析心理學的最新發展，讓我們進一步觸及人類人格之非理性因素的大哉問，並揭示醫生本身的性格也會對治療帶來正面或負面影響，而醫生自身的轉化（等同於**教育者的自我教育**）是治療過程中的關鍵。因此，所有在心理學歷史上客觀發生的一切，例如自白、澄清以及教育，全都被提升到主觀層次。換言之，發生在患者身上的一切，也該發生在醫生身上，這樣他的性格才不會對患者產生負面影響。醫生不能靠治療他人的難題來逃避自己的問題，假裝自己一點問題也沒有。

早期佛洛伊德學派在發現無意識的陰暗面後深受震撼，發現自己不得不開始探討宗教心理學方面的問題；道理相同，近來發生的治療轉向，也讓醫生的倫理態度成為一個無法迴避的問題。與此問題密切相關的自我批判和自我探索，必然會改變我們對人類心靈的理解（我們對心靈的理解向來僅停留在生物層面），因為人類心靈絕不只是科學導向之醫學的研究對象；接受探查分析的不只是患者，醫生也得參與其中；人類心靈不只是客體，更是主體，它也不僅是大腦功能，更是人類意識的絕對條件。

在此，早期醫學療法成為自我教育的方式，當代心理學的視野也拓展到我們完全沒意料到的領域。關鍵因素不再是醫生的文憑，而是人本身的素質。這項轉折意義重大，因為過去心理醫師用來治療患者的那整套手法，經過多年持續發展、改善以及系統化調整後，如今成為用來自我教育、自我改善的工具，從而斬斷過去制約著醫生診療室的枷鎖，讓分析心理學得以掙脫束縛。分析心理學可說是突破自我，正準備開始填補一直以來的巨大空白：與東方文化相比，西方文化對心靈的認知仍相當粗淺。我們只知道心靈上的馴服與操控，卻不瞭解心靈的發展進程與其功能。西方文明還很年輕，而年輕的文明總需要借助馴獸師的本領，使抗拒的原始民族和野人至少能長成一定的模樣；然而，來到更高文化層次，我們必然而且也能夠拋開馴服和制約，往發展的方向前進。為了晉升到這個層次，我們必須找出一條路、一套方法，而如我所說，我們目前還在找尋。依我看來，分析心理學的見解和經驗至少能為此提供基礎，因為在醫學心理學將醫生視為客體的那一刻，醫學心理學就不再只是用來治療患者的方式。這套心理學現在也治療健全的人，或至少治療那些在道德層面追求心靈健全的人，而他們所謂的疾病只不過是所有人都在經歷的痛苦。所以，我們期許心理學能夠造福全人，而且甚至能超越之前的階段（這些階段早就各自承載一項基本真理了）。不過，這份主張與目前的現實之間還存有一道無法跨越的鴻溝，我們必須一磚一瓦建造橋樑，將這兩端銜接起來。

本文發表於 *Schweizerisches Medizinisches Jahrbuch* (Basel 1929)

注釋

1 譯注：情結（英文 complex；德文 Komplex）一詞由佛洛伊德與榮格發揚光大，是一種探索心理或心靈的途徑，也是重要的理論工具，但不同學派對情結的確切定義不盡相同。

2 譯注：阿德勒提出「男性欽羨」的概念，用來指女性拒絕傳統的女性角色，而偏好男性化，主要原因是要獲得權力。在男性身上則表現為優越感。

3 譯注：在普洛克路斯忒斯的鐵床上，身高矮小者會被拉長，高壯者則會被截斷成符合床的大小，用來比喻「強求一致」的概念。

二　論分析心理學與詩歌藝術作品之關係

對於詩歌藝術，分析心理學可以談什麼，又不該談什麼

雖然要去談論分析心理學與詩歌藝術創作間的關係相當困難，但對我來說這是個難得、珍貴的機會。心理學與藝術之間的關係一直是備受爭議的主題，而藉此機會，我能好好澄清自己究竟抱持什麼立場。縱然這兩個領域無可相互比擬，但它們的關係如此密切，我們必須加以分析探討。兩者的關係是基於以下事實：藝術在實踐過程中是一種心理活動，而只要是心理活動，我們就能夠也應該以心理學的視角來觀察、探討。因為從這個角度看來，藝術創作和其他由心理動機產生的人類活動一樣，是心理學研究探查的對象。然而，前述聲明也替心理學觀點的應用設下明確限制：**在所謂藝術中，只有屬於創作過程的那部分能成為心理學主題，構成藝術之實際本質的那部分則不是。這個第二部分，也就是藝術本身究竟是什麼的問題，永遠不可能是心理學的議題，只能是藝術審美的方法與觀點。**

我們在宗教領域也必須做出類似區分：在宗教範疇，我們只能針對宗教的情緒性與象徵性**現象**進行心理學觀察，而不會也不能去觸及宗教的本質。如果我們有辦

法去分析其本質，那就連宗教或藝術也能被列為心理學分支了。話雖如此，卻還是有人真的做出這種越界之舉。那些人顯然忘了，人類心理也很容易陷入相同處境：心理的特有價值與實際本質被破壞，因為有些人單純將心理視為大腦活動，把心理運作跟心理學分支中的其他腺體活動相提並論。大家都曉得，這種現象早已發生。

就本質而言，藝術不是科學，而科學實際上也不是藝術；所以說，這兩個思想領域都有自己專屬的保留區，而且只能透過自己來解釋自己。因此，我們在談論心理與藝術的關係時，只會去探討藝術中能用心理學途徑來觀察的那部分，而不該去跨越界線。無論心理學能對藝術提出什麼解釋，這些解釋都僅限於藝術創作活動的心理過程，永遠不會觸及藝術本身最內層的本質。這個道理也能套用在理智與情感之本質的關係上：理智無法代表或甚至是全盤掌握情感的本質。沒錯，要不是我們早就清楚觀察到這兩者之間的根本差異，理智與情感現在也不會是兩項截然獨立的存在。在幼小的孩童身上，「學科之爭」（der Streit der Fakultäten）尚未爆發，而藝術、科學與宗教的潛能仍安靜地並排沉睡；在原始人那裡，藝術、科學和宗教的雛形仍在巫術心理的混沌中並置而沒有區分；最後，在動物身上，我們根本看不出「精神」的跡象，只能看出所謂的「自然本能」——上述三大事實，並不是要證明藝術與科學的本質在原則上是一體的，彷彿只有這個統一性才能證明它們的互相含攝（Subsumption）或是相互化約。因為，如果我們持續溯源精神發展狀態，直到看不出個別精神領域的原則性區別時，這也不代表我們對人類精神統一的基礎原則有更深入的瞭解，而只是來到發展史上前期的無差別狀態而已。在這種狀態，任何個體性都不存在。然而，這種基本狀態並不是一項原則，我們無法從中推導出更高階的後續存在狀態。雖然後續階段總是起源於基本狀態，我們還是無法直接從基本狀態得出任何結論。當然，為了能進行因果關係的推導，科學觀念總是傾向於忽視差異的存在，並盡可能將焦點擺在較普遍、但也更基本的概念上。

就我看來，這些考量在今日是非常適切的。近期以來，以這種類似於回溯至基本狀態的方式來詮釋詩歌藝術創作，其實是相當常見的手法。詮釋藝術創作時，我們有可能回頭探討創作的環境與條件、創作素材以及個人創作方式等，例如詩人與父母的私人關係。不過對於瞭解藝術創作本身，這種方式沒有太大幫助。我們能將這種回歸推導的方式套用在其他各種案例上，尤其是那些具有病態障礙的個案。精神官能症與精神障礙也可還原為孩子與父母的關係，就像好習慣與壞習慣、信念、特質、熱情以及特殊的興趣那樣。但我們絕不能安然假設這些差異懸殊的事物都能用相同解釋來解讀，否則我們就會得出結論，認為這些現象全部都是同一件事。因此，如果我們用解讀精神官能症的方式來解讀藝術作品，那要不是藝術作品等同於精神官能症，就是精神官能症等同於藝術作品。作為矛盾的文字遊戲，我們通常能接受這種論述方式；但就常理而言，我們無法將藝術作品和精神官能症一視同仁。進行分析的醫生頂多能藉由職業偏見的視角，將精神官能症當成藝術作品來看待，但具有思想能力的普羅大眾永遠不會想將病理現象與藝術混為一談（但我們無法否認，藝術作品創作的心理前提，跟精神官能症的心理前提是一樣的）。但情況本就如此，因為某些心理前提無處不在，而且總是相同，因為所有人的生活條件相對上都差不多。無論我們探討的是一位神經性的學者、詩人還是正常人，所有人都有父母、都有所謂的父母情結，而且也都有性特質，所以也都有某些典型、一般人會有的困難。某位詩人比較受到自己與父親關係的影響，另一位詩人則是在與母親的關係影響下創作，而最後一位詩人的作品中無疑透露出性潛抑的痕跡，這些現象都能被視為是所有精神官能症患者的境況，更可以說是所有正常人都會碰到的事。這就說明為何以這種方法來評估藝術作品不會帶來任何具體收穫，頂多只能擴展、深化我們對歷史先決條件的認識。

事實上，佛洛伊德開創的醫學心理學領域，替文史學家帶來許多新的刺激，讓他們將個人藝術創作的某些特質，與詩人的個人私密經歷相互連結。這並不是說針對詩歌藝術創作的科學研究，始終都沒發現詩人在作品中，有意或無意間留下的關於個人私密經歷相關的線索。不過，佛洛伊德的作品讓我們得以更深刻、詳盡地溯源，瞭解最早期的童年經歷對藝術創作帶來哪些影響。如果能適度、巧妙運用這種詮釋手法，我們通常能描繪出一幅非常有意思的意象，一方面顯示出藝術創作如何與藝術家的個人生活交織結合，另一方面又體現藝術創作如何在這種交互作用中產生。以此看來，所謂藝術作品的**精神分析**，原則上與全面深入、嫻熟細緻的文學精神分析並無二致。兩者之間的差別頂多只是漸進式的。不過，只要稍微不謹慎，結論和證據偶爾也會讓兩者之間出現驚人的差別。只要一不小心，這種比較幽微細緻的詮釋法就會出這種問題。這種在面對過於人性的事物時完全不戒慎恐懼的心態，正是醫學心理學的專業特點，《浮士德》（*Faust*）的梅菲斯特（Mephistopheles）就正確意識到這點：醫學心理學喜歡「隨意探查所有個人物品，而針對這些事物，另一人已摸索多年」。遺憾的是，醫學心理學並不總是以對自己有利的方式來探查這些事物。過於大膽狂妄的結論，很有可能會使人做出激烈的反應與舉動。少許紀實性的醜聞，往往能讓個人傳記讀起來更引人入勝，但是超過一定的量，那就會成了污穢骯髒的窺探，是科學幌子底下良好品味的天大災難。在不經意間，分析師的興趣從藝術作品上轉移開來，在心理前提如迷宮般的糾結中迷失，而詩人則成了臨床病例，還有可能成為性精神病態的某某案例。然而，這麼一來，藝術作品的精神分析就將自己從其對象中抽離，將討論拉到一個相當普遍的人性領域，對藝術家來說一點也不具體，對其藝術創作來說更是無關緊要。

這種在藝術創作**面前**進行的分析，進入了一般人類心理學的領域，而除了藝術創作外，其他一切都能從這個領域產生。在這方面，與藝術作品相關的解釋就是膚淺的主張，例如「每個藝術家都自戀」這句話。如果我們能如此廣泛使用這種專門用來指稱精神官能病態的術語，那每個盡力朝個人方向邁進的人都成了「自戀者」。所以我才說這種聲明一點用處也沒有，充其量只是一句令人驚訝的警語。因為這種分析完全沒有去處理藝術作品本身，而是試圖像鼬鼠那樣盡快鑽進地底與土壤底層，所以這種心理學最後只會到達支撐全人類的同一塊基底。因此，這種心理學的解釋總是單調到令人詫異，就跟我們在醫生診療室中聽到的說法一樣。

佛洛伊德的還原法正是一種醫學治療方法，這種方法會跟治療對象產生病態、不適切的依附。這種病態的依附取代了正常的表現，因此必須被摧毀，這樣健康的適應才有發展空間。在這種情況下，回溯至一般人性的基礎上是非常合宜的。但若應用在藝術作品上，這種方法則會導致剛才描述的結果：它從藝術作品閃閃發光的外衣中，抽絲剝繭出基本人類的赤裸日常與平凡，而詩人也屬於這種物種。談到藝術創作，大家總會提到崇高創造力的金色光輝，但這種光輝熄滅了，因為這種光輝跟歇斯底里的欺騙性幻想一樣，都接受相同的拆解與剖析法。這種拆解固然有趣，但其科學價值或許不亞於解剖尼采的大腦。解剖尼采的大腦，只能說明他死於哪種非典型麻痺，但這與《查拉圖斯特拉如是說》（*Also sprach Zarathustra*）又有什麼關係？無論他的背景與基礎是什麼，他難道不是**一個**超越人性與過於人性之不足、超越偏頭痛與腦細胞萎縮的全整世界嗎？

截至目前，我已經談到佛洛伊德的還原法，但還沒詳細說明該方法包含哪些內容。這是一種對患者進行心理檢查的醫學心理技術，專門探討有哪些方法與手段能讓我們繞過或看穿有意識的前景，藉此深入心理背景（也就是無意識）。這種技巧的前提是，精神官能症患者在意識中潛抑特定心理內容，因為這些內容與意識不相容（不可共量）。這種不相容被認為是道德上的不相容；因此，被潛抑的內容必須乘載負面特質，亦即從幼兒性欲、淫穢到犯罪等特質，因而使這些內容在意識中顯得無法被接受。由於世界上沒有完人，每個人心中都有這樣的背景，不管他們是否能夠承認都一樣。所以只要運用佛洛伊德開發的解析技術，就能在每個人身上發現這種被潛抑的內容。

在這場時間有限的講座中，我當然不可能詳細描述這套解析技巧的細節，只能概要點出一些重點。無意識的背景並不是沉默死寂的，而是會透過對意識內容的特定影響來自我顯現。例如，這些無意識背景產生具有特殊性質的幻想產物，這些產物有時能輕鬆回推出某些與性相關的背景想像。或者，這些無意識背景會在意識流程中造成某些特定干擾，而這些干擾也可以被歸結為被潛抑的內容。瞭解無意識內容的一項重要來源就是夢。夢是無意識活動的直接產物。佛洛伊德還原法的精髓在於，這套方法蒐集所有無意識深層背景的線索與跡象，並透過分析和解析來重建無意識驅力的根本流程。佛洛伊德將那些隱約點出無意識背景的意識內容，誤稱為**象徵**（*Symbole*），而在他的學說中，這些象徵的唯一作用，是作為無意識背景流程的**符號**（*Zeichen*）或**症狀**（*Symptomen*），而絕非實際上的象徵。面對實際上的象徵，我們必須將其理解為一種觀點的表述，而我們目前還不能用另一種或更好的方式來掌握這種觀點。舉例來說，當柏拉圖（Plato）用洞穴的譬喻來表述整個認識論的問題，或當基督在其譬喻中表述神之國度的概念時，這些都是真正且適當的象徵，它們都試圖表述一個尚未存在於詞語概念中的事物。如果以佛洛伊德的說法來詮釋柏拉圖的寓言，就會自然而然得出子宮的結論，還會推導出就連柏拉圖的精神也深藏在最原始的狀態中，甚至還展現出嬰兒期的性欲。但如此一來，我們就澈底忽略柏拉圖從他哲學觀之原始前提中開拓出的創造性產物。沒錯，這樣一來，我們會漫不經心地忽略他最根本的特質，只會發現他跟其他普通人一樣有嬰兒期的性幻想。只有對於那些認為柏拉圖是超人的人來說，這種聲明才有價值。他們現在可以滿意地表示，就連柏拉圖也是人。但又有誰會將柏拉圖視為神呢？可能也只有那些被幼稚幻想所左右的人，也就是擁有精神官能性心態的人吧。從醫學層面看來，這種將所有現象還原為一般人類真理的作法是有益的。不過，這與柏拉圖寓言的意義一點關係也沒有。

我刻意花這麼長時間探討醫學精神分析與藝術作品的關係，是因為這種精神分析也是佛洛伊德的論述。藉由其僵化死板的教條主義，佛洛伊德使普羅大眾將這兩件基本上差異懸殊的事，當成同一件事來看待。在某些醫療個案中，我們確實能用這項事實來發揮優勢，同時又不將其提升至學說的地位。而針對這種學說，我們必須提出強烈的反對意見。這種學說是基於非常武斷隨機的前提預設：舉例來說精神官能症絕不是單純來自性潛抑，精神病也不是。夢絕對不只包含不相容、被潛抑的欲望（佛洛伊德認為這些欲望被假想的夢之審查所掩蓋）。在他片面、偏頗的假設影響下，佛洛伊德的詮釋技巧顯然相當專斷。

兩種創作態度：內向型與外向型

為正確看待藝術作品，分析心理學必須全然擺脫醫學偏見，因為藝術作品不是疾病，所以我們需要透過不同於醫學的角度來看待。為了盡可能剷除疾病的根源，醫生自然會去調查疾病的成因；面對藝術作品時，心理學家必然得採取相反的態度。面對藝術作品，心理學家不會提出多餘的問題，來探查那些無疑比作品更早出現的基本人類境況，但他會詢問作品本身的意義，而只有在有助於理解作品意義的情況下，他才會去探查作品的先決條件。個人因果與藝術作品的關係，就跟土壤與從中生長的植物的關係一樣可大可小。當然，如果我們瞭解植物生長地的特性，就會逐漸瞭解植物的部分特質。對植物學家而言，這甚至是其植物知識中相當關鍵的要素。不過，不會有人宣稱只要瞭解土壤的特性，就能掌握植物的本質精髓。透過探查個人因果背景來建構出對個人境況的態度，這對藝術作品來說是相當不適切的，因為藝術作品並不是人，而是超越個人的存在。藝術作品是沒有人格的事物，因此不能以個人境況為標準來衡量。真正的藝術作品甚至帶有其特殊的意義，因為它成功將自己從個人束縛與死路中解放出來，並將純粹個人的無常與短暫性拋諸腦後。

透過個人經驗，我必須坦承：對一位醫生來說，要在面對藝術作品時摘下專業的濾鏡，從而擺脫自己經常用來看待事物的生物性因果關係，這確實不容易。但我已清楚意識到，僅以生物為導向的心理學，在某種程度上能適用於人類，但絕不適用於藝術作品，因此也不能套用在具有創造力的個人身上。純粹以因果論為導向的心理學，必然會把每個人類個體化約成智人這個物種的成員，因為對這種心理學來說，一切都有其源頭和出身。然而，藝術作品不只是關於其源頭或出身，其中還具有嶄新的創造，會去重新塑造那些因果論心理學想有效推導出來的先決條件。植物不單是土壤的產物，而是以自身為根柢的、生機盎然的創造過程；植物的本質與土壞的本質一點關係也沒有。如此看來，藝術作品必須被視為一種不受制於所有前導條件的創造形式。藝術作品的意義與其特殊性質來自本身，而非外部先決條件。事實上，我們能說藝術作品這種東西，單純是將個人與個人氣質當成提供養分的基地；藝術作品會根據自己的規律來運用自己的力量，並將自己塑造成自己想成為的樣子。

做出這番論斷時，我心裡想的其實是種特殊的藝術創作類型，一種我目前還沒有介紹到的類型。之所以這麼說，是因為並非每件藝術作品都是在這種狀況下產生的。有些作品，不管是詩歌還是散文，完全是出於作者的意向與決心來達到預期的效果。在這種情況下，作者以目標明確的方式來運用和處理他的素材，透過增減刪削來強調或弱化某種效果、在此處或別處加重修飾，對可能造成的效果進行最仔細謹慎的考量，並持續觀察美的形式及風格的規律。作者在創作中挹注最敏銳的觀察力，全然自由地選擇個人的表達方式。他的素材對他來說只是素材，完全受制於他的藝術意向：他想表達的就是**這個**，而不是其他東西。在這種活動中，詩人與創作過程可說是全然一致，無論他是否自願站在創作運動的前鋒，或創作過程是否將他當成工具並完全掌握，以致於他對此事實的所有意識都消失了。他就是創造性創造本身，並完全身處其中、與之無異。他的所有意向與能力皆然。綜觀文學史或詩人自己寫成的懺情錄，就能清楚看出這項事實。

談及其他類型的藝術作品時，我談的也絕對不是什麼聞所未聞的觀點。其他類型的藝術創作是多少以一種整體、完整的形式流入作者筆下，它們已經裝備齊全、隨時準備好問世見光，就像雅典娜（Pallas Athene）直接從宙斯（Zeus）頭上冒出來那樣。這些作品實際上是強行加諸創作者身上的，他的雙手被攫住；從他筆下流瀉而出的產物，讓他的精神感到詫異驚奇。作品自己建構出一套形式。作者想對作品做的事遭到拒絕，而他不想接受的事卻被強加在他身上。他的意識呆滯、空洞，佇立在現象面前，他被大量的思緒及意象淹沒，而這些思緒與意象從來就不是其意志所創造或想創造的事物。縱然不情願，他也必須體認到在這一切當中，他的自我從他體內發出聲音，他最內在的本質顯露出來，大聲揭示他永遠不會宣之於口的事物。他只能順從，並跟隨對他來說顯然來自外在的衝動、感覺自己比作品還要渺小，因此作品具有他無法支配的力量。他與創作過程不是一致的；他意識到自己站在作品之下，或至少站在作品一旁，就像第二個人一樣。他已經落入一個外來意志的魔咒。

談及藝術作品的心理，我們首先必須牢記藝術創作有這兩種截然不同的可能，因為對心理學的判斷來說，最重要的許多關鍵，都取決於這項差別。席勒（Friedrich Schiller）就已經感受到這種對比：大家都曉得，他試圖在**感傷**與**天真**的概念中詮釋這種對比。之所以選擇這種表達方式，或許是因為他考量的主要是詩歌創作。在心理學上，我們稱前者為**內向型**（*introvertiert*），後者則為**外向型**（*extravertiert*）。內向態度的主要特點在於主體的主張，還有在面對客體需求時，主體意識清醒的意向與目的；外向態度的特點是主體對客體要求的服從。在我看來，席勒的戲劇跟多數詩作，就清楚勾勒出面對創作素材時的內向態度。素材是由詩人所掌握。《浮士德》（*Faust*）的第二部則清楚描繪出相反態度。在第二部中，創作素材的特點是展現頑強的抵抗力。另一個更貼切的例子，可能是尼采的《查拉圖斯特拉如是說》，因為作者在書中宣稱自己「一變二」。

創作過程中的無意識與自律性情結

可能有人已從我的陳述方式中感受到，當我不再去探討詩人這個個人、將重點擺在創作過程上時，心理學的立場會發生什麼樣的轉變。關注的重點已經轉移到後者身上，前者則被認為只是一個會採取被動反應的客體。在作者之意識不再等同於創作過程的情況下，這點再清楚不過。但在第一種案例中，情況則完全相反：作者顯然是創作者本身，是出於他個人的自由意志，絲毫沒有半點強迫。他也許對自己的自由深信不疑，而且不想承認他的創造不等同於個人意志、不是純粹來自其意志與能力。

在此，我們碰到一個問題，但我們無法從詩人自己對作品特質的描述中得到答案，因為這個問題本身帶有科學性質，我們只能透過心理學來找出解答。正如我先前所述，情況也有可能如下：表面上看來非常有意識、能在自由意志之下創造出他想要的作品的詩人，儘管意識清明，還是有可能會被創作的衝動所攫取，以致於根本不記得自己原先想表達的是別的東西。雖然在創作過程中，他聽得見自我向他喊話，但他跟另一種類型的創作者一樣，無法在顯然來自外部的陌生靈感中直接感受個人意志。所以，他對個人創造之絕對自由所懷抱的信念，只不過是意識的幻覺：他以為自己在游泳，但身旁其實有股無形的水流帶他前進。

這份懷疑絕非我們憑空捏造，而是來自分析心理學的實證經驗。在探索無意識的過程中，分析心理學發現各式各樣的可能，顯示意識不僅會被無意識影響，甚至有可能受無意識引導。因此這種懷疑是合理的。我們提出的可能假設如下：即便是有意識的詩人，也有可能被自己的作品攫取。但針對這項假設，我們該從何取得證據？證據可以是直接或間接的。直接證據是，詩人在他認為自己在說什麼的時候，多少明顯說了比他所意識到的還要多。這種案例並不罕見。間接證據是，在創作的表面自由意志背後，有一個更崇高的「必須」。如果任意中斷或放棄創作，這種必須將會以更迫切的形式提出需求；如果創作過程出現非自願性中斷，創作者就會立刻出現嚴重心理併發症。

針對藝術家的實際分析一再顯示，源自無意識的藝術創作動力極其強烈，同時也非常任性專斷。我們能在許多偉大藝術家的傳記中發現，他們的創作衝動強大到甚至篡奪人性的一切、迫使其為藝術創作服務，最後犧牲了健康和尋常人的幸福快樂！藝術家心靈中未誕生的作品是種自然力量，這種力量在展現自身存在時，可能會透過殘暴的暴力，也可能會以自然目的那種隱約靈巧的方式，但它不會去關心作為創造者之人類的個人福祉與悲哀。創造性的一切在人身上安居成長，就像一棵樹在土壤中，從中強行吸取養分。因此，我們不妨將創造性的創作過程，視為是植入人類心靈的活體。分析心理學將其稱為「**自律性情結**」（*autonomer Komplex*）。這種情結作為心靈中一個分離的部分，過著獨立的精神生活，從意識的層次中抽離。根據其能量值與力量，自律性情結有可能只是隨意定向之意識流程中的干擾，或者成為更崇高的主體，使自我為其服務。因此，那類跟創造性過程協調一致的詩人，會是一位在無意識的「必須」脅迫下，打從一開始就點頭答應的藝術家。然而，對另一類詩人來說，創造性衝動顯然是來自外在的動力，他基於某種理由無法點頭答應，因而對這種「必須」感到詫異。

我們應該要做好心理準備，預期會在藝術作品中感受到其起源的多樣性。在一種情況下，這是一段有意向、有意識伴隨與引導的產出過程：藝術家經過深思熟慮，建構出預期中的形式與效果。但在另一種狀況中，創作可說是來自無意識的事件，因為它在沒有人類意識干預的情況下自我實現，甚至偶爾會與意識抗衡，並且專斷地堅持其形式和效果。所以在前一種情況下，我們必須預期作品不管怎麼樣都不會超出有意識之理解的限度，而且某種程度上來說會在意向的框架內自我窮盡，也絕對不會表述任何作者沒有投入在作品中的東西。在第二種情況下，我們必須準備好接受一些超乎個人的東西，這些東西超出意識理解的範圍，就像作者的意識脫離其作品發展一樣。我們能預期會看出陌生的意象與形式、只能在朦朧模糊中去理解的思維，還有一個滿載意義的語言，而此語言的表述將具有真正的象徵價值，因為它盡其所能表述依然未知的事物，更是通往無形之岸的橋樑。

這些標準在整體上確實成立。如果我們探討的，是針對有意識挑選之素材進行有意向之創作的作品，那我們起先提及的特點也能成立，在第二種情況中也一樣。以下這些我們已經相當熟悉的例子，像是席勒的戲劇、《浮士德》第二部，還有更貼切的《查拉圖斯特拉如是說》，都能清楚闡明前段論述。然而，我不想在尚未深入調查詩人與其作品的私人關係之前，就冒昧將一位不熟悉的詩人的作品歸類到某個類別中。就連知道當事詩人是屬於外向型還是內向型也不夠，因為這兩種類型的人都有可能一下子以外向態度創作，一下又改以內向態度創作。在席勒身上，我們就能發現他在詩歌創作以及哲學創作方面的差異；在歌德（Johann Wolfgang von Goethe）身上，他那形式完美的詩作，跟他在創作《浮士德》第二部之內容時的掙扎就差異懸殊；而談到尼采，他的格言警語和《查拉圖斯特拉如是說》中連貫的論述就相當不同。同一位詩人在創作不同作品時能抱持不同態度，而且必須根據自己與作品的關係來決定採用哪種尺度來衡量。

如我們所見，這個問題無比複雜。我們之前談過一種個案，那就是詩人與創造性過程相同一致的情況。假如我們將這項論述帶進討論，分析就會變得更複雜。如果有意識、意向明確的創作過程，在其表面的意向性與意識中只不過是詩人的主觀幻覺，那他的作品也會帶有那些象徵性的特質，進入那種無定限的疆界，並超越當代的意識。這些特質只會變得更隱晦不明，因為受眾也不會跨出作者意識的界限，而此界限是由時代精神（Zeitgeist）所畫定確立。這是因為作者同樣也是在當代意識範圍中活動，完全沒有可能在他的世界之外找到阿基米德點，[1]並透過這個支點來撐起他的當代意識。換句話說，就是無法在這種作品中辨識出象徵，而象徵則意味著一種潛能與暗示，昭示著在我們當前理解能力範圍之外更進一步、更崇高的意義。

如我所言，這個問題相當微妙。我之所以將其提出，只是不想讓我的類型化架構限制藝術作品的意義潛能（即便作品顯然不想成為或表述它表面上傳達之概念以外的東西）。不過我們常有這樣的經驗，就是突然重新發現以前的一位詩人。當我們的意識發展到更高水平時，就會出現這種現象。在這個層次上，老詩人向我們傳達新的概念。這些概念早先就存在於他的作品中，不過當時是相當隱晦的象徵，而我們只能在時代精神物換星移之後才能從中判讀而出。這種象徵需要用另一對全新的眼睛來觀看，因為舊的眼睛只能在作品中讀到慣以為常的事物。這種經驗必然會讓我們更謹慎小心，因為這也印證我先前提出的觀點。公認的象徵性作品不需要這種隱約幽微的詮釋，因為這類作品已經透過其預示性的語言向我們喊話：我準備要說的，比我實際上所說的還要多；我所「指涉」的已經超出自我。就算尚未成功解開象徵的意義，我們在此已觸及所謂的象徵。對我們的思維與感受來說，這種象徵如同持續不斷的責難。這或許就說明為何象徵性作品會對受眾帶來更多刺激、直搗我們心靈深處，因此也很少讓我們感到全然純粹的審美愉悅。明顯的非象徵性作品則更純粹地訴諸審美感受，因為它讓我們看到完美的和諧。

有人可能會問，針對藝術創作的核心議題、針對創造性的祕密來說，分析心理學能提出什麼貢獻？截至目前為止，我們談的只不過是心理現象學。既然「沒有任何受造的精神能深入自然內部」[2]，我們也不要期待能從心理學中獲得不可能的事物，也就是找出有效的解釋辦法，來理解我們在創造性過程中直接感受到的生命偉大奧祕。心理學跟其他學科一樣，只能提供非常微薄的貢獻，讓我們得以進一步、深入瞭解生命現象；心理學跟絕對知識之間的距離，就跟其他學科跟絕對知識的距離一樣遙遠。

我們已經談了這麼多關於**藝術作品的意含與指涉**，大家想必難以壓抑心中的懷疑，都忍不住想問道藝術是否真的有「指涉」。也許藝術根本就不「指涉」什麼，根本就沒有「意含」，至少不是我們在此所說的意含。或許藝術就像自然一樣，**就是**這麼純粹簡單，根本就沒有「指涉」任何事。「指涉」不就只是純粹的**詮釋**，是渴望意義的知識份子在需求之下「穿鑿附會建構出來」的嗎？

我們可以說藝術等同美，而且也在這方面自我實現與滿足。藝術不需要任何意義。意義之探究與藝術毫無瓜葛。如果我將自己置於藝術中，就必須服從這句話的真理。不過，當我們談及心理學與藝術作品的關係，就已經來到藝術之外，所以必然得去猜測、去詮釋，這樣事物才會有意含，否則我們根本無法對其進行思考。我們必須將那自我實現的生命與事件溶進意象、感官與概念中，從而自知地讓自己與鮮活的祕密保持距離。只要陷入創造性本身，我們就看不到、體認不到，甚至不被允許去體認，因為對直接體驗來說，體認可說是最有害、危險的行為。然而，為了去體認，我們必須走到創造性流程之外，從外部來看待之。只有這樣，我們才會而且必須去談論意義。因此，先前純粹只是現象的事物，變成在其他現象的脈絡下有所指涉的事物，變成扮演某種角色、為某種目的服務並施加有意義之影響的事物。

當我們能夠看出這一切，就會有一種情感，感覺到自己體認並解釋某些東西，也因而意識到科學之必要。

先前，我們將藝術作品喻為汲取土地養分的樹，而除此之外，我們也能用另一種更為人熟知的比喻來比較，那就是子宮中的嬰兒。但因為所有比喻多少都捉襟見肘，我們偏好使用更精確、更科學的術語，而不是用隱喻來描述。我還記得自己曾將處於新生狀態的作品稱為「自律性情結」。這個術語被套用在某一類的心理型態上，這些心理型態起初在無意識中發展，只有在達到意識閾限值時才會闖進意識。進入意識後，自律性情結與意識產生的聯想，並不是那種帶有同化意義的聯想，而是帶有感知的意義，這表示自律性情結被感知，但不受制於意識。自律性情結既不能被打壓，也不能被任意複製。此情結顯然是自律的，因為它以符合其固有傾向的方式來出現或消失；它不受意識之自主性的影響。創造性情結（schöpferische Komplex）與所有其他自律性情結一樣，也具備這種特殊性。而正因如此，我們才有辦法將創造性過程與病態心靈過程進行類比，因為後者的特徵是帶有自律性情結，其中最常見的是精神病。藝術家的神聖狂熱，與病態之間存有一種危險的真實關係，但兩者又不全然相同。類比之所以成立，是因為兩者都具備自律性情結。然而，自律性情結存在的事實本身，並不代表個體是病態的，因為正常人也會暫時或長期受到自律性情結的宰制。這個事實只不過是心理的正常特性。如果一個人意識不到自律性情結的存在，就代表他的無意識程度更高。舉例來說，每個在某種程度上分化的典型態度，都有成為自律性情結的傾向，而且在多數情況下也確實如此。每份驅力也多少具備自律性情結的特徵。因此，自律性情結本身不是病態的；之所以會有痛苦與疾病，是因為自律性情結頻繁出現、造成干擾。

那麼，自律性情結又是如何產生？出於某種原因（若要細談會偏離本講座的主題，因此不深入探究），心靈中某個迄今為無意識的區域被啟動。被激發、注入生命力後，這個區域透過相關聯想進一步發展、擴大。如果意識不願意認同情結的存在，那刺激這個區域所需的能量自然就是取自意識。若情況並非如此，就會出現賈內（Pierre Janet）所謂的「意識水平降低」。有意識的興趣與活動的強度逐漸減弱，這要不是造成冷淡麻木的休止狀態（常發生在藝術家身上的狀態），不然就是導致意識功能退行，也就是說下降到嬰幼兒與古代的初期階段，這就是所謂的退化。「功能的底層區域」冒出頭：衝動對上道德；天真幼稚對上成熟穩重；適應不良對上適應完善。我們能從許多藝術家的人生中看出這些面向。自律性情結發展茁壯所需的能量，就是從這種有意識的人格指導原則中汲取抽出的。

不過，自律性情結又包含什麼？要是已完成的作品無法讓我們洞悉其來源基礎，我們打從一開始就無法知道自律性情結涵蓋哪些要素。這部作品在最廣泛的意義上帶給我們一幅詳盡的意象。只要能看出意象是個**象徵**，就能用分析來拆解意象。不過，要是我們無法在意象中看出任何象徵性價值，我們就已確定，至少對我們來說，意象的意含不超出其表面上所表述的概念，換言之：對我們來說，意象單純是表面上看起來那樣。我之所以說「表面上看起來」，是因為我們受到的限制可能無法讓我們獲得進一步暗示。無論如何，在第二種情況中，我們找不到分析的理由及施力點。然而，在第一種情況下，我們會想起霍普特曼（Gerhart Hauptmann）那句如原則般的話：「寫詩就是讓原始文字在文字背後迴盪。」以心理學的語言來重述，我們的第一個問題就是：在藝術作品中發展出的意象，能追溯到集體無意識（kollektive Unbewußten）的哪個原始意象？

這個問題需要從多重面向來解釋。正如我所說，我在此假設的是一件象徵性的藝術作品，而其原始意象是全人類的共有資產，其來源不存在於**創作者的個人無意識**（*persönlichen Unbewußten des Autors*），而是在無意識的神話領域裡。因此，我將這個領域稱為**集體無意識**，並將其與個人無意識區分開來。我將個人無意識稱為本身具有意識之心理過程與內容的總和，而且它們往往也已產生意識，只是因為與意識不相容而受潛抑、被刻意控制在意識的閾限之下。不過，也會有源頭從個人無意識領域流向藝術，只不過這些源頭模糊不清。假如這種源頭占主導地位，就會使藝術作品變成**症狀性**的，而非象徵性的。我們也許可將這種藝術保留給佛洛伊德式的淨化法，而不用擔心會留下任何傷害或遺憾。

跟個人無意識不同，集體無意識是相對表層的存在，就在意識的閾限下方，在正常情況下沒有意識能力，因此不能用任何分析技術來從個人記憶中喚起，因為這種無意識並沒有被潛抑或遺忘。就其本身而言，集體無意識甚至不存在，因為它只不過是種潛能。而這種潛能，就是我們自古以來，以特定記憶意象的形式，或從解剖學角度來說在大腦構造中，承繼下來的潛能。沒有所謂天生的觀念，但是有天生的觀念潛能，這些潛能對最大膽狂妄的幻想設下特定限制，可說是幻想活動的類別、先驗的觀念，但其存在無法在缺乏經驗的情況下確定。**它們只是作為其建構的規範性原則，出現在其建構的素材中**，也就是說，只有從完成的藝術作品中進行推導演繹，我們才有辦法重建原始意象的原始基礎。

原始意象或原型（Archetypus）是個形象，無論是惡魔、人類還是過程都好；這個形象在創造性幻想自由活動的歷史進程中反覆出現。因此，這主要是一種神話式的形象。進一步檢視這些意向，會發現它們可說是無數系譜典型經驗型塑而出的結果。它們可說是無數同類經驗的心理殘留物，平均描繪出數百萬計的個人經歷，從而建構出一幅心理生活的意象，並被分割、投射到神話萬千世界的數個形象上。不過，神話構形本身已經是創造性幻想的表述，依然等待著被轉譯成概念性語言，而這段轉譯過程的開頭極其艱辛勞苦。這些絕大多數尚未被創造出來的概念，能讓我們對作為原始意象根源的無意識過程，有抽象、科學的認知。這些意象當中的每一個，都涵蓋人類心理與人類宿命的一個片段，還有痛苦與快樂的一部分；這些痛苦與快樂在系譜中反覆發生無數次，而且平均而言，也總是遵循相同流程。這就像深深鐫刻在心靈中的河床，在這個河床中，原先飄忽不定地在寬而淺的河面上延展開來的生命，在抵達那個總是有助於原型出現的特定境況組合時，就會突然強而有力地蔓延開來。

神話情境發生的時刻，總是帶有一種特殊的情緒強度，彷彿我們內心深處那平常不會發聲的弦被觸動，或是我們原先不知曉其存在的力量被釋放出來。適應的掙扎相當艱辛，因為我們必須不斷應對個別條件，也就是那些非典型的條件。但這也難怪，當我們到達一種典型情況時，會突然有種非常特別的解放感，感覺自己好像被帶領著，或說它像一種壓倒性的力量那樣掌握住我們。在這樣的時刻，我們不再是單一存在，而是一個物種，全人類的聲音在我們心中升起。因此，就連個人也很難充分運用這種力量，除非在那些被稱為「理想」（Ideale）的集體觀念中，有其中一項觀念來幫助他，釋放他身上所有的本能力量。單靠普通的意識意志，是永遠無法找到這些力量的。最強而有力的理想通常是原型的變體，這些變體多少具有清晰可辨的特質。由於這些理想經常被寓言化，例如將祖國視為母親，所以我們能輕鬆辨識出這些理想（不過寓言不具任何動機力量〔Motivkraft〕，這些力量是來自祖國概念的象徵價值）。事實上，原型是原始人與土地的「神祕的分受」（participation mystique），[3]原始人居住在這片土地上，而土地中只包含其祖靈。任何外來者都意味著苦難。

藝術的社會意義

無論是親身經歷過或只是說出口，每段與原型的關係都是「觸動」的，也就是能發揮效果的。它在我們身上釋放出比我們自己的聲音更強烈的聲響。用原始意象發聲的人，就像是用一千倍的聲音說話一樣，他掌握並壓倒一切，同時更將自己表明的事物，從短暫、無常的領域拉抬至永遠存在的範圍，將個人命運提升至全人類的命運。這麼一來，他也在我們身上釋放出所有有益的力量。憑藉這些力量，人類能不斷將自己從所有險境中救出，甚至在最漫長的黑夜生存。

這就是藝術效果的祕密。只要能夠遵循創作過程，就能從中讓原型在無意識中甦醒，並且讓此原型持續發展成形，直到創作出完整的作品。對原始意象的塑造，可說是將意象轉譯為當代語言的過程，使每個人重新觸及生命最深層的源泉，否則這些源泉會永遠深埋心靈。藝術的社會意義就在於此：藝術總是致力於教育、陶冶時代精神，因為藝術帶出時代精神中最缺乏的構形。藝術家的渴望從當代的不滿足中抽離而出，直到它到達無意識中的那個原型意象，而此原型意象最能有效彌補時代精神的缺失和偏頗。它掌握住這個意象，將其從最深的無意識中拉上來，使它更接近意識，同時也改變了意象的構形，直到現在的人能以自身理解能力來吸收此意象為止。這類藝術作品使我們能歸結出藝術作品生成年代的特徵。寫實主義與自然主義對其時代具有何種意含？浪漫主義呢？古希臘風格呢？這些是藝術創作的方向，同時也提點出各自時代精神氛圍中最渴求的東西。藝術家作為所處時期的教育者，關於這點我們還有很多可以談。

和單一個人一樣，各民族與時期都有自己特定的思想流派或**態度**（*Einstellung*）。「態度」這個詞本身就顯示出特定方向必然具有的片面性。只要有特定方向，就有所謂的排除。而排除的意思是指：這麼多原本可以共同生存的心理狀態不得共同生存，因為它不符合一般態度。正常人能在不受傷害的情況下接受基本大方向；走小路與蜿蜒道路的人，不能像正常人那樣走在寬闊的坦途上。所以說，他們也是最有可能發現那些大路以外的小路，以及找出等待被納入共同生活中之事物的人。藝術家相對不合群的生活型態是其真正的優勢，這使他不走大路、追求自己的渴望，並在不自覺中發現其他人缺乏的東西。在個人身上，其意識態度的片面性，透過自我調節的方式受到無意識反應導正。道理相同，藝術就代表著民族與時代生活中的精神自我調節過程。

我發現在講座時間的限制下，我只能提出概要觀點，甚至只能用濃縮的簡述來帶出這些觀點。但我應該能夠盼望，那些我沒辦法在這裡清楚表述的事物大家都已經考量到了，我指的就是詩歌藝術創作的具體心理學應用；這麼一來，我那抽象的思想外殼就能獲得充實的內涵與架構。

本文發表於一九二二年五月蘇黎世德語與德語文學協會（Gesellschaft für Deutsche Sprache und Literatur），刊登於 *Wissen und Leben XV*（Zürich, September 1922）

注釋

1 譯注：指一種假設的觀點。透過此觀點，我們能完美理解某些客觀真理，將事實與理論統籌整合。

2 譯注：語出瑞士解剖學家哈勒（Albrecht von Halle, 1708-1777），歌德在其詩作曾引用這句話。

3 譯注：見《人的形象與神的形象》，頁一八一，林宏濤譯，桂冠出版，二〇〇六。

三　佛洛伊德與榮格的對比

佛洛伊德與我本人的觀點之間的差異，應該要由圈外人去寫，讓那些站在名為「佛洛伊德」與「榮格」之思想圈圈外的人來探討。在客觀性之下，我應該能不偏不倚地跳脫自己的觀點，但我不曉得自己是否真的具備這種客觀、超脫的能力。真的有人辦得到嗎？我不覺得。假如有人看似真能達成孟豪森伯爵（Münchhausen）[1]的創舉，我敢打賭，他的想法絕不是自己想出來的。

差異之一：對心理學的主觀特質的體認和洞察

然而，被為數眾多的支持者所擁戴的思想，根本就不屬於所謂思想的創造者；創造者反而是自身思想的奴僕。觸動人心的、所謂真實的思想有其特殊之處。這些思想來自一個永恆、永遠存在、母性、心靈的原始根基。單一人類個體的短暫精神從中生長，像植物那樣開花、結果、長籽、枯萎並死亡。思想源於比人類個體更偉大的事物。我們並沒有創造思想，而是反過來被思想所型塑捏造。

一方面來看，思想是種致命的坦誠，它不僅揭露我們內心最光鮮亮麗的一面，也顯示出最不足的事物以及個人苦痛。心理學的思想就是如此！除了來自最主觀的見解之外，思想難道還能從其他地方產生嗎？客體的經驗能讓我們不受主觀偏見影響嗎？每一種經驗，即便是在最美好的情況下，至少也有一半是由主觀詮釋所構成的吧？另一方面，主體也是一種客觀事實，是世界的一部分；從主體身上產生的東西，最終也是從地球表面上產生的，正如最罕見、最不可能的生命體，也跟我們一樣活在同一片土地、享有相同的養分來源。所以，最主觀的想法正是那些最接近自然與本質的想法，因此也能被稱為最真實的想法。但「何謂真理」？

就我們的心理學為考量，我會先拋開一種觀念，那就是認為當代人有能力去表述任何關於心靈本質的「真實」或「正確」論斷。我們能做的，頂多只是提出**真實的表述**。「真實的表述」是指一種自白，一種對主觀發現之事物的詳細描繪。有的人可能會特別強調自己對所發現之事物的描繪與**塑造**（*Gestaltung*），因此想像自己是這些事物的創造者；有的人可能會強調**直觀**（*Anschauung*），並且提及事物的**顯現**，因而體認到自己是處於接收者的狀態。真相就在這兩者之間：**真實的表述就是塑造式的直觀**。

縱然今日心理學家野心勃勃，他們頂多也只能透過上述接收以及行動來接近人類心靈。我們目前的心理學，是由幾位個體型塑個人見解、成功提出自白所建構而成。只要這些人的表述多少具有代表性，其他多數人就會認為他們的自白基本上是有效的描述。只要那些屬於不同類型的人依然屬於人類，我們甚至能得出結論，認為其他人也會受到這種表述的影響，只不過程度較輕微而已。佛洛伊德關於性的角色、嬰兒式欲望及其與「實在性原則」（Realitätsprinzip）之衝突，還有關於亂倫等等的論述，這些都是他個人心理學的真實表述。他成功針對自己主觀上發現的事物塑造出個人表述。我並非佛洛伊德的反對者，不過目光短淺的他和他學生都想在我身上貼這個標籤。任何有經驗的心靈醫生都不得不承認，自己確實碰過幾十個在心理狀態上符合佛洛伊德基本論述的個案。因此，佛洛伊德以他個人最主觀的自白，協助建構出一個偉大的人類真理。他自己就是其心理學的經典範例，並且為了這個任務奉獻個人生命與創造。

每個人看待事物的方式都會受到自己的影響。由於其他人的心理狀態不同，他們看待事物及表述的方式也會有所不同。佛洛伊德最早收的一位學生就率先證明這點，他就是阿德勒：他從另一個截然不同的觀點來呈現相同的經驗素材，而他的觀察方式至少也跟佛洛伊德的論述同樣具有說服力，因為他也代表一種民眾經常遇到的心理類型。我知道這兩個學派的支持者都會認為我的主張是錯的，但歷史與客觀公道的思想家會證明我是對的。我不得不對這兩個學派提出批評，因為他們過度以病態和缺陷的角度出發來解釋人。佛洛伊德無法理解**宗教體驗**，[2]這就是個令人信服的例子。

相較之下，我寧願從人的健全出發來理解人，也想將患者從佛洛伊德提出的每一種心理學模型中解放出來。我看不出佛洛伊德曾經超越自己的心理學，並且消除病人承受的痛苦（畢竟醫生自己也正受同樣的痛苦所困）。他的心理學是一種特定型態的精神官能症狀態的心理學，所以也只是一種在相應狀態下才有效的真理。在這個狀態的範圍內，佛洛伊德的論述是真實且有效的，即便他說的是不實之詞，因為這些訛誤也屬於整體論述的一部分，因此也是一種真實的自白。但這不是一套健康的心理學，而其病態之處在於，這套心理學是建構在一種未經批判、無意識的世界觀之上，容易使體驗與視野的界限變得非常狹窄。佛洛伊德的一大錯誤就在於他不接受哲學。他從來不會去批判自己的預設條件，甚至也不會去反思、批評他個人的心理前提。根據我到目前為止所說的一切，大家應該能輕易理解反思和自我批判是相當必要的。如果佛洛伊德曾對自己的論述進行批判，他大概就不會這麼**天真地**提出自己特有的心理學論述。[3]無論如何，他會跟我一樣嘗到困難艱辛的滋味。我從來沒有輕蔑地拒絕過批判哲學這杯悲喜參半的酒，但我每次都會小心克制自己的用量。反對我的人可能會說我應該要喝多一點，但我卻認為自己喝太多了。對每個具有創造性的個人來說，珍貴無價的天真是不可或缺的禮物，但這種天真卻非常容易被自我批評所污染。總之，哲學批判讓我洞悉每一套心理學的主觀自白特質，連我自己的心理學也不例外。但我不能讓我的批判去攔截、破壞我個人的創造性可能。雖然我知道在我說出的每個字背後，都隱藏著特殊、絕無僅有的自體（Selbst），同時也體現出其特有的世界和歷史，但我會按照需求，在所謂經驗素材的籠罩下表述自己。單看這點，我就是在為人類知識這個目標服務，而佛洛伊德也想對這個目標有所貢獻，而且也不顧一切為其服務。知識不僅基於真理，同時也基於錯誤。

每個人產生的心理學都具有主觀特質，而針對這種主觀特質的體認和洞察，可能就是我與佛洛伊德之間的最大差異。

差異之二：未經批判的意識型態前提

在我看來，我與佛洛伊德之間另一項顯著差異，就是我盡量不去抱持無意識的、未經批判的意識型態前提。我之所以說「盡量」，是因為沒有人能百分之百確定自己完全沒有無意識的預設前提。我至少努力免除那些最粗糙愚蠢的偏見，所以也傾向承認各種神的存在，前提是祂們確實在人類心靈中發揮效用。無論是愛欲還是權力意志，我都不懷疑自然驅力會在心靈領域發揮強大的力量，但我也不懷疑這些驅力會與精神相互衝突，因為這些驅力總是與某些事物相互衝突，而這些事物也有可能是所謂的「**精神**」。正如我對在己為己的精神所知甚少，我對「驅力」的瞭解也相當有限。兩者對我來說都一樣神祕未知，而我也不能說它們兩者誰誤解了誰，因為「地球只有**一個**月亮」，這並不是誤解：自然界中不存在所謂的誤解，誤解只出現在人類所謂的「理智」（Verstand）領域。驅力與精神是我無法理解的，兩者都是我們提出的概念。雖然這些概念指涉的事物對我們來說依然未知，但其效力相當龐大。

因此，我與所有**宗教**的關係都是積極正向的。在各宗教的教義內涵中，我看出那些我在患者夢境與幻想中碰到的形象。在這些宗教的**道德觀**中，我也看出我在患者身上發現的類似或相同嘗試：患者出於個人發明或靈感，試圖找出正確的方式來應對心靈的力量。**神聖行動**、儀式、入會流程以及禁欲主義，這些對我來說非常有趣，因為它們是多變、型態多元的技術，能開展出正確的道路。我與生物學的關係，還有跟自然科學實證主義的關係，也同樣是積極正向的。在我看來，科學似乎是一種強而有力的嘗試，試圖由外向內來理解人類心靈；反之，宗教靈知（Gnosis）對我來說也是人類精神的一種強大企圖，試圖從內部汲取知識和體認。在我的世界觀中存有同等巨大的外在和內在，而人就站在這兩個極端之間，時而轉向外在、時而轉向內在，並根據自己性情以及天性，時而認為其中一項（或另一項）才是絕對真理，依此來否決或犧牲另一項。

這幅意象是一個預設，但我當然不會偏離這個預設，因為對我而言這是非常有價值的假設。我透過啟發式的方法與實證經驗印證這點，而普遍共識也支持此論述。這項假設想當然是來自於我自己（就算我想像自己是透過外在經驗得到這項假設，也無法否認此事實），而此假設成為我的類型理論基礎，同時也讓我與相異觀點互相調和，例如佛洛伊德的觀點。

在我看來，世界像一幅對立的圖像，而我從這幅圖像中得到「心理能量」（psychischen Energie）的概念。這種能量就像物理現象的能量，必須從對立中產生。物理現象的能量總是以程度差異為前提，換句話說就是冷暖以及高低之間的差異。佛洛伊德一開始幾乎只將性當成心理驅力，只有在我脫離他的學派後才開始考量其他因素；我則是透過一個能量的概念，概括所有多少是為特別目的建構而出的心理驅力或力量，來排除純粹驅力心理學必然具有的專斷特質。因此，我不會再談及力量或單一驅力，而是以「數值強度」（Wertintensitäten）來進行論述。[4] 這個決定不是要否定性在心理現象中的重要性（佛洛伊德頑強主張這點），而是要遏止我們對心靈的理解被性相關術語給淹沒，將性放回原本正確、適切的位置。

差異之三：精神體驗

有一般常識的人都曉得，雖然性相當重要、影響深遠，但它畢竟只是生物本能之一，只是心理生理的**一種**功能。但是，比方說，如果我們停止進食會發生什麼事？歸屬於性的心理範疇，目前無疑受到非常劇烈的干擾；就算只是一顆牙齒發疼，我們也無暇顧及其他事，整個心靈似乎都被牙疼占據了。佛洛伊德描述的性是一種明確無誤的性痴迷，假如將患者從不適切的情境或設定中推出來或引出來，我們就會發現這種性痴迷的現象。這是一種被潛抑、圍困住的性，只要讓患者有宣洩釋放的管道，這種性就會立刻恢復正常比例。一般來說，會使生命能量受到圍困與抑制的原因，不外乎是深陷在家庭關係的怨恨中、卡在所謂「家庭故事」（Familienromans）的情感糾葛裡。這種圍困必然會表現在所謂嬰兒式性特質中。這是一種不實際的性特質，目的是用一種不自然的方式，去釋放其實屬於另一個生活領域的緊繃情緒。那麼，在這片洶湧汪洋中航行又能帶來什麼益處？至少對頭腦清醒的人來說，更重要的工作應該是開通洩洪的渠道，也就是找出那些可能或是態度，讓能量得以朝它們想去的方向流動，否則只會產生惡性循環，什麼忙也幫不上。對我來說，佛洛伊德的心理學似乎就卡在這裡。佛洛伊德的心理學並沒有開拓出任何可能性，協助人跳出生物現象毫不間斷的箝制。絕望之下，我們只能向使徒保羅那樣高喊：「我真是苦啊！誰能救我脫離這取死的身體呢？」而一位有智慧的聰明人走上前，搖搖頭，像浮士德那樣說：「你意識到的只是一種驅力。（你所知的，只是一種衝動。）」這就是肉體的束縛，將一切回推到父母身上，或者往前推進到繼承我們血緣的孩子：與過去的「亂倫」和與未來的「亂倫」，也就是在「家庭故事」持續上演的原罪。只有精神，也就是世界事件的另一個極端，才能讓我們從中解脫。只有「上帝之子」才能體驗到自由，血肉之軀則無法。在巴拉赫（Ernst

Barlach）的《死亡日》（*Der tote Tag*）中，化為魔鬼的母親在家庭故事的悲劇性結局中表示：「人們不願理解上帝是他們的父親，這才是奇怪的事。」這就是佛洛伊德從來就不想學習的，也是所有他的志同道合者所抵制、或至少不得要領的一個道理。神學跟這些人是碰不在一起的，因為神學要求信仰虔誠，而信仰虔誠是一種真實、正確的魅力，沒有任何人能夠散發這種魅力。**我們現代人再次仰賴於精神體驗，也就是說去創造原始體驗**。唯有如此，我們才能打破生物現象的魔咒束縛。

這點是我與佛洛伊德在觀點上的第三大差異。因此，有人會指控我為神祕主義者。但無論何時何地，人類總是會自然而然發展出宗教功能，而且自原始時代以來，人類心靈中就已充溢、飽含宗教情感與概念，這些現象都不是我一手促成的。要是看不見這項人類心靈的特徵，那就是盲目的；如果想要靠辯解來駁斥此說法，或是靠啟蒙來消滅這個現象，那就是根本沒有認清事實。佛洛伊德學派從頭到腳都充斥著戀父情結，而這種戀父情結有證明人已經從家庭故事的宿命中解放出來了嗎？這種狂熱僵化、過度敏感的戀父情結，其實是一種被誤解的宗教信仰功能、一種占據生物與家庭現象的神祕主義。透過其「超我」（Über-Ich）概念，佛洛伊德扭捏作態地試著將古老的耶和華意象偷渡進心理學理論中。這種事最好開誠布公地說明白。這就是為什麼我偏好用事物原有的名稱來稱呼它們。

歷史的滾輪不會倒轉，打從原始宗教入會儀式開始，人類精神生活持續向前邁進，這點無可否認。當然，科學能夠透過有限的假設來畫分出不同分枝領域，而且也必須這樣做。但心靈是一個完整的整體，而意識只是其中一部分；心靈是意識的來源與前提，因此科學也只是心靈的功能之一，所以永遠無法窮盡心靈生活的全部。心靈醫生不能爬到病態的角落，將自己緊緊局限在這個區域，單純透過病態的視角來觀察一切。即便是生了病的心靈，也還是人類的心靈，而且不管發展出什麼樣的疾病，這種心靈仍然無意識地參與整個人類的精神生活。沒錯，醫生甚至必須承認，「自我」之所以病了，是因為自我與整體的聯繫被切斷，因此失去人性及精神。如佛洛伊德所言，[5]只要沒有回到父親與母親身邊，自我確實是個「恐懼的場域」（Angststätte）。碰到尼哥底母（Nikodemus）提出的問題，佛洛伊德則未能交出令人信服的解答，這個問題是：「人能重新回到母親的子宮，然後再一次誕生嗎？」一葉知秋，歷史會再度重演，這個問題再次成為現代心理學內部爭論的焦點。

數千年來，宗教入會儀式一直在教導人如何從精神中重生，但奇怪的是，大家總是忘記去理解降生的意義。這麼一來，我們當然不會體認到精神的特定力量與強度，而是面臨各種誤解的後果，例如精神官能症的萎縮、痛苦、侷限以及貧乏。想將精神排除在外並不難，但我們眼前的那碗湯就會缺少鹽的鹹味，也就是「地球的鹽」（Salz der Erde），意指珍貴的事物。但古老神聖儀式的核心教義一代一代流傳下來，這就證明精神始終具備一種強大的力量。在世界上，總是有人能夠理解「上帝是他們的父親」的意含。在此領域，肉體與精神得以維持平衡。

佛洛伊德與我的對立，基本上是出於原則性預設的差異。預設是在所難免的，而正因它們無可免除，我們也不該假裝預設不存在。因此，我將探討的重點擺在基本的原則性面向上，這樣一來，大家才能輕易理解在我與佛洛伊德的觀點中，存有哪些多樣、細緻的差異。

本文發表於 *Kölnische Zeitung* (Köln, 7. Mai 1929)

注釋

1 譯注：歷史上的吹牛大王。
2 參考 Freud, *Die Zukunft einer Illusion*。
3 參考 Freud, *Die Traumdeutung*。
4 參考 *Über psychische Energetik und das Wesen der Träume*。
5 *Das Ich und das Es.*

四　心理治療的目的

佛洛伊德、阿德勒以及我的觀點

目前學界一致公認，精神官能症為功能性心理障礙，因此最好藉由心理治療來治癒。不過，論及精神官能症的形成結構及治療原則，便會引起各種爭議，而且我們也必須坦承，不管是針對精神官能症的性質或是其治療原則，大家目前尚未具備在各方面充足的理解。雖然有兩派思潮或學派在此領域特別受矚目，但學界目前仍存有無數衝突而分歧的意見。在心理學領域有許多沒有特定立場的人士，他們在普遍的意見衝突中提出自己的特殊見解。如果有人想畫一幅畫來代表這種多樣性，可能得在調色盤上運用彩虹的各種色階。假使我有這種能力，當然會想彙整各方人馬的見解，因為我始終覺得有必要將許多不同的意見放在一起比較。長遠看來，我無法否認相異見解的存在是合理的。要不是這些觀點對應到某種特殊的心理、特殊的性情，或者是對應到多少會普遍出現的基本心理事實，這些觀點壓根就不可能出現，甚至不可能累積一批追隨者。要是我們將這種相異觀點排除在外，認為它是澈底錯誤、應受批判的，我們就會連帶將其對應的特殊性情或基本事實駁斥為一種誤解。換言之，我們就是在傷害自身的經驗素材。佛洛伊德以因果關係為導向的性理論來解釋精神官能症，認為心理現象基本上是以嬰幼兒性欲及其滿足為核心。而佛洛伊德論述引發的共鳴與認同，就能讓心理學家體會到，這種思維與感受方式和一種相對普遍的傾向碰在一起。這種精神思潮獨立於佛洛伊德提出的理論，並且在其他地方、其他情況、其他人的思維以及型態中，以一種集體心理現象的形式清楚存在著。艾利斯（Havelock Ellis）以及福雷爾（August Forel）的作品，以及《人類生活百態》（*Anthropophyteia*）[1]的匯總編輯者就是最佳例證，此外還有後維多利亞時期在盎格魯撒克遜國家中舉行的性實驗，以及在所謂美文（Belles-lettres）中針對性相關問題的廣泛討論，這種討論可能是由法國寫實主義作家起頭的。佛洛伊德是一種當代心靈事實的其中一位表述者，而此事實本身就具有一段特殊的歷史，但我們在此無法詳細探究，原因想必大家都能理解。

阿德勒和佛洛伊德一樣，在大西洋兩岸獲得許多認可與支持，這也點出一項無可否認的事實：對許多人來說，因為感到自卑而產生權力欲望，這是種非常有說服力的心理解釋。無可否認，這種觀點處理了那些並未在佛洛伊德的認知中得到解釋的心理事實。究竟有哪些集體心理與社會因素和阿德勒的概念相應而生，這點我想必無須詳細解釋，事實就擺在眼前。

不管是佛洛伊德還是阿德勒學派，要是忽視他們提出之觀點的真理，那就是無可饒恕的錯誤。但是，如果把兩者之中的其中一個派系奉為唯一真理，那也是不可原諒的過錯。這兩種真理都適用於某種心理現實。針對某些案例，其中一種理論可以提供最好的表述與解釋，而有些案例則比較適合用另一套觀點來闡述。

我無法指責這兩位作者的觀點出現什麼重大錯誤，我反而會透過承認、肯定他們的相對正確性，來盡量應用他們提出的假設。倘若我沒有碰到使我不得不修改佛洛伊德理論的事實，那我也不會想要與佛洛伊德分道揚鑣。同理也適用於我和阿德勒學派的關係。

說了這麼多，我想大家也已經明白，我認為我自己提出的相異觀點，也只有在某種相對的程度上能被稱為真理，而且深深覺得自己只是另一種傾向的表述者，以致於我幾乎能認同柯立芝（S. T. Coleridge）所說的：「我對唯一能讓人得福的教會抱持信念，而該教會目前的成員只有我一人。」

由於我們對科學最崇高的研究對象——人類心靈的基礎與本質——所知甚少，因此在應用心理學領域中，我們必須格外保持謙卑，並接受相異觀點明顯呈現出來的多樣性。目前，我們手邊只有多少具說服力的見解，但這些意見卻是水火不容。

所以說，當我站在群眾面前表述自己的觀點時，絕對不要誤以為我是在傳達新的真理或宣揚終極福音。事實上，我只是試著點亮黑暗的心靈事實，或是試圖克服治療上的難題。

我正好想從治療上的難題談起，因為這是最迫切需要修改調整的領域。大家都曉得，我們可以長期忍受不完備的理論，但不能長時間忍耐不盡理想的治療方法。我從事心理治療工作將近三十年，中間經歷過大大小小的失敗，而這些失敗案例比成功案例更讓我印象深刻。任何人都能在心理治療中成功，從原始的巫醫到祈禱治療師皆然。心理治療師很少（或根本沒有）從成功中學到任何東西，因為成功只會讓治療師進一步僵固在自己的錯誤中。反之，失敗才是難能可貴的經驗，因為失敗不僅讓人有辦法企及更好的真理，更迫使我們改變自己的觀點與操作。

不得不說，佛洛伊德與阿德勒先後對我帶來許多鼓勵與扶持，而且在實務操作中，我也會盡可能運用他們的觀點提供的治療機會。但另一方面，我也得強調，我覺得自己如果當初有考量到那些後來使我修正觀點與操作的事實，或許就能避免那些在治療過程中犯下的錯。

依據患者的年齡、抵抗、性情調整治療目標

我不可能在此描述所有自己失敗的經歷與案例，如果能至少強調幾項經典案例，我就算達成目標了。我碰到的主要困難是年齡較長的患者，也就是年過四十的病患。處理年紀較輕的患者時，我通常能用已知的觀念來處理他們的問題，因為佛洛伊德與阿德勒的傾向是讓患者順利適應並且常態化。這兩派的治療方式在年輕人身上能帶來不錯的成效，顯然也不會留下任何令人困擾的後遺症。但根據我的經驗，碰到年長患者時，狀況就不是這樣了。在我看來，心靈的基本事實會在生命進程中出現重大變化，以致於我們甚至能將人類心理切分成上下兩半來看。一般來說，年輕人的生命特徵是向外擴張的，他們會努力達成具體明確的目標，而他們的精神官能症似乎主要是關於此方面的猶豫與退縮。另一方面，長者的人生則處於收縮、衰退的狀態，他們會去維護自己已經達成的成就，不再繼續擴張發展。長者會發展出精神官能症，基本上是因為他們執著於年輕時的態度，而這種行為是不合時宜的。年輕的精神官能症患者對生活避而遠之，年長的精神官能症患者則對死亡躲

得遠遠的。對年輕人來說相當正常的目標，到了年老之後反而變成會招致精神官能症的障礙；正如在最後，年輕精神官能症者的猶豫不決，將他原先對父母的正常依賴，轉變成與生活相對立的亂倫關係。儘管表面上看來有許多相似之處，但精神官能症、抵抗、潛抑、移情以及虛構的意義，在年輕人與老年人身上自然是澈底相反的。因此，我們必須針對不同案例來調整治療目標。我認為患者的年齡是一個非常重要的指標。

但即使是在生命的青春階段，我們也能看出各式各樣的指標。所以，在我看來，如果患者是符合阿德勒心理學類型的人，例如一位具有幼稚權力欲望的失敗者，我們卻用佛洛伊德的觀點來治療他，那就是一件非常不專業的錯誤；道理相同，如果我們在治療一位明顯展現欲望心理的成功人士時，那麼強行將阿德勒的觀點加諸他身上，那也是相當嚴重的誤解。如果治療者對個案沒什麼把握，那患者的抵抗就是非常有參考價值的指標。我傾向在治療開頭認真看待根深柢固的抵抗，雖然這聽來或許矛盾。不過，關於患者的心靈狀態，我深信醫生知道的，未必比患者還要多；對於其心靈狀態，患者自己可能一點意識也沒有。目前，我們還沒有找出任何具有普適性的心理學，而且世界上又存有不計其數的性情特質，以及多少帶有個體特徵、無法被納入任何範本框架的心理，有鑑於此，醫生確實有必要保持謙卑。

大家都曉得，針對性情而言，我也假定我們能將患者分成兩種不同的基本態度，這兩種典型差異許多人也已經感受到了，那就是**外向型**與**內向型**。這兩種典型態度差異，以及某些心理功能經常會壓過其他功能的現象，我也認為是相當重要的指標。[2]

個體生活展現出許多我們聞所未聞的多樣性，使我們不得不隨時修改操作與觀點，而醫生往往在無意識中做出這些改動。而且從原則上來看，這些改動有可能會與他相信的理論信條背道而馳。

提到性情，我不得不說，有些人在本質上是偏向**精神**，有些則偏向**物質**。我們絕不能將這兩種傾向純粹視為偶然得來的誤解。這兩種傾向甚至經常是與生俱來的熱情，任何批評與勸說都無法撼動。確實，有些案例表面上看來是明顯的唯物主義，但實際上是對宗教性情的逃避。而如我們所知，目前相反的情況甚至更容易取信於人，雖然這兩種案例出現的頻率其實差不多。在我看來，這些也是不可忽視的指標。

大家一聽到「指標」（Indikation）這個術語，有可能會想到在一般醫學界中，常用來指稱特定療法適用的「適應症」。或許這個詞應該要這樣用才對，但不管怎麼說，目前的心理治療還沒有發達到這個程度，所以「指標」這兩個字只不過是一種警示，提醒治療者不要抱持片面的觀點。

人類心理是種極其曖昧的東西。在每個個案中，我們必須捫心自問，擺在我們眼前的態度或所謂的習慣，會不會**其實**只是對立面的補償。我必須承認自己在這方面經常出錯，因此我盡可能避免抱持任何理論預設，不要事先去猜測精神官能症的成因與結構，也不要去預想患者能做或該做什麼。我盡可能以純粹的經驗為導向，藉此來擬定治療目標。這聽來也許古怪，因為一般治療師都會預設目標。但我認為在心理治療領域，醫生最好不要抱持特定目標。比起自然以及患者的生存意志，醫生不可能懂更多。人類生命的重大抉擇，通常比較是受制於本能以及其他神祕而無意識的因素，而不是有意識的自主性和良善的理智。某雙鞋也許適合這個人穿，但換另一個人來穿就太小；沒有任何一種生活方式是適合全人類的。每個人都有自己的生活型態，而這種非理性的型態，是無法被其他型態所取代的。

在常態化與理性化之外：患者的創造性

當然，上述考量不該成為治療的阻礙，我們一開始還是得盡可能讓患者常態化以及理性化。如果治療已經達到充分成效，我們可以見好就收；如果這樣還不夠，那無論如何，治療就必須以患者的非理性情況為導向。在此，我們必須遵從自然，而醫生所做的一切反而不是治療，而是去培養深埋在患者心靈中的創造性根源。

我想要探討的主題，始於發展的起點與治療的終點。大家都看得出來，我對治療問題所能做出的貢獻，僅限於那些無法靠理性治療來得到充分改善的個案。我所掌握的病例素材有一大特點：只有極少數患者是剛接受治療的個案。其中多數人之前已接受過某種形式的心理治療，而且狀況只獲得部分改善，或甚至有所惡化。在我經手的個案中，有三分之一根本不具任何臨床上可判別的精神官能症，他們的問題是生活缺乏意義、感到空虛。在我看來，我們大可將這種現象稱為當代的普遍精神官能症。在我的患者中，足足有三分之二已邁入中年。

這種狀況特殊的病例，不太能用理性的治療方法來應對，這八成是因為他們在社會上適應良好，而且往往是能力卓越的人，因此常態化對他們來說沒什麼意義。碰到這種所謂的正常人，我完全沒辦法提供他們什麼現成的人生觀。在我的患者中，多數人的意識資源已被耗盡。用英文來說，就是所謂的「I am stuck」：我卡住了。迫使我去尋找未知可能性的，正是這個事實。患者向我提出問題：「您建議我怎麼做？我該做些什麼？」但我不曉得該如何回答。我也不知道。我只知道，當我的意識找不到任何可行的路徑、因而被困在原地時，無意識心靈就會對這種無可忍受的靜止狀態做出反應。

這種被困住的心靈過程已在人類發展史上重複多次，甚至成為許多童話和神話的主題。在這類敘事裡，總是有具備魔力的植物幫忙開啟深鎖的大門，或是出現一隻熱心助人的動物幫忙找出隱藏的道路。換言之，「被卡住」是典型事件，而隨時間推進，人也會因此做出典型的反應與補償。所以，我們能預期在無意識的反應中看出一些相應的跡象，例如在睡夢中出現的事物。

所以碰到這種案例，我首先會將重點擺在**夢境**上。我之所以這麼做，並不是因為我認為只有夢才是唯一的解決辦法，也不是因為我有一套神祕的夢境理論，能根據這套理論來採取某種療法。之所以訴諸夢境，單純是因為我的處境進退兩難。我不知道自己究竟還能從哪裡汲取資訊，因此試著從夢中尋找徵兆，因為夢境至少能給人想像空間、會暗示著什麼，而有這些暗示總比什麼都沒有還好。我沒有什麼夢境理論，也不曉得夢是如何產生的，更不確定我處理夢境的方式是否有資格被稱做**方法**。我能認同所有對夢境解析的偏見，認為這種方式既不確定又很武斷。但話說回來，如果我們能長時間、鉅細靡遺推敲一個夢，時時刻刻去思考琢磨夢的意含，最後總是能從中得到一些東西。當然，這種東西並不是能拿來誇口炫耀或合理化的科學結果，但這卻是在實際操作上非常重要的線索，能讓患者看出無意識想往哪個方向去。夢境解析的結果是否能通過科學檢視、是否在科學上站得住腳，這些都不是我該擔心的。如果我追求的是這些，那只不過是自我取悅的次要目標。只要夢境的解析能讓患者意識到些什麼、替他的人生帶來改變、注入動力，那就是我能做出的最大貢獻。所以我唯一能夠認可的標準是，我努力的結果是**有效的**。至於我對科學研究的興趣，也就是想去瞭解為什麼夢境解析能發揮效用，這就等我空閒時再來思考就行了。

在進行夢境解析工作的初期階段，患者向我透露的夢通常是多元多樣的。在許多個案身上，夢首先指向過去，提醒我們已經被遺忘或失去的東西。這種停滯不前、失去方向的狀態，通常會在人生方向變得單一片面時出現。之後就會突然出現所謂的力比多（Libido，原欲）減退。以前所有的活動都變得乏味無趣，甚至毫無意義，而之前努力的目標也突然失去追求的價值。這種情緒在某些人身上來得快去得也快，但在其他人身上卻可能演變成一種長期的慢性狀態。在這些個案中，其他人格的發展可能性被埋藏在過去的某個地方，但沒有人曉得，甚至連患者自己也不知道。不過，夢可以揭露線索。

在其他個案中，夢境指涉的是當下的事實，例如社會地位等等，但患者本身沒有清楚意識到這些事實可能是衝突或問題的來源。

這些可能性仍落在理性的範圍內，而對我來說，要讓這些初期夢境變得合理，這或許不難。然而，當夢境指向無法明確理解的事物（夢境經常如此），尤其是試圖預示未來的時候，理解夢境就會變得著實不易。我所謂的這種夢並不一定是預示性的夢，而只是帶有某種預期或「識別特性」的夢。這種夢境隱含可能性的線索，所以對外人來說實在難以理解、不怎麼真實。通常我也不會相信這些夢，所以我通常會對病人說：「我不相信，但您先跟著線索走吧。」如我所說，唯一的治療標準是治療激起的效應，不過如果想瞭解為什麼會出現這些效應，我們還有好長一段路要走。

那些包含類似「無意識形上學」的夢境尤其如此，例如神話式的類比思維，這類夢境偶爾會以罕見離奇的型態出現，而且起初總是令人震驚。

有人肯定會問，我是怎麼知道夢境中包含所謂「無意識形上學」的事物。我必須坦承，我不知道夢境中是否真有此物。我對夢境的理解實在太少。我只能清楚看出發生在患者身上的效應。在此我想舉個小例子。

在我治療的一個「正常」個案身上，有一段持續較長時間的初期夢境。在夢中，做夢者的姊姊的一個孩子生病的事實，發揮了非常重要的作用。那是一位兩歲大的女童。

事實上，患者的姊姊之前因病失去一個男孩，但她的其他孩子都沒病。小孩在夢中生病的現象令人費解，因為夢境與事實截然不符。由於做夢者和姊姊之間沒有任何直接、親密的關係，他也無法在這幅夢境意象中感知到任何個人的事物。後來他突然想起自己在兩年前開始研究神祕學，並在研究過程中發現了心理學。所以那個孩子顯然是他的心靈興趣所在。光靠我一個人推演分析是絕對想不到這件事的。純粹從理論的角度來看，這個夢的意象能代表很多事物，也可能一點意義也沒有。

一件事或一項事實本身是否意味著什麼？唯一能肯定的是，進行詮釋、賦予意義的，永遠是人。而這正是心理學的核心本質。研究神祕學是病態的，這對做夢者來說是全新、有趣的思維。不知為何，這完全切中要害。這就是關鍵所在：不管我們對這個方式抱持什麼無謂的見解，這個方法是有效的。這種想法對他來說代表一種批判，隨之而來的則是態度上的轉變。這種細微的變化，是我們完全無法靠理智去想像出來的。在這種變化的催化下，事物開始動了起來，患者至少也在原則上克服了停滯不前的狀態。

根據此案例，我可以打比方說：夢代表做夢者的神祕學研究是病態的。如果做夢者透過夢得到這樣的想法，那我可以說這就是「無意識形上學」。

但我不會在此停下腳步：我不只讓患者有機會針對自己的夢提出想法，我也會針對他或她的夢提供我的看法與見解。如果我的見解在這段過程中發揮了暗示性的效應，那我也樂見其成，因為我們都曉得，人只有在自己心裡已略有準備的情況下，才會讓自己被暗示引導。在這種猜測解謎的過程中，我們有時候會出現偏差，但這無傷大雅，因為在下一次機會中，這些錯誤自然會像異物一樣被驅逐而出。我不需要證明我的夢境解析是正確的，這是相當徒勞無功的舉動。我必須做的只有和病人一起找出**有效的**事物（我差點就要說一起找出**真實的**事物）。

所以對我來說，盡可能多瞭解原始心理學、神話學、考古學和比較宗教史，是件特別重要的事。這些領域提供珍貴的類比和譬喻，我能透過這些概念來豐富患者的聯想。這麼一來，我能跟病人一起將看似瑣碎無謂的事物，帶往充滿意義的範疇，進而大幅增加產生治療效應的可能。對於那些在個人與理性範疇窮盡所能，卻依然沒有找到意義、得到滿足的門外漢來說，能夠踏進生命與體驗的非理性領域，這是非常有意義的作為。尋常與日常的事物會因此有所改變，而改變甚至能替這些事物增添嶄新的光輝與魅力。畢竟，多數事情取決於我們看待事物的方式，而不是它們原有的本質。帶有意義的微小事物，總是比沒有意義的巨大事物更具生命價值。

我們不該低估這項操作的風險。這就好像搭建一座懸空的橋樑一樣。沒錯，諷刺的是，反對此操作的人能說醫生和病人在這個過程中只是在幻想罷了（這種批評確實相當常見）。

這種反對意見並不是反駁，而是一針見血的正確觀點。我甚至會努力與病人一起幻想。坦白說，我覺得幻想很有價值。在我看來，幻想其實是男性精神中的母性創造力。無論如何，我們永遠無法超然於幻想。確實，有些幻想是無價值、不充分、病態以及無法令人滿意的，而任何有常識的人都能迅速意識到此類幻想貧瘠的特質。不過，某件事有所不足與缺失，不代表那件事就無法帶來效用與貢獻，這點大家也是曉得的。人類的所有成就都來自創造性幻想。我們怎麼能去貶低想像力的價值呢？在正常情況下，想像力是不會引人入歧途的；幻想與人類和動物本能的根源緊密聯繫。想像總是以令人驚訝的方式找到正確的途徑。想像力的創造性活動，將人從「僅此而已」的束縛中解放而出，讓人來到玩鬧遊戲的境界。誠如席勒所言，「人只有在玩耍嬉戲時才是完整的」。[3]

我內心預設的效果，是引導出一種精神狀態。在這種精神狀態下，患者會開始用自己的本質與存在來進行實驗，而且沒有任何事物是永遠被給定或絕望地被僵化的。這是一種流動、變化以及成為的狀態。當然，我只能在原則上介紹我的技巧。碰巧熟悉我作品的讀者應該能自己去想像其中必要的相似之處。在此我只想強調，大家不能將我的手法解讀為漫無目標、無邊無際。我永遠都堅守一項原則，那就是將詮釋的範圍限縮在有效時刻的意義範圍內。此外，我也只是努力讓患者盡可能完整去意識到這份意義，然後患者就能感知到此意義的超個人關聯。因為如果一個人碰到實際上相當普遍常見的事件，但他卻認為這件事只發生在他個人身上，那當事人顯然是錯的，也就是說他的態度太個人化，因此被排除在人類群體之外。同理，我們不僅要具備個人的現實意識，還要有超個人的意識，而這種意識的精神會感受到歷史的延續性。雖然聽來抽象，但實務經驗顯示，臨床上之所以會有各式各樣的精神官能症，其中一個原因就是在幼稚的啟蒙妄想下，人再也不去體認心靈的信仰主張了。當代心理學家應該曉得，這再也不是教理與信條的問題，而是宗教態度的問題，而宗教態度是一種重要性大到無法預知的心理功能。而恰恰是對於宗教功能來說，歷史延續性是至關重要的。

回到技術問題層次，我問自己：我在多大程度上能說這套技巧是受佛洛伊德所影響？無論如何，我是從佛洛伊德的自由聯想法（Methode des freien Assoziierens）中建構出這套技巧的，而我認為我的技巧算是自由聯想法的進一步擴充。

請患者畫出夢境與幻想

只要我依然在協助患者找出其夢境的有效時刻，只要我依然努力使他看出其符號的基本意義，那他依然處於童年的心理狀態。他依然依賴自己的夢，並被動等待下一個夢帶給他新的啟發。這麼看來，他也依賴著我，期盼我給他一些靈感、透過我的知識來拓展他的洞察力。所以，我說他仍處於不盡理想的被動狀態；在這種狀態下，一切都有些不確定、值得懷疑。因為他和我都不曉得這段旅程要往哪個方向去，這完全像是在極度黑暗中摸黑潛行。在這種狀態下，我們無法期待得到太強的效果，因為不確定性實在太大。另外還有一個經常發生的風險，就是我們在白天編織的產物，總會在夜裡被撕碎。風險在於，什麼事都沒發生（絕非誇飾），一切都瞬間消逝。在這種情況下，經常會出現特別色彩繽紛的夢，或是奇形怪狀的夢，而患者會對我說：「您看，如果我是畫家，就會把夢畫下來。」有些夢甚至涉及攝影、繪畫或素描、手稿插畫或甚至是電影。

我會運用這些線索與提示，因此會要求患者在此時此刻，將他們在夢境或幻想中看到的東西畫下來。患者通常會提出反對意見，說自己不是畫家。對此我會說現代畫家也不是畫家，所以現代繪畫才不配稱為繪畫。再者，美感並不重要，重要的是繪畫時付出的努力。我最近在一位很有天賦的專業肖像畫家身上體會到這個事實，她不得不試著用孩童般技巧拙劣的手法、以我的方式來作畫，好像她從沒拿過畫筆那樣。跟從外在繪畫相比，從內在繪畫是另一種截然不同的藝術。

所以我有許多較年長的患者都開始畫畫。可能有人會覺得這種業餘藝術實在太無用，這我能理解。但我們不能忘記，我們面對的不是那些仍須證明個人社會用處的人，而是那些在社會用處中再也看不到個人意義的人，那些對個人生命意義產生深刻、危險疑惑的人。成為群體中的一份子，這只對那些尚未走到這一步的人來說有意義、具吸引力，但對那些已經澈底感到疲憊厭倦的人來說則完全相反。個人生命意義的重要性，或許會被適應程度低於一般水準的人（作為一種社會存在）所否定，而且還總是被那些渴望過著平凡群集生活的人所駁斥。但不屬於上述兩類群體的個人，遲早會碰到這個尷尬的問題。

即使我的病人偶爾創作出具有藝術美感的作品（這些畫作在現代「藝術」展覽中屢見不鮮），但如果用真正的藝術價值標準來衡量，我認為這些作品一點價值也沒有。事實上，這些畫作不能有價值，否則我的患者會幻想自己是藝術家，而這就完全違背練習的目的。這項操作的重點不在於藝術，而且也不該把焦點擺在藝術身上，而是一個比純粹藝術更宏大、截然不同的議題，那就是產生在患者身上的鮮活效應。對社會觀點來說最不重要的東西，在這裡卻是最崇高的，那就是個人生命的意義。為了追求個人生命的意義，患者努力將難以表達的東西，以幼稚拙劣的方式勾勒、呈現在我們眼前。

不過，我為何要在特定發展階段讓患者透過畫筆、鋼筆或鉛筆來自我表述呢？這麼做主要是想產生治療效果。在前面描述的幼稚心理狀態下，病人處於被動狀態。透過繪畫表述，患者進入活動狀態。首先，他被動地將自己看到的東西勾勒出來，藉此將這種描繪轉變成自己的行動。他不僅開口談論之，更實際透過行動來呈現。從心理學的角度來看，以下兩種情況可是有天大的差別：第一種是患者每週與醫生進行幾次有趣的談話，但談話的結果到最後不了了之；另一種則是透過難以駕馭的畫筆和顏料，盡全力畫出一些表面上看來完全沒有意義的東西。如果這對患者來說真的意義全無，那他就不會想要費任何心思在畫畫上，最後他也就不會想要再重拾畫筆練習了。但由於他的幻想在他看來並不是完全沒有意義，實際動筆練習就會強化治療的效用。此外，畫面素材的建構，會使創作者持續從各部分針對畫作進行反思，從而使繪畫能夠充分開展其效果。這麼一來，我們就會讓現實的片刻進入純粹的幻想，進而擴充幻想的分量、賦予更大的效用。而現在，這些自行繪製的圖像確實產生效用，但我們難以透過言語描述這些效果。只要患者體驗過幾次繪畫的療效，發現能藉由符號性的圖像繪製，來將自己從悲慘的心靈狀態中解救出來，以後每當他鬱卒沉悶時，就會反覆訴諸這種方式。這麼一來，患者就獲得某種珍貴無價的寶物，也就是一條通往獨立自主的途徑、一種晉升至成熟心理狀態的轉化。藉由這個方法（如果我能稱之為方法的話），患者能達到創造性的獨立。他不再依賴自己的夢和醫生的知識，而是透過自我繪畫來塑造自己。因為他所畫的是鮮活的幻想，是在他身上發揮效用的東西。而在他身上發揮效用的是他自己，但這個自己並不是他之前錯誤理解中的自己。之前患者將個人自我（Ich）視為他的自體，現在他以一種全新、至今依然陌生的概念去理解到，他的自我是在他身上發揮效用的客體。在無數意象中，患者努力詳細描繪在他身上發揮效用的事物，最後終於體會到，那些永恆未知、陌生的事物，才是我們心靈最深層的根基。

我無法向大家描述觀點與價值觀出現哪些變化，以及人格重心因而出現哪些轉變。這就好像地球發現太陽是行星軌道與自身軌道的中心那樣。

但這我們不是早就知道了嗎？我也認為我們早就曉得了。但就算我知道些什麼，我體內的另一個人卻仍然毫不知情，因為事實上我活得好像自己什麼都不知道一樣。我的多數患者都懂得這個道理，但他們並沒有將這份理解實踐在生活中。為什麼？原因就是對**意識的高估**，也或許正因如此，我們都以自我為出發來生活。

對於年輕、未適應以及不成功的人來說，最重要的是盡可能有效型塑其有意識的自我，也就是培養個人意志。除了天才以外，人不會去相信那種在內心發揮效用、與意志截然不同的事物。所以說，他必須覺得自己是個有意志的存在，並且貶低其他一切，或想像其他事物受制於個人意志。要是沒有這種幻覺，他就無法成功適應社會。

但邁入後半段人生的人就不同了，他不需要再培養個人有意識的意志，反而比較想去理解個人生命意義，需要去體驗自己的存在。他不會再去追求要當個對社會有用的人（雖然他也不否認這是個值得追求的目標）。他察覺到自己的創造性活動是一種工作，更是對自己的一大益處，但他同時也清楚知道這種活動對社會一點用也沒有。這項活動逐漸使他擺脫病態的依賴，從而培養出內在的穩定性、重新去信任自己。而正是最後的這些成就，反過來使病人的社會生活受益。因為一位內心堅定、信任自己的人，會比一個與個人無意識關係不佳的人更能應付自己的社會任務。

有效的事物就是真實

為了不增加這場講座的困難度與負擔，我刻意避免引述理論，因此有許多議題我們沒有去碰觸或解釋。但為了讓各位瞭解患者產生的圖像，我還是必須舉出某些理論觀點。所有這些圖像的特點是具有原始符號特性，這點從繪畫與色彩中就能感受而出。色彩通常都相當強烈，傳達未開化的原始氛圍，通常也清楚呈現一種古風。這些特點揭示潛在圖像力量的本質。這些是具有歷史或古風特徵的非理性、象徵性力量，所以我們不難將其與考古學或比較宗教史中的實體相互必較。所以我們能假設，我們的意象主要來自我所謂**集體無意識**的心理領域。我用這個術語指稱一種無意識的、普遍人類的心靈功能，這種功能不僅是現代象徵主義意象的起源，更是過往人類歷史中類似產物的源泉。這種意象源自一種自然的需求，同時也滿足這種需求。這就像是那些追溯至原始的心理，透過這些意象自我表述，從而有機會與我們的意識共同運作（我們的意識對它而言是陌生的），而它對強化意識的主張也將不復存在，也就是已經得到滿足。但我必須補充說明，光是繪製出這些意象是不夠的，我們還需要展現對意象的理智與情感理解，這樣意象才能在理智與道德層面被整合進意識中。此外，我們還得針對這些意象進行綜合詮釋。雖然我已在個別患者身上執行這份任務，還是沒有成功呈現、發表此流程的所有細節。[4] 目前為止，我只零散發表這些概念。我們正進入一個全新的領域，而我們首先需要充分的經驗。基於非常重要的理由，我不願倉促妄下論斷，畢竟我們面對的是意識之外的心靈生命過程，而我們只能間接觀察之。我們還不曉得自己的目光會探查到哪些未知的深處。正如前文所述，我認為這似乎是一種將焦點往核心移動的過程。許多關鍵意象（尤其是患者感知中的關鍵意象）全都指向這個方向。在這段中心化的過程中，我們所謂的自我似乎移動到邊陲地帶。這種變化似乎是因為心靈中的歷史區塊出現而產生。這段過程的目的是什麼，目前仍未可知。我們只能說這段過程會對有意識的人格產生重大影響。這種改變增加生命意識並維繫生命的流動，從這項事實看來，我們必須斷定這種改變本身就具備某種特定目的，我們或許能將其稱為新的幻覺。但什麼是幻覺？從什麼角度來看，我們能將某項事物稱為幻覺？對心靈來說，真的存有我們能稱之為「幻覺」的東西嗎？對心靈而言，它或許是最重要的生命形式，是種不可或缺的存在，就像氧氣對有機體來說那樣。我們所說的「幻覺」，也許是極為重要的心靈事實性。心靈或許不在乎我們的現實範疇。對心靈而言，某件事物必須先**發揮效用**，看起來才會是**真實的**。想研究心靈的人，絕不能將心靈和自己的意識混為一談，否則就會看不清自己實際上想探索的標的。反之，如果想認識心靈，我們必須意識到心靈與意識有多麼不同。所以對我們來說是幻覺的東西，對心靈來說極有可能是所謂的真實，所以我們根本不能用心靈的真實來比擬意識的真實。對心理學家而言，最愚蠢的莫過於傳教士的觀點，他們宣稱可憐的異教徒的神都是幻覺。但遺憾的是，這種教條式的混亂依然存在，好似我們所謂的現實永遠不可能是幻覺那樣。在心靈範疇中（正如在我們所有經驗中），有效的事物就是真實，不管我們選擇用什麼名稱來稱呼之，都無法抹滅此事實。而真正關鍵在於盡可能去理解這些真實，而不是替它們取其他名字。所以對心靈來說，哪怕我們將其稱之為性欲，精神依舊是精神。

我必須重申，這些命名以及名稱的演變，根本就沒有協助我們進一步理解所述過程的本質。像所有存在的事物一樣，它無法被理性意識概念掌握、窮盡，這就是為什麼我的患者一致偏好符號性的表述與詮釋，認為這是更有效、更適切的方式。

至此，在這場概括性講座的框架中，我已經大致解釋自己的治療目的以及觀點。我只想提供一點建議、刺激大家的思考，如果有達成此目標我就滿足了。

本講座出版於 *Kongressbericht der Deutschen Psychotherapeutischen Gesellschaft* (1929)

注釋

1 譯注：編輯者為克勞斯（Friedrich S. Krauss），是蒐集各個民族關於性愛的傳說的民族學研究，於一九〇四年到一九一三年在萊比錫出版。接著有各個領域的許多作者加入撰述，自一九一〇年以來訴訟不斷，也曾經被列為禁書。

2 參考 *Psychologische Typen. Definitionen, Stichwort «Funktion»* [Ges. Werke VI (1960/67)]。

3 Schiller, *Über die ästhetische Erziehung des Menschen*. 15. Brief.

4 後來我終於彌補這項缺憾。參閱 «Zur Empirie des Individuationsprozesses». *Gestaltungen des Unbewußten*, pp. 93-186. [Ges. Werke IX/1]。

五　心理類型學

太過熟悉卻不為人知的心靈

性格是人固定、特有的形式，此形式同時具備生理以及心靈本質，所以廣泛、綜合的性格學也會從生理以及心靈這兩個層面來切入。生命體無法解釋的統一性必然會點出以下事實：生理特徵不僅只是生理上的，心靈特徵也不全然屬於心靈範疇。對自然的連續性來說，並沒有所謂的不相容性以及分離，但人類智力為了有助於理解，不得不將身體與心靈切分開來。心靈與身體的區隔是一種人為的二分法，這種區別無疑是建立在認識之理解力的特性上，而非來自事物的本質。身體與心靈相互滲透、密不可分，以致於我們不僅能從身體組成中大致推斷出心靈的構成，還能從心靈的特性中推演出相應的身體表現。不過，對我們來說，後者的難度更高，這大概不是因為心靈對身體的影響較小，而是因為以心靈為出發點，我們是從未知的情況推展到已知的現象；如果是從身體建構來判斷心靈的特性，我們就掌握優勢，能從已知的事物出發，也就是肉眼可見的身體。儘管我們目前認為自己掌握所有心理概念，但跟可觸可感的身體相比，心靈對我們來說仍是無比黑暗模糊。心靈是塊陌生、幾乎未經探索的領域，我們對其只有間接的瞭解。我們透過意識功能來瞭解心靈，但意識功能時時刻刻都有可能出錯走偏。

所以，由外向內、從已知到未知、從身體到心靈，這似乎是條比較保險的路。基於此因，所有性格學都試圖從外部出發來探究內在。比方說，古人的占星術甚至從外太空出發來理解命運的軌跡；申諾（Giambattista Zenno）就曾對華倫斯坦（Albrecht von Wallenstein）說，這些命運的軌跡都始於人本身。手相占卜術、加爾（Franz Joseph Gall）的顱相學、拉瓦特爾（Johann Kaspar Lavater）的面相學、近期出現的筆跡學、克雷奇默（Ernst Kretschmer）的生理類型學，還有羅夏克（Hermann Rorschach）的墨跡測驗都是如此。如我們所見，從外部到內部，從身體到心靈，我們能透過各種方式來探究。

我們必須遵循這種由外至內的方式來進行研究，直到充分確立某些基本心理事實為止。大致掌握基本心理事實後，我們就能逆向研究。到時我們就能提出這個問題：某個特定的心理狀態會產生什麼樣的生理特徵？遺憾的是，我們尚未進展到能提出這個問題的階段，因為我們還沒滿足其先決條件，也就是充分確立基本心理事實。我們才剛開始練習分類彙整各種心靈內涵，而工作的進展多少還得靠運氣。

如果只是觀察到人的外觀相貌，卻無法從中推斷出相應的心理事實，那就一點意義也沒有。只有瞭解到什麼樣的心靈事實與特定生理特徵相對應，我們才會滿意。在沒有心靈的狀況下，身體無法提供我們任何資訊，而在少了身體的情況下，我們也無法從心靈得到任何線索（如果我們能以心靈為出發點來研究的話）。倘若我們試圖從生理特徵推斷到相應的心靈特徵，我們就會像前文所述那樣，從已知推斷到未知。

雖然遺憾，但我必須強調，由於心理學是相當新興的學科，所以最容易受到偏見的重壓。心理學其實是近期才開闢而出的學門，而這項事實就直接證明，我們花了這麼長時間，才將心靈從主體中分離出來，順利將心靈當成能客觀探究的對象。我們的確是近期才將心理學確立為一門自然科學的科目，在此之前，心理學和中世紀的自然科學一樣，都是奇幻異想的任意產物。有人以為自己能頒布心理學的規範與法則，而這種偏見千真萬確地困擾著我們。說到底，心靈是最直接、因而顯然也是我們最熟悉的事物。實際上，我們不僅對心靈相當熟悉，而且還熟到厭倦。心靈那永無止境的平庸特質令我們厭煩，甚至還不堪其擾，並盡可能讓自己不必去想到它。由於心靈本身就是直接、即時的事物，因為我們自己甚至就是心靈，所以我們會以為自己對心靈有最澈底、恆久、無可置疑的認識。這就說明為何每個人不僅對心理學有自己的看法，還深信自己理所當然懂更多。病人的家屬與監護人通常都以為自己無所不知、在心理學領域懂的比其他人還多，而必須跟這些人周旋的精神醫學家，大概是最先接觸到這種大眾盲目偏見的職業群體。不過，此一事實也無法避免讓精神醫學家誤以為自己知道的比較多，甚至還脫口說出：「這座城市中只有兩位正常人，那就是我跟大學預科高級中學的B教授。」

在今日的心理學中，我們必須充分體認到，雖然作為最直接、即時的事物，心靈看似是最眾所熟知的事物，而且其他人大概都比我們還要懂，但心靈其實是最不為人知的。無論如何，對於站在起始點的我們來說，這是一個非常有用、探索式的基礎原則。正因心靈如此直接、即時，心理學才會這麼晚被發現。而且，由於我們還站在這門學科的開端，所以缺乏概念與定義。少了概念與定義，我們就無法掌握、理解事實。我們缺乏的是前者（概念與定義），但不缺後者（事實）；相反，我們被後者所包圍，甚至是被全面覆蓋。這跟其他學科截然不同。在其他學科中，我們必須去挖掘研究對象與事實，而且這些對象的自然分類，例如化學元素以及植物科別的分組編制，提供我們一個後驗的概念和觀點。在心理學界完全不是如此。

在此範疇，我們秉持著實證經驗與分析的態度，完全被捲入主觀心理事件的持續洪流中。如果有任何總結性的一般概念從這個洪流中浮現而出，那它通常只不過是一個症狀。由於我們本身就是心靈，如果我們讓心靈過程自由發展、不去干涉，難免會被捲入其中，從而被剝奪辨別差異與比較的能力。

這是一大困難。而另一項困難，則是當我們遠離空間表象、接近心靈的非空間性時，就失去所有準確測量判定的可能。就連認定事實也變得非常困難。比方說，如果我想強調某件事是不真實的，我只要說我只是在腦中想到這件事就行了。「要不是……，我也不會有這種想法。一般來說，我從來不會去想這種事。」這種言論想必大家都耳熟能詳，它證明心理事實在主觀上顯得多麼模糊，因為它們在實際上和任何其他事件一樣，都是客觀與確定的。不管這段過程的條件與前提限制為何，我確實真的想到這些事。許多人甚至得強迫自己，偶爾還得付出最大的道德努力，才有辦法坦承這麼理所當然的事。

因此，如果我們從已知的外在表象推論至心理事實，就會碰到這些難題。

面對典型情結，個體不同的反應方式

我目前的研究範圍比較狹窄。廣義上來說，我的工作並不是針對外部特徵進行臨床判定，而是去調查、分類那些可透過推斷來判定的心靈事實。這項工作首先會產生一套心理現象學，這使我們能建立關於心靈結構的理論，而在結構理論的實證經驗應用中，就會發展出一套心理類型學。

臨床現象學就是症狀學。從症狀學到心理現象學的進程，相當於從純粹症狀病理學進展到細胞與代謝病理學的過程，因為心理現象學讓我們看到表現症狀背後的心靈背景過程。眾所周知，此一發展是靠分析方法的應用來達成。如今，我們對那些引發心理性症狀的心靈過程有了真正的瞭解，從而替心理現象學奠定基礎，因為情結理論無非就是這種現象學。心靈深處究竟發生什麼事，大家對此抱持各式各樣的見解，這項事實我無須多說，但至少有一點是肯定的：所謂的**情結**主要是以情緒為導向的內容，而且還享有一定的自律性。「自律性情結」這個說法經常遭到駁斥，但在我看來這些反對都不成立。除了「自律」一詞，我找不到更貼切的說法，來描述無意識之有效內容所表現的行為。這些情結的特色，在於它們能抵抗意識的意圖，而且隨意來去自如。根據我們對其理解，情結是擺脫意識控制的心理內涵，並且能從意識中分離而出，在心靈的黑暗範疇成為一種特殊存在。在這個陰暗的角落，它們能隨時壓抑或促進意識的表現。

針對情結理論的進一步研究，不免會碰觸到**情結之起源**這個問題。對此我們目前也有眾多理論。除了各種理論之外，經驗顯示情結永遠包含某種類似衝突的東西，或是至少會引起衝突或由衝突而生。無論如何，衝突、震驚、尷尬、不相容，這些都是情結獨有的特質。這就是所謂的「痛點」（wunde Punkte），在法文中為bêtes noires（黑色野獸），英文則說這是skeletons in the cupboard（櫥櫃裡的骷髏）。我們都不喜歡去回想這些事，更不希望這些事被別人記住，但這類痛點時常以最不受歡迎的方式逕自出現在回憶中。它們總是包含記憶、願望、恐懼、義務、需求或觀點，而我們不知為何都無法與之和平共處，因此它們總是以最不堪其擾、甚至有害的方式，干擾妨礙我們的意識生活。

情結顯然是一種最廣義的劣勢，但我必須立刻補充解釋：擁有一到多種情結未必代表人處於劣勢。情結的存在，只代表心靈中有一些不是一體、尚未同化、相互衝突的東西。這也許是一道障礙，但也有可能因此激勵人付出更多努力，因而成為通往成功的全新可能。從這個角度看來，情結儼然是心靈生活的焦點或節點，我們不會希望自己身上沒有任何情結。事實上，情結是**必不可少的**，否則心靈活動就會陷入致命的停滯狀態。不過，情結也代表個體身上懸而未解的問題，是他目前未能排解的障礙，是他無法**迴避**或**克服**的癥結，因此從各種意義上看來，情結無疑是一種**弱點**。

情結的這項特點也清楚揭示出其起源。顯然，情結之所以出現，是因為適應社會的要求與個體本質相互衝突，這種個體特質是特殊的，而且不適合用來達成社會適應的要求。所以對我們來說，情結成為個體氣質的症狀，非常具有診斷價值。

從經驗看來，我們起先會認為情結是千變萬化、各式各樣的。仔細比較後，才發現情結具有幾種少數典型基本形式。這些基本形式都是在童年的早期經驗中累積而起。這是必然的事實，因為個體氣質也是在童年時期顯露出來，因為氣質是天生而不是後天養成的。所以說，父母情結純粹只是前述衝突的第一種表現：適應社會的現實需求，與個人不適之特質相互衝撞。第一種情結也必須是父母情結，因為父母是孩子可能與之發生衝突的第一種真實性。

所以，父母情結的存在無法透露太多關於個體特質的資訊。很快，我們也從實際經驗中發現，最重要的關鍵並不是父母情結的存在，而是這種存在對個體生活發揮哪些特殊影響。對此我們能看出各式各樣的變異，但這大概跟父母影響的特殊本質沒有多大關聯，因為小孩通常會同時接觸到相同影響，卻以最截然不同的方式對其做出反應。

所以我把焦點擺在這些差異上，並告訴自己，我能透過這些差異來判別個體特有的氣質。為何在一個具有精神官能症特質的家庭中，有的小孩表現出歇斯底里的特質，另一人卻患有強迫性精神官能症，而第三個孩子卻精神障礙，第四個卻看起來什麼問題也沒有？佛洛伊德也碰過這種「選擇性精神官能症」的問題，它抹除父母情結的病原意義，把問題轉到做出反應的個體與其特殊氣質上。

雖然我完全不認同佛洛伊德針對這個問題提出的解答，但我自己也無法回答這個問題。其實，我認為現在去面對選擇性精神官能症的問題還太早。回應這個難題前，必須先透徹瞭解個體的反應方式。問題在於個體**如何**對障礙做出反應。例如，我們來到一條沒有橋的河邊，河流太寬以致於無法一腳跨過去，只能一步步跳過去。要做到這點，我們能運用一套複雜的功能系統，也就是心理動作系統。這是一套完善的既有功能，只要觸發啟動就能使用。但在這套系統運作之前，還有一些純粹心理的現象，也就是到底要做什麼的**決定**，而這就是關鍵的個人事件。這些事件的特點在於，作為主體的我們很少或從未將這些事件視為某種特徵，因為我們通常看不見自己，或者都要到事後才能做出評價。換言之，對跳躍來說，心理動作系統隨時準備待命，而道理相同，在決定要做何反應時，也會有一套純粹心理的系統習慣性（因此是無意識的）待機運作。

至於這套裝置的組成為何，目前仍眾說紛紜。可以確定的是，在做決定以及面對困難時，每個人都有一套自己習慣的應對方式。如果我們問一個人為什麼要跳躍過河，他可能會說是因為要享受跳躍的樂趣；另一人可能會說是因為沒有其他選擇；第三人則會說因為自己有想克服每道障礙的渴望；第四人沒有跳，因為他不想白費功夫；第五個人也留在原地，因為他沒有過河的深層需求。

我刻意選擇這個非常日常的例子，來證明這些動機看起來有多無關緊要，甚至不重要到我們都傾向置之不理、用自己的解釋來取而代之。然而，這些變異就是最寶貴的參考資料，讓我們得以洞察個體心理適應系統。如果我們觀察前述案例中的第一人，也就是為了跳躍的快感而渡河的人，可能會發現到目前為止，他之所以決定要做或不做一件事，基本上是看那件事能帶給他多少樂趣與快感。而因為別無他法所以跳躍渡河的第二人，通常會在人生中徘徊、謹慎小心、沉悶停滯，做決定的出發點總是「因為沒有更好的選擇」。在這些案例中，特殊的心理系統總是處於待命狀態，決定就交由這些系統來做。這種系統型態千變萬化，這點我們大概不難想像。心理機制的個體多樣性是永遠無法窮盡的，就像水晶結構的個體差異一樣，但每個變異無疑也都是屬於某套特定系統。

不過，就像晶體結構也會顯示出相對簡單的基本定律一樣，心理機制的設定也會展現特定屬性，因此我們也能依照這些屬性將其歸類分組。

我們可以說，人類試圖建構類型，從而讓個體的多樣與混亂呈現出一定秩序，這種努力是非常古老原始的。占星術就是歷史最悠久的證據，這套系統源自古老的東方，並將十二星座分類到風象、水象、土象與火象四大類別中。在星座十二宮中，風象星座是以具有空氣性質的水瓶座、雙子座與天秤座組成；火象星座則以牡羊座、獅子座和射手座構成。在古老的觀念中，出生在風象或火象星座類別中的人，會帶有部分空氣或火的特質，因此也會展現相應的性情與宿命。這就說明為何古代的**生理類型學**（四種體液對應的性情）與更古老的宇宙論觀點緊密相繫。早期用黃道十二宮來分類的四種性格，後來換上古代醫生的生理學語言術語，也就是用樂觀的（**血液**）、冷靜沉著的（**黏液**）、暴躁易怒的（**黃膽汁**）和憂鬱的（**黑膽汁**）來替代，這些詞無非是針對四種體液的描述。眾所周知，這種體液學說大概延續了一千八百年。但占星類型學反而讓啟蒙運動人士大感訝異，因為占星學至今仍屹立不搖，如今甚至還重新開花結果。

這段歷史回顧能讓我們安心：現代人在分類上的嘗試，絕不是什麼全新、聞所未聞的現象，只是科學良知讓我們無法再用那些古老、基於直覺的方式來替事物分類。針對心理類型，我們必須找出自己的答案，一個符合科學標準的解答。

而標準或準則正是分類問題的首要難點。占星術的標準很簡單：星座分類是出生時就被客觀給定的事實。至於黃道十二宮與行星為何會被賦予性情特質，這個問題一路回溯至史前的昏暗迷霧中，我們無法提出答案。四種古代生理性情的分類標準是個人的外表與行為，就像今天的生理類型一樣。但心理類型學的分類標準是什麼？

兩種一般態度類型：外向型與內向型

讓我們回想一下前面舉出的例子，也就是那幾位要過河的人。我們該如何、該依據什麼標準，來對他們的習慣性動機進行分類？有人是因為快感而做；有人之所以**做**，是因為不做更麻煩、問題更大；有人**不做**，因為他內心抱持另一種看法。諸如此類。可能性無窮無盡，列出來也是徒勞無功。

我不曉得其他人會如何完成這項任務，所以我只能描述我是怎麼著手應對這個問題的；如果有人說我解決問題的方式純屬個人偏見，我也得接受這番指責。這種反對意見非常正確，連我也不曉得該如何替自己辯護。我只能以哥倫布（Christoph Kolumbus）為例來讓自己安心。哥倫布藉著主觀想像、錯誤假設，還有一條被當今航海家放棄的航線，最終發現美洲新大陸。不管我們在看什麼、無論怎麼看，其實都只能透過自己的眼睛來看。這就說明為何科學從來就不是靠一個人獨自完成，而是由許多人共同成就的。個人只能做出自己的貢獻。只有在這個層次上，我才有勇氣講述**我個人**看待事物的方式。

因為職業的關係，我不得不對個體的特殊本質提出說明與解釋。而且，我長年（我不曉得到底有多少年）來治療多對夫妻，讓夫妻雙方理解彼此的立場，這種特殊的處境，也強調出確立某種一般真理的任務與必要性。比方說，我有好幾次都不得不說：「您看，您妻子天生個性活躍，我們真的不能期望她將自己的生命全部灌溉在家庭生活中。」而這已經是一種類型化，凸顯出一種統計數字上的真理。有些人天性**主動活躍**，有些則**被動消極**。但這個老套的自明之理無法讓我滿意。在下個步驟，我會試著去說人有**深思熟慮**與**欠缺思考**這兩種天性。因為就我所見，許多表面上看來被動消極的人，其實沒那麼被動，而是習慣**事前構思安排**。他們會先去思考現況，然後再採取行動。由於他們習慣這樣做，所以會錯過一些必須在未經思考下立即行動的機會，進而落入消極被動的偏見中。在我看來，比較欠缺思考的人總是不假思索投身一件事，事後才想到自己可能陷入一個泥潭。所以我們能用「欠缺思考」來描述這種人，這聽起來比積極主動還要貼切。畢竟在必要情況下，跟未經思考、一股腦趕忙行動比起來，事先籌畫構思是非常重要、同時也相當負責的行為。但我很快就發現，一個人的猶豫並不代表他永遠都在前瞻性思考，而另一人的當機立斷也未必代表他欠缺規畫。前者的猶豫往往是出於習慣性的膽怯，或至少是在面對太龐大的任務時的習慣性退縮；後者之所以當機立斷，通常是因為他對外在客體抱持極大自信。此一觀察讓我提出以下分類標準：有一類人在需要對特定情況做出反應時，會先往後退、輕聲說些「不要」之類的話，然後才有所反應；而另一類人面對相同情況會直接做出反應，顯然非常有自信、覺得自己的行動理所當然是正確的。所以說，前一類人與客體的關係是負面消極的，後者與客體的關係則是正面積極的。

眾所周知，前一類對應的是**內向型**，後一類對應的則是**外向型**的態度。不過這兩個術語本身不具任何意義，就像我們發現莫里哀（Molière）筆下的「資產階級紳士」談吐乏味冗長那樣，沒有辦法帶來任何全新的發現。只有在我們知道這些類型還帶有哪些其餘特徵時，這兩種類型才有意義與價值。

如果你是內向者，那你在各方面必然都是內向的。「**內向**」這個詞代表心靈中的一切，都是以符合內向態度的方式發生。若非如此，那我們說某人是外向型的這個說法，就跟說他身高一百七十五公分，頭髮是棕色的，或者短頭畸形（brachycephal）等描述一樣，一點參考價值也沒有。大家都曉得，這類陳述除了其表面的事實之外，並沒有包含什麼更深層的內涵。比起前面那些表面性的描述，

「**外向**」這個詞指涉的意義廣泛許多。這代表外向者的意識和無意識都必須具備某種特質。外向者的一般行為、他與人的關係乃至於生活軌跡，都必須顯示出某些典型特徵。

內向性與外向性作為態度的類型，標示著一種對整段心理過程至關重要的預設傾向，因為它們決定了反應的習慣，從而也決定行動的類型、主觀經驗的類型，同時還有無意識補償的類型。

一旦決定反應習慣的類型，我們就能直接命中要害，因為習慣在某種程度上是中心轉換點，一方面調控著外在行為，另一方面型塑特定經驗。行動的類型會產生不同的相應結果，對結果的主觀認知產生所謂的經驗，而經驗又會去影響行動，因此按俗諺所言，「幸福掌握在自己手裡」，個人宿命也因而浮現。

毫無疑問，反應習慣確實是目前問題的核心，但我們能否圓滿描述反應習慣的特性，這仍是一個非常微妙的問題。即便是對這個特定領域有深刻瞭解的人，也有可能在秉持善意之下對此懷抱不同見解。我已經找來所有支持我的觀點，並將相關資料編入我的類型書中。同時我也必須清楚表明，我不認為自己提出的類型學，是唯一正確或唯一可能的類型分類。

四種功能類型：思考、情感、感知與直覺

外向性與內向性的對比雖然簡單，但簡單的論述通常也是最可疑的。這種對比很有可能輕易掩蓋事實的複雜程度，讓我們出錯受騙。這也確實是我的親身經歷，因為近二十年前我才剛針對自己的標準發表第一份論述時，[1]就沮喪地發現我莫名其妙被誤導了。統計結果出了某些問題。我曾試圖用太簡單的手法解釋太多東西。剛發現某種新事物時，我們會沉浸在最初的喜悅中，這時通常會出現這種錯誤。

現在我意識到，在內向者與外向者群體中無疑也存在著巨大差異，而此差異之劇烈甚至讓我懷疑自己之前是不是根本看錯了。我花了近十年時間來觀察與比較，才終於釐清這些疑惑。

相同類型者之間存有的巨大差異，這個問題使我陷入未曾預料的困難中，有很長一段時間都無法掙脫。我在針對差異的觀察與感知方面沒有碰到太大困難，最難的主要是在設定標準上，這跟之前的問題一模一樣。換句話說，我該用哪些貼切的描述來指稱這些特徵差異？在這個癥結上，我首次體會到心理學有多麼年輕。現階

段，心理學只是由一些武斷觀點混雜而成的綜合體而已，是在尚未達到普遍共識之下，在研究室或諮商室中，從孤立、如宙斯般的學者大腦中偶然迸發而出的產物。我不想失禮冒犯，但還是忍不住想提醒心理學家去關照女性、中國人以及澳洲原住民的心理。心理學必須實際貼近生命，否則會永遠停留在中世紀階段。

我發現在混亂的當代心理學中，找不到任何可靠穩固的分類標準。我們必須去創造這些標準，但並不是無中生有，而是根據許多前人學者寶貴的研究成果。這些前輩的名聲絕對不會在心理學史中被淡忘。

透過觀察，我提出**某些心理功能**作為**分類依據**，藉此區分我剛才探討的個體差異。但礙於講座時間有限，我無法將個別觀察一一舉出。我只能籠統地說，根據我目前的理解，差異主要來自以下事實：比方說，一位內向者不單只會閃避客體、猶豫不決，而是以一種非常特定的方式表現這種態度。而且，他的行動與其他內向者不同，反而會展現非常特殊的形式。這就跟獅子不會像鱷魚那樣用尾巴去攻擊敵人或獵物一樣，獅子是用利爪來攻擊，這就是牠的力量所在。所以說，我們的反應習慣通常也會表現出我們的強項與力量，也就是運用我們最可靠、強而有力的功能。話雖如此，我們偶爾也會以自己的特殊弱點來做出反應。我們也會去創造或尋找相應的情況、閃避與我們的強項或弱點不符的狀況，因此也會擁有獨一無二、與他人不同的經驗。一個聰明人會靠自己的智慧去適應社會，而不是像一位低段的重量級拳擊手那樣用蠻力搏鬥，雖然他偶爾也有可能在憤怒之下用力動手。在生存與適應的掙扎中，每個人都會本能使用自己**最發達的功能**，這也因而成為反應習慣的標準。

現在問題在於：我們如何從普遍的角度來理解所有這些功能，讓這些功能不再是個體現象中模糊不明的事物呢？

社會生活早就已經將人進行粗略的分類：人被畫分為農民、勞工、藝術家、學者、士兵以及各式各樣的職業。但這種類型畫分與心理學沒什麼關係，有位著名學者就曾諷刺地說，在學者當中也有些人只會「掉書袋」而已。

這裡的意思是，我們必須對事物進行更細微的畫分。比方說，光是去談一個人聰不聰明是不夠的，因為聰明的概念太籠統、太模糊。任何能順利、迅速、有效且符合目的去完成的行動，都能用聰明來形容。聰明跟愚蠢一樣，與其說是功能，不如說是一種模式。這些詞彙無法讓我們知道行動的內涵，只能讓我們瞭解行動的方式。道德與審美標準也是如此。我們必須去描述、指稱那些個體反應習慣背後的主要功能。所以，我們不得不向某種東西求助，這種東西乍看之下非常嚇人，彷彿十八世紀的老派官能心理學。但實際上，我們只是借用已經存在於日常語言中的概念和術語，這些東西對每個人來說都是可理解、能掌握的。舉例來說，當我說「思考」（Denken）時，只有哲學家不知道這是什麼意思，但外行人都能輕鬆理解。因為我們每天都在用這個詞，而且表示的差不多都是同一個意思。不過，要是我們要求外行人馬上替「思考」下一個明確的定義，他或她也有可能會陷入尷尬之中。這種狀況也同樣適用於「記憶」（Erinnern）或「情感」（Gefühl）。這種非常心理學的術語在科學上難以定義，在日常口語使用中卻非常容易理解。語言是個形象呈現的資料庫，所以意象太飄渺抽象的概念很難在語言中扎根，而且同樣容易消亡，因為這些概念未能充分觸及現實。不過，思考與情感是極為強烈的真實性，所以每種非原始的語言都能用明確無誤的詞彙來表述這些概念。所以，不管科學如何定義這些複雜的心理事實，我們能確定這些表述都與非常具體的心理事實相互對應。例如，雖然科學長期始終無法清楚定義**意識**，但大家知道意識是什麼，而且也沒有人會懷疑意識一詞對應某種確切的心理事實。

所以，我運用日常語言使用中的非專業術語，將這些術語當成同一種態度類型中的差異標準，並用這些術語來指涉與之相對應的心理功能。所以舉例來說，我用大家都能理解的意思來使用「思考」一詞，因為我發現某些人比其他人思考得更多，而且當他們在做重大決定時，思考也占非常高的比重。他們用思考來理解、適應這個世界，凡是來到他們眼前的東西，都必須先經過深思熟慮或反思，或至少用一套事先構思出的原則來比對。其他人顯然沒那麼重視思考，反而將重點擺在情感層面，也就是所謂的「情感」。他們持續不懈地實行「情感政治」，只有在特殊情況下才會動腦思考。後者與前者形成相當強烈、難以忽視的對比，如果這兩類人成為生意夥伴或甚至是夫妻時，這種對比差異就會格外顯著。不管是外向型還是內向型，一個人都有可能側重思考，不過他只會以符合自己所屬類型的方式來思考。

不過，就算這些功能中的其中一個或另一個占主導地位，也不能用這點來解釋所有出現的差異。我所說的思考型或情感型人其實也有一些共通點，而除了**理性**這個詞之外，我無法用其他方式來描述這種共通點。沒有人會質疑思考在本質上是理性的，但談及情感，大家或許會激烈反駁。對此我不想貿然否定。反之，我能向各位保證，情感的問題也曾讓我頭痛不已。不過，我不想用各種關於此概念的學說來加重這場講座的負擔，只想簡要介紹我對情感的看法。主要困難在於，「情感」

（Gefühl 或 Fühlen）這個詞的用法最多元，在德文中尤其如此。在法文和英文中，這兩個詞的用法比較少。首先，我們應該將這個詞跟「感知」（Empfindung）的概念嚴格區分開來，感知指涉的是所有感官經驗。所以我們不得不同意，在概念上，後悔的情感應該跟即將變天或鋁業股票會上漲的感知區隔開來，因此就心理學術語來看，我建議將前者稱為真正的情感，而不要用「情感」二字來描述後者，並用「感知」來替代，因為後者是一種感官經驗。或者，我們也可以用「直覺」一（Intuition）一詞來取代，這裡描述的則是一種知覺（Wahrnehmung），如果要將這種知覺回溯至有意識的感官經驗，力量與假設就不可或缺。因此，我將**感知**定義為透過有意識之感官功能的知覺，**直覺**則是透過無意識得來的知覺。

當然，這些定義是否站得住腳，可能會讓大家爭論不休。但討論最終只會淪為某種動物是否該稱為犀牛或奴角或其他名稱這種問題，因為基本上我們只需要知道自己將某個東西稱為什麼就夠了。心理學是個全新的領域，而心理學使用的語言還沒有固定下來。眾所皆知，我們可以根據凱式、[2]攝氏或華氏來測量溫度，只是要清楚說明自己是用哪種單位來測量。

大家能發現，我將情感視為心性的一種功能，並將情感與感知、直觀或直覺區分開來。要是將這些功能跟狹義上的情感混為一談，就無法在概念上體認出情感的理性。如果將情感與上述功能區分開來，必然會體認到情感價值和情感判斷（也就是廣義上的情感）不單只是理性的，而且跟思考一樣合乎邏輯、前後一致，具有判斷識別力。此一事實對思考型的人來說可能很古怪，但這點不難解釋，因為在典型情況下，思考功能特別突出的人，情感功能通常較不發達，因此也比較原始。正因如此，他的情感功能會被其他功能干擾，而且還是被那些非理性、非邏輯、不具判斷與識別力的功能所污染，也就是所謂的感知與直覺。後面這兩種功能與理性功能相互對立，而原因來自這些功能的內在本質。人**思考**是為了得出判斷或結論，一個人去感覺的時候，是為了得到正確的評價；但感知與直覺作為知覺功能，目的是在感知**發生在眼前的事情**，而不是去加以詮釋或評價。所以這些非理性功能不需要根據原則進行選擇，只要對發生的事物保持開放即可。但發生的事物在本質上是非理性的，因為世界上沒有任何一套結論推導方法，能去證明世界上一定有多少星球，或是多少種或哪一種恆溫動物。非理性是思考與情感的惡習，理性則是感知與直覺的缺陷。

很多人將自己的主要反應習慣建立在非理性之上，要不是來自感知就是來自直覺，但不是同時建立在兩者之上，因為感知與直覺就跟思維與感受一樣相互對立。假如想用眼睛與耳朵來感知自己到底看到、聽到什麼，就沒辦法同時模稜兩可地去做夢、去幻想其他事，而這正是直覺者會做的事：讓無意識或客體有自由發揮的空間。所以我們能理解，感知類型的人與直覺型是相互對立的。遺憾的是，由於時間限制，我沒辦法深入探討在非理性類型中，外向態度與內向態度引起的有趣差異。

我比較想談談當某種功能特別突出時，其他功能會自然受到什麼影響。大家都曉得，人沒辦法樣樣擅長，無法十全十美，所以我們總是只發展特定特質，並讓其他特質慢慢萎縮。永遠沒有人能夠達到全整。那麼，那些沒有透過每天有意識地使用、因而沒有繼續發展的功能，會發生什麼事？這些功能多少會停留在原始、幼稚的狀態，往往只具有一半的意識，甚至完全沒有意識，因此形成每種類型特有的劣勢，是整體性格圖像中不可或缺的一部分。要是思考功能特別突出，就會有情感方面的劣勢；特別發達的感知功能會讓直覺功能受損，反之亦然。

某種功能是否特別顯著，我們能輕易從其強度、穩定性、一致性、可靠性以及適應能力來判斷。不過，功能的劣勢往往不是那麼容易描述或識別而出。一項基本的判斷標準是這種功能缺乏自足獨立性，因此需要依賴他人與外在環境，然後還會造成情緒敏感波動、使用時非常不可靠、易受暗示影響，而且性質模糊不清。在發展較不全整的功能中，人總是處於劣勢，因為我們不能掌握它，甚至還會成為其受害者。

由於我在此只能簡述心理類型學的基本觀點，所以非常遺憾，無法詳細描述各種心理類型。

迄今，我在此領域努力的整體結果是建立兩種一般態度類型，也就是外向型與內向型。另外，我也進一步畫分出四種功能類型，也就是思考、情感、感知與直覺。這些功能類型根據一般態度的變化產生出八種變異體。

有人甚至會用責備的語氣問我，為什麼只提出四種功能而不是更多或更少。只有四種功能的這項事實，純粹是來自實證經驗。以下考量就能顯示這四種功能在某種程度上已經建構出整體了。

感知讓我們確定實際存在的東西，思考讓我們去體認目前存在的東西意味著什麼，而情感則讓我們辨識其價值，直覺則在最後指出眼前事物可能是從何而來、可能會往哪去。如此一來，我們就能完整確定自己當下的方位，就像標示經緯的地理指標一樣。這四大功能近似於指南針上的四個方位，同樣任意自主，但也同樣不可或缺。我們能隨意將基準點隨意往某個方向偏移幾度，或是隨意替這些定位點命名，但這只不過是習慣與理解的問題罷了。

有一點我必須坦承，在心理學的探險之旅中，我絕對不會想拋開這個指南針。這不只是出於非常明顯、極為人性的原因（也就是每個人都深愛自己的觀點），而且是出於非常客觀的事實，也就是這套架構提供衡量與定位的系統，替我們長期以來缺乏的**批判心理學**提供發展基礎。

本講座發表行一九二八年蘇黎世瑞士精神科醫生會議
（Zusammenkunft der Schweizerischen Irrenärzte）

注釋

1　參考 *Psychologische Typen*, Paragr. 931 ff. [Ges. Werke VI (1960/67)]。
2　譯注：即絕對溫度。

六　心靈的結構

心靈作為世界與人的鏡像是如此多樣多元，我們能從無窮無盡的各種角度來觀察與評價。我們的心理與我們所處的世界一樣：人類無法完整分類、理解世界上的所有一切，所以我們只有純粹的實際規則與興趣面向。每個人都從世界切割出自己的一小部分，替個人世界建立私人系統，往往還會搭建出密不透風的牆，所以經過一段時間，他會覺得自己已經體認到世界的意義與結構。存在終有盡頭的人，永遠無法掌握無窮無盡的世界。雖然心理的現象世界只是一般世界的一部分，但它作為一部分，似乎比整個世界更容易被理解。但我們沒有意識到心靈是世界的唯一直接表象，因此在我們對世界的一般經驗中，心靈是必不可少的重要條件。

世界上唯一可直接體驗的只有意識內容。我之所以這麼說，並不是想將世界簡化還原成一個概念，而是想強調與以下說法類似的觀念：生命是碳原子的一項功能。這項比喻顯示，如果我想對世界或甚至其中一部分進行解釋，我所戴的那副專業眼鏡就會侷限我的視野。

當然，我的觀點是屬於心理學的觀點，更具體來說，是屬於實務心理學家的觀點。實務心理學家的任務，是在最複雜的混亂心理狀態中迅速釐清頭緒。有些心理學家能靜靜地、不疾不徐地在實驗室中，對一個孤立的心理過程做實驗，我的觀點必然與這類心理學家的觀點不同。這種差異就跟外科醫生與組織學者間的區別一樣。我也不是形上學者，因為不管事物是絕對還是類似的，形上學者都必須對事物的在己存有（An-sich-sein）與為己存有（Für-sich-sein）提出解釋。我探討的對象僅限於經驗範圍中。

七類意識內容

我的要求主要是能夠掌握複雜的條件並對其加以說明。我必須以一種可理解的方式來指名複雜的事物，並在各種心靈事實組別之間做出區別。這些區別不能是任意武斷的，因為我必須與我的客體（也就是我的患者）達成共識與理解。所以我偏向使用簡單的範式。一方面，這些範式充分反映出實證經驗事實，同時也與普遍已知的事物相繫，因而易於理解。

如果我們現在開始對意識內容進行分類，我們就是在遵從一項古老的規則，也就是：「Nehilest in intellectu, quod non anteafuerit in sensu」（除非透過感官，理性與智力中空無一物）。

作為**感官知覺**，意識似乎是由外部流入我們體內。我們看到、聽到、觸摸到以及嗅聞到這個世界，因此我們對這個世界有所意識。感官知覺告訴我們某個東西**存在**，但沒有告訴我們那個東西**是什麼**。會告訴我們那個東西是什麼的，並不是**知覺過程**（*Perzeptionsvorgang*），而是**統覺過程**（*Apperzeptionsvorgang*），而統覺過程是非常複雜的現象。我的意思並不是說感官知覺是非常簡單的東西，但其複雜性質比較偏向生理而非心理。相較之下，統覺的複雜之處則屬於心理範疇。我們能在其中發現各種心理過程的交互作用。假設我們今天聽到一個聲音，而其性質似乎不為我們所知。經過一段時間，我們清楚發現這個奇特的聲音一定是來自在中央暖氣管線中上升的氣泡。這麼一來，我們就**知道**這個聲音是什麼。這種認識來自一段名為思考的過程。**思考**告訴我們某個東西是什麼。

我剛才將這種聲音稱為「奇特」。當我將某事物稱為「奇特」時，我指的是該事物具有的特殊**情感基調**。情感基調就意味著一種**評價**。

基本上，**認識的過程**（*Erkenntnisvorgang*）就是在記憶的協助下對事物進行比較與區分。比方說，當我看到火，光的刺激讓我聯想到火。由於我的記憶中儲存無數種關於火的記憶意象，這些意象與我剛才得到的火的意象相互連結，而透過與這些記憶意象的比較和區別，我們就對事物有所認識，也就是對我剛才得到的意象的特性做出最終判定。這段過程在日常語言中被稱為**思考**。

評價的過程（*Bewertungsvorgang*）則有所不同：我看到的火引起愉快或不愉快的情緒反應；同樣，被激起的記憶意象也引發相伴而生的情感現象，這就是所謂的**情感基調**。以此看來，某件事物在我們看來是愉快、值得追求、美麗的，也有可能是醜陋、劣等或應受譴責的等等。日常語言將這段過程稱為**情感**。

雖然在語言表達上聽起來極為相似，但**直觀的過程**（*Ahnungsvorgang*）既不是感官感知、不是思考，也不是情感。人可能會高喊：「噢，我看到整棟房子著火了。」或：「如果這個地方有火，災難就會發生，這就跟二乘以二等於四一樣肯定無誤。」或是：「我覺得這場火有可能演變成一場災難。」根據自己的性情，有人會把自己的直觀稱為「清楚看見」，也就是說將直觀包裝成感官感知。另一人則將直觀稱為思考，他會說：「只需要想一下，就會清楚知道後果是什麼。」而最後，第三人在個人情緒狀態的印象之下，把直觀描述為一種情感過程。但在我看來，**直觀**或**直覺**是心靈的基本功能之一，也就是**對一個情況隱含的可能性的感知**。可能是因為語言發展不夠完善，在德文中，情感、感知與直觀的概念依然相互混淆；在法文與英文中，情感與知覺、感受與知覺是分得清清楚楚的，但情感與感受仍是直覺的部分助詞。不過在近期，「直覺」已經開始成為英文口語中常出現的一個詞。

意識的進一步內容可區分為**意志過程**（*Willensvorgänge*）與**驅力過程**（*Triebvorgänge*）。前者的特點是來自統覺過程的定向衝動，具有自主裁量決定的本質。後者則是來自無意識，或直接來自身體的衝動，具有**不自由**以及**強迫性**的本質。

統覺過程可以是**定向**，也可以是**不定向**的。在定向的狀況下，我們談的是**注意力**；在非定向的情況下，我們所說的則是幻想或「做夢」。前者是理性的，而在後者的過程中則是意識內容的第七類，也就是**夢**。從某個角度來看，只要夢具有不定向、非理性的特質，就與有意識的幻想非常類似。但這兩者之間的差異在於，夢的起因、路徑與意向對我們的理解來說起先是模糊的。但我之所以尊稱夢為意識內容的一種類別，是因為夢是無意識心靈過程中最重要與清晰的產物、依然清楚顯現在意識中。有了這七種分類，雖然我們只能從表面上來探究意識內容，但這樣已能充分滿足我們的需求。

無意識是心靈的一部分

大家都知道，有些觀點將心靈與**意識**一視同仁，想藉此限縮心靈的範疇，但我不認為這種想法能讓我們有所突破。只要我們假設有些東西存在於我們的感知以外，就能將這個觀點套在心靈上：心靈的存在對我們來說只是間接的。任何熟知催眠與夢遊心理學的人都對以下事實瞭若指掌：這種受到人為或疾病限制的意識其實不包含某些概念，但卻表現得好像具備這些概念一樣。一位歇斯底里的聾人有唱歌的習慣，而醫生在沒多加注意的情況下坐在鋼琴前，用不同曲調替下一節歌詞伴奏，這時病人立刻用新的調子唱歌。另一位患者有一個特點，他一看到明火就會陷入「歇斯底里痙攣」的抽搐中。他的視野現在大幅受限，換句話說，他是周邊盲（也就是所謂的「管狀」視野）。如果現在有人在他看不到的區域提一盞燈，他就會開始抽搐，好像自己真的看到火。在這些狀態的症狀學中，有無數筆此類案例。碰到這種個案，我們只能說患者在無意識狀態下知覺、思考、感受、回憶、決定以及行動。換言之，別人在有意識情況下做的，他卻在無意識之下完成。無論是否被意識看見，這些過程都確實發生。

在這些無意識心靈過程中，存在著不容小覷的建構工作，這是夢的基礎。睡眠是一種相當受限制的意識狀態。在這種狀態下，心靈依然持續存在、發揮功效，只是意識將自己從中抽出，並在無對象的情況下成為相對的無意識。但心靈顯然繼續開展，就像心靈的無意識在清醒狀態下持續運作那樣。這方面的證據不難找。這個特殊的經驗領域，就是佛洛伊德所說的「日常生活的精神病理學」（Psychopathologie des Alltagslebens）。無意識的過程經常會阻撓我們的意識意圖與行動，而我們對這些過程的存在也感到十分驚訝。我們會筆誤、口誤、做一些無意識的事，而這些跡象恰恰揭示了一個人想要保密的事物，或甚至連他自己也不曉得的東西。有句俗諺就說：「口誤吐真情。」正因這種現象頻繁出現，我們才有所謂的診斷性聯想實驗。碰到患者不想或無法表露某些事情時，這種實驗總能派上用場。

不過，無意識心靈活動的經典實例是來自病理狀態。歇斯底里、強迫症、恐懼症，以及大多數的失智症或思覺失調症等最常見的精神疾病，都是源自無意識心靈活動。所以我們能說無意識心靈確實存在，但我們無法直接觀察之，只能靠旁敲側擊來**推斷**，否則它就不會是無意識的。我們在提出結論時頂多只能說：「好像是這樣……。」

無意識也是心靈的一部分。我們能將**無意識的內容**，與意識的各種內容相提並論嗎？如果將兩者相提並論，我們就是假設無意識中有另一種意識的存在。我已經在另一個主題中探討過這個問題，所以不想在此深究這個微妙的議題。今天，我只想談論我們是否能區分出無意識中的某種東西。我們只能從實證經驗來回答這個問題，也就是去反問這種區分是否有合理依據。

在我看來，所有通常發生在意識中的活動，無疑也能發生在無意識中。所以有許多例子顯示，在清醒時無法解決的智力問題會在夢裡迎刃而解。舉例來說，我認識一位會計師，他花了好多天時間試圖破解一個詐欺破產案，但始終未有突破。他一直工作到半夜都沒有找到答案，後來就上床睡覺。凌晨三點，他的妻子聽到他起床走進書房。她跟在後頭，發現他坐在工作桌前忙著寫筆記。過了大約十五分鐘，他躺回床上。隔天一早，他什麼都不記得。他重新埋首工作，發現自己親手寫下的一大串筆記，裡頭清楚無誤地破解這個糾葛的案件。

在實務工作中，我已經跟夢打交道有二十多年了。我經常發現個案白天沒有想到的想法、沒有感覺到的感受，事後往往會出現在夢中，並以這種方式間接觸及意識。但這種夢本身就是意識的內容，否則不可能成為直接經驗的對象。不過，要是夢境帶出先前我們沒有意識到的素材，我們就不得不假設，這些內容先前也以某種心理形式存在於無意識狀態，並在夢中顯現在受限的意識中（也就是所謂的「殘餘意識」〔Bewußtseinsrest〕）。夢屬於正常的內容，可以被理解為是無意識過程的產物，而這種產物會浮現在意識中。

無意識是否也有夢？

如果我們在經驗的提點下，假設所有類別的意識內容也有可能是無意識的，並作為無意識過程對意識產生影響，我們就會得出令人意想不到的問題：無意識是否也有夢呢？換言之，更深層、更無意識（如果有可能的話）的過程的產物，是否也有可能觸及心靈的黑暗區域？如果沒有實際理由說明這份假設是有可能的，我可能就得拒絕回答這個矛盾的問題，因為這實在太冒險。

首先我們必須想像一下，我們必須提出什麼樣的證據才能證明無意識也有夢。如果我們要證明夢會以內容的形式出現在意識中，那我們只要證明有某一類的內容存在即可：這類內容相當古怪，而且從性質與意義上來看，它們與其他可理性解釋或理解的內容格格不入、截然不同。如果我們想證明無意識也有夢，就必須以相同手法來處理其內容。讓我舉個實例，這樣大家最能理解我在說什麼：

患者是一名二十七歲的男子，他是一位軍官。他的困擾是心臟部位疼痛難耐，好像有顆子彈卡在裡頭似的，而左腳跟也有刺痛感。生理上找不到任何病因。這些症狀大約是兩個月前開始的，患者也因此退役，因為他有時已無法行走。各式各樣的療法都起不了作用。詳細詢問他的病史後也找不出任何線索，他自己也不曉得病因為何。他給人一種清新、率性的印象，還有一種帶點戲劇張力的「魄力」，好像是在說「我們不會輕易被打倒」那樣。既然病史沒有提供任何線索，我就針對他的夢提出一些問題。一把重點擺在夢上，我們就立刻找出問題所在。在精神官能症開始前，他心愛的女孩拒絕了他，變心和別人訂婚。他不想多談這件事，覺得這沒什麼大不了：「蠢女人，如果她不想要的話，我去找別人就好，像我這種人是不會因為這種事被打敗的。」這就是他處理個人失望與真正痛苦的方式，但現在他的情緒浮出水面。就這樣，他心臟的痛楚消失了；流過幾行淚之後，喉嚨裡的球狀物也消失了。「心中的痛」原本是極具詩意的形容，但在這裡成了事實，因為他的傲氣不允許自己將痛苦當成心靈上的傷來承受。喉嚨被哽住的感覺，也就是所謂的臆球症（globushystericus），就是把眼淚往肚裡吞的後果，這點大家都曉得。他的意識將自己從令他尷尬的內容中抽離出來，所以這些內容在不受制約的情況下，只能以症狀的形式間接抵達意識。這在理智上不難理解，因此也是相當合理、顯而易見的過程。要不是他的男子氣概作祟，這些過程本來也會出現在他的意識中。

現在問題在於第三個症狀：腳跟的疼痛沒有消失。對此我們毫無頭緒。心臟跟腳一點關係也沒有，人也不會用腳跟來表達疼痛。我們無法理解為什麼除了剛才那兩項症狀情結之外，這位個案還有其他問題。在揭示、點出被潛抑的心靈痛苦之後，人正常來說會感到難過，之後症狀也會得到痊癒，這樣個案肯定就能解脫，甚至在理論上也是如此。

由於患者的意識無法提供任何關於腳跟症狀的線索，所以我又使用先前的方式，將重點擺在他的夢中。病人現在做了一個夢，夢見自己的腳跟被蛇咬到，因此陷入癱瘓。這個夢顯然對腳跟的症狀提出詮釋。他的腳後跟很痛，因為被蛇咬到。這是非常古怪奇特的內容，理性意識完全不曉得該如何理解這個跡象。剛才我們能輕易理解為什麼他的心臟會痛，但腳跟的痛楚已經超出理性理解範圍。患者對此一事實也束手無策、困惑不解。

所以說，這裡有個內容以古怪奇異的方式進入無意識區域，這項內容可能來自另一個更深層的區塊，而我們完全無法用理性去探查、理解這個範疇。跟這個夢最接近的類比，顯然是他的精神官能症。女孩的拒絕刺痛了他，使他癱瘓、生病。在我們對夢境更遙遠的分析中，出現了另一個新的背景故事，而這點患者到現在才有所體會：他曾是母親的寵兒，而他的母親有點歇斯底里。母親過度呵護他、愛憐他、寵愛他，所以他才會變得有些陰柔。後來他突然加入男子漢的行列、入伍從軍，並在軍隊中用「魄力」來掩蓋內心的柔弱。他的母親在某種程度上也使他癱瘓。

這條蛇顯然就是跟夏娃締結特殊友誼的那條蛇。「女人的後裔要傷你（蛇）的頭，你要傷他的腳跟」，這是《舊約聖經．創世記》中針對夏娃後代的描述，而這是來自更古老的埃及讚美詩歌。當時的民眾會透過誦讀或吟唱這首讚美詩，來治癒被蛇咬傷的人：

古老神靈挪動其口，

將自己的唾液吐在地上，
而祂吐出的東西落在地面。
伊西斯（Isis）用手揉捏著，
唾液連同沾染其上的塵土。
祂捏出一條神聖的蟲子，
將其搓成長矛的樣貌。
祂沒有將蟲子活生生纏繞在自己臉上，
而是將其捲成一團扔在路面。
在偉大之神涉足之處，
滿心歡喜行經祂的兩塊土地。
神聖的神光芒萬丈地現身，
侍奉法老的諸神陪伴在側。
祂一如既往站起身。
神聖的蟲子咬了祂。
祂的下巴咯咯作響，

四肢顫抖不已，
毒性攫住祂的肉體，
正如尼羅河掌控祂的領地。

患者對聖經的意識認知其實少之又少。他可能曾不經意聽說過腳跟被蛇咬傷的故事，然後就忘了。但他內心深處有一種無意識的事物聽見這段敘事、將其遺忘，但在適切的場合又想起它。這種無意識的東西顯然喜歡以神話的方式自我表述，因為這種表述方式符合其本質。

三個心靈階段：意識、個人無意識、集體無意識

但是，象徵性或隱喻性的表述方式，又對應著什麼樣的精神形式？**它對應的是一種原始精神，其語言中不包含任何抽象概念**，只有自然與「非自然」的類比。這種神聖的古代精神意象，與傳達心痛和臆球症的心理格格不入，就像雷龍跟馬一樣八竿子打不著。蛇的夢向我們揭示一個心理活動的片段，此片段與做夢者的現代個

體性（Individualität）毫無瓜葛。如果我們可以這麼說的話，那就是這種夢是發源於一個更深的層次，但上升到更高層次的只有夢的產物。在這個更高的層次中有被潛抑的情緒，而這些情緒對意識來說就像夢一樣陌生。正如我們必須以某種分析技巧來理解夢一樣，在此我們也需要對神話有所瞭解，才能掌握來自更深層次之敘事的意義。

蛇的主題絕對不是做夢者的個人建構，因為關於蛇的夢境非常普遍，甚至連一輩子沒親眼看過蛇的都市人都夢過蛇。

有人會反對說：夢中的蛇只不過是形象生動的**修辭**。畢竟，有人會說某些女人就跟蛇一樣虛偽，而誘惑的蛇也是時有所聞，關於蛇的比喻隨處皆是。在此案例中，這種反對意見在我看來並不成立，但我也無法提出嚴謹的反駁證據，因為蛇確實是相當常見的修辭比喻。只有在我們成功找到一種個案時，才有辦法提出確定的證據：在這種個案中，神話的象徵既不是常見的修辭比喻，也不是潛抑記憶，也就是說做夢者沒有在某個地方或以某種方式讀到、看到或聽聞這個主題，然後把這個主題忘了，而後又在無意識中想起它。在我看來，這項證明極其重要，因為這會證明可理性理解的無意識（所謂由人為無意識素材組成的無意識），只不過是一個表層，而在其底下有一個絕對無意識。這種絕對無意識與我們的個人經驗無關，因此是一種與意識心靈（甚至與無意識上層結構）毫無牽扯的心理活動。這種心理活動不受個人經驗影響（或許也無法受其影響），是一種超越個人的心靈活動，也就是我所謂的**集體無意識**。這種集體無意識與表面的、相對的或**個人的無意識**站在對立面。

但在我們動身尋找這個證據之前，為求完整起見，我想對蛇的夢境多做一些補充說明。那些假設中更深層次的無意識（也就是集體無意識），似乎已經將與女性相關的經驗轉譯為被蛇咬傷，從而將其實際提升為神話主題。這段轉譯的原因或者目的起初是隱晦未知的。不過，如果我們考慮以下原則，也就是疾病的症狀學同時也是一種自然的療癒企圖（例如，心痛是一種情緒宣洩的企圖），那我們大概也得將腳跟的症狀視為一種療癒企圖。正如夢境所示，透過這種症狀，除了近期在愛情中的挫敗，還有其他所有在學校中的挫折與沮喪都同時被拉升至神話事件的層次，好似患者能從中獲得某些幫助。

這對我們來說似乎非常不可思議。不過，古埃及祭司巫醫用伊西斯蛇的讚美詩唱出被蛇咬的敘事，他們深信這套理論。而且不僅是他們，整個古代與原始世界依然相信這種**交感巫術**（*Analogiezauber, Sympathiezauber*）：我們在此探討的就是作為交感巫術基礎的心理現象。

我們萬萬不可認為這是遠在我們身後的古老迷信。仔細閱讀彌撒的經文，會不斷看到著名的「就像那樣」（sicut），這就是用來引出類比的發語詞。而透過這個類比，變化即將發生。為了舉一個比較誇張的例子，我想引述聖週六的生火敘事。眾所周知，以前的人會**鑿石**取火，而更遠古以前的人則會鑽木取火，而這是教會的一項特權。所以，我們會在牧師的禱告詞中聽到「Deus, qui per Filium tuum, angularem scilicet lapidem, claritatis tuae ignem fidelibus contulisti: productum e silice, nostris profuturum usibus, novum hunc ignem sanctifica」。意思就是：「上帝啊，祢藉由祢的兒子，也就是**房角石**，將祢的光明賜給信眾。請賜予這盞從火石中迸發的神聖新火，使我們未來能從中受益。」透過以基督為房角石的類比，火石在某種意義上被提升為基督本人，而基督又燃起了新的火焰。

理性主義者可能會對此嗤之以鼻。但在我們身上，以及在數百萬名基督徒身上，都有某種深層的東西被觸動（就算我們只將其稱之為美）。在我們身上被觸動的是那些遠古的背景、那些最古老的人類精神形式。這些形式並不是我們學習得來，而是從虛無縹緲的原始時代就繼承至今。

如果真有這個超越個人的心靈，那麼轉化為其意象語言的一切都會脫離個人範疇。當此現象進入意識，在永恆的觀點之下，我們就不會將其視為**自己的**痛苦，而是**全世界的**痛苦；不再將其當成個人獨自承受的痛苦，而是連結所有人類、沒有苦楚的痛苦。這份認知具有療效，這點我們完全不必去找證據來證明。

但這種超個人的心靈活動是否存在，我到目前為止都還沒拿出任何符合所有要求的證據。現在，我想透過一名個案再次說明解釋：患者是一名三十多歲的精神病患，患有偏執型早發性失智症。他很早就病了，大概二十出頭開始。他一直以來都是非常獨特奇異的混合體，結合智慧、固執與幻覺等特質。他是一位在領事館裡工作的普通辦事員。顯然，為了彌補自己極度卑微的存在，他得了妄想症，認為自己是救世主。他受各式各樣的幻覺所苦，有時極度煩躁不安。在比較沉著安靜的時候，他會自己在走廊上遊蕩。有一次我在那裡碰到他，他對著窗外的太陽眨眼，古怪地來回擺動他的頭。他立刻拉著我的手臂，說有東西要給我看。他要我瞇眼看向太陽，這樣我就能看見**太陽的陰莖**。如果前後擺動我的頭，太陽的陰莖也會跟著擺動，而這就是**風的起源**。

我在一九〇六年左右得到此觀察。一九一〇年間，當我忙於神話研究時，迪特里希（Albrecht Dieterich）的一本書落入我手中，這是所謂《巴黎巫術紙莎草》（*Pariser Zauberpapyrus*）的部分改編。迪特里希認為自己正在編的這部作品，是密特拉密教（Mithraismus）的禮拜儀式，其中包含一系列的戒律、祈禱以及幻象。其中一個幻象按字面描述如下：「……同樣地，我們也看得見所謂的管狀物，此管狀物就是我們感受到的風的起源。你會發現太陽圓面就像一個懸吊而下的管子；而且朝向西邊成為無盡的東風；如果另一道風的目的地是東邊地區，你就會以類似方式，以該地區的方位看到太陽圓面的另一個轉向（移動運動）。」希臘文的 aulos 代表管子，指的是一種吹奏樂器，而荷馬所謂的 aulos pachys，則是指涉「濃稠的血流」。顯然，有**一陣風**從太陽出發、從管子呼嘯而過。

我的患者在一九〇六年懷抱的幻象，以及在一九一〇年首經編輯的希臘文本，顯然應該是毫無瓜葛。所以，患者有潛抑記憶的假設，以及我將個人思想灌輸到患者身上的猜想，基本上都是不成立的。這兩個意象之間的共通點顯而易見，但我們也能說這種相似性純屬巧合。那麼在這種情況下，我們不能期待建立類比概念的連結，也不該期望能得到幻象的內在意含。但這種期待是有道理的，因為中世紀的藝術、甚至在某些畫作中，將這根管狀物描繪成一條軟管，在聖母領報（Verkündigung）時從天而降、來到聖母瑪利亞的裙子底下。其中，聖靈以鴿子的形式降臨而下、使聖母受孕。在最原始的概念中，正如我們從五旬節的奇蹟中所知的那樣，聖靈是一股強勁的風，「風隨著意思吹」（To pneuma to pneuma hopou telex pnei）。「他們說聖靈藉由太陽的圓盤下降」（Animo descensus per orbem solis tribuitur）：這個觀點是所有古典時代晚期和中世紀哲學的共有理念。

所以，我無法在這些幻象中找出任何巧合，單純只是重新喚醒那些自遠古時期就已存在的概念潛能而已。在各種時期、在不同人的腦袋中，我們都能重新發掘這些概念，所以絕不是代代相傳的想像！

我特意研究此個案之細節，以便針對更深層次的心靈活動（也就是集體無意識）提出更具體的見解。那麼，綜合以上所述，我想說的是，我們必須區分出以下三個心靈階段。第一階段為**意識**。第二階段是**個人無意識**，這當中主要包含所有已經成為無意識的內容。這些內容之所以成為無意識，有可能是因為它們已經失去強度，因而被人遺忘，或者是因為意識已經脫離這些內容（所謂的潛抑）。個人無意識的內容中也有一部分是感官知覺，這些內容因為強度太低而從未觸及意識，卻以某種方式滲透進心理世界。第三階段為**集體無意識**，這種集體無意識作為概念潛能的傳承素材，並不僅限於個體、而是普遍存在於所有人類身上，甚至連一般動物也不例外，這就是個體心靈的實際基礎。

這整個心靈有機體跟身體一樣，雖然每個人之間都存有個體差異，不過在所有根本的基礎特徵中都是**屬於**一般人類的肉體，是每個人都擁有的肉身。而且這種人體在其發展與結構中，仍鮮活地具備一些生命要素，使人類與無脊椎動物、甚至原生動物相互連結。理論上來說，我們不僅能從集體無意識中剝離出蟲子的心理，還能分離出個體細胞的心理。

我們都深信，如果無法釐清生物體與外在環境條件的關係，就無法真正理解生物體本身。各式各樣的生物學事實，只能被解釋為生物體對環境條件的反應現象，例如洞螈的失明、腸道寄生蟲的特性，還有水生脊椎動物的解剖學特點。

心靈的狀況也是如此。心靈的特殊組織結構也必然與環境條件密切相關。我們期待從意識中看出對當下的反應與適應，因為意識可說是心靈中主要聚焦於當下事件的部分。相較之下，集體無意識作為永恆普遍的心靈，我們能夠從中看出的反應，針對的則是具有心理、生理與身體特質的最一般、永恆存在的條件。

神話與原型

集體無意識（只要我們允許自己對其做出判斷）是由近似於神話主題或意象的事物構成，因此民族神話是真正能表述集體無意識的敘事。所有神話都是集體無意識的投射。星星滿布的夜空最能清楚印證這點，因為我們用心中的意象投射來詮釋星星混亂的分布與型態。這就能解釋占星術所聲稱的天體影響：這只不過是對集體無意識活動的無意識內省知覺。正如星座圖像被投射到空中，其他類似的人物則被投射到傳說以及童話故事裡，或是歷史人物身上。因此我們能透過兩種方式來研究集體無意識，一種是在神話故事中，另一種則是透過針對個體的分析。由於我無法在此提供第二種素材，所以只能將自己限制於第一種方式。然而，神話領域如此廣泛，我們只能提出其中少數幾種類型。外在環境因素同樣不勝枚舉，所以我們在此也只能探討少數幾種型態。

正如具有特殊特徵的活體是一個適應環境條件的功能系統，心靈也必須具備對應於常規物理現象的器官或功能系統。我指的不是與器官相關的感官功能，而是一種與生理規律性平行出現的心理現象。比方說，太陽的日常運行和晝夜更替，應該以自古以來就存在的意象形式體現在心理上。我們無法針對這種意象提出證明，但是能找到針對物理過程的奇妙類比：每天早晨，一位天神英雄自海中誕生，他登上太陽馬車。在西方，一位偉大的母親等待著他，並在傍晚將他吞噬。他在龍的肚子裡，在午夜的海底徘徊。經過一場與夜蛇的激烈奮戰，他在早晨重生。

這種神話集合體無疑包含了物理過程的意象，而這點是如此昭然若揭，以致於我們都曉得有許多研究人員認為，原始人發明這種神話只不過是為了解釋物理現象。自然科學與自然哲學都是從這塊中間地帶發展而起，這點至少無庸置疑。不過我認為，原始人之所以發想出這種物理或天文理論，不太可能單純是出於想要解釋環境現象的需求。

關於這個神話實體，我們首先能判斷物理過程顯然是在這種奇異的扭曲中進入心靈、深植其中，所以無意識至今仍在重現類似意象。當然，現在的問題在於：為何心理不去記錄實際過程，而是記錄對物理過程的幻想？

如果我們設身處地思考原始人的心靈，就能立刻明白他們為何會這樣做。原始人以一種「神祕的分受」的狀態活在自己的世界裡。李維—布留爾（Lucien Lévy-

Bruhl）所謂的神祕的分受是一種心理事實，指的是雖然在我們的理性理解中主體與客體有絕對的差異，但基本上這種差異並不存在。在外部發生的現象也發生在他心中，而在他心中出現的事件也發生在外部。我之前造訪東非埃爾貢山（Elgon）時，就在原始部落埃爾貢尼族人（Elgonyi）身上觀察到一個非常棒的例子。他們習慣在日出時往手掌吐口水，然後用手掌捧著剛從地平線上升起的太陽。由於 athîsta 一詞同時指涉神以及太陽，我就問：「太陽是神嗎？」他們則笑著否認，好像我問了什麼愚蠢的問題。由於太陽剛才還高掛空中，我就指著太陽問：「太陽在這邊的時候，你們說太陽不是神；但太陽高掛東方時，你們就說太陽是神。」這時大家陷入一陣尷尬的沉默，直到一位長老開口說：「就是這樣。太陽在頭頂時確實不是神，但當太陽升起時，那就是神（或者說那時太陽就是神）。」這兩種說法的哪個版本才是正確的，這對原始人的思想而言並不重要。日出以及他的救贖感，對他來說是同一件神聖事件，就像黑夜與他的焦慮恐懼是一體兩面那樣。比起物理現象，他的情緒自然離他比較近，這就是為什麼他要表露、傳達自己的情緒幻想。因此，夜晚對他來說代表著蛇以及冰冷的幽魂氣息，早晨則代表光明之神的誕生。

有些神話理論想從太陽出發來推導出一切，有些神話則想從月球出發來進行同樣的推理。這單純是因為人類文明中確實存有無數月球神話，其中包含許多月亮是太陽之妻的神話。月亮是傍晚帶來的另一種體驗。因此，月亮與原始人的性體驗不謀而合，與女性畫上等號：女人對他來說也是夜晚的事件。但是，月亮也有可能是太陽的弟弟，而且是位居劣勢的弟弟，因為在夜間，對權力與復仇的情緒以及惡念會干擾睡眠。月亮是睡眠的干擾者，同時也是離世靈魂的收容所，因為亡者會在夜晚的夢中再次現身；過往的陰謀重新浮現，讓人陷入恐懼的失眠。因此，月亮也意味著瘋狂（lunacy）。取代變化之月亮意象進入人類心靈的，就是這類體驗。

以意象的形式停留在心靈中的，其實是由情緒引起的幻想，而不是風暴、雷電或者是雲雨。我曾經經歷過一場極度強烈的地震，我當下最直接的感受，是覺得自己不是站在眾所周知的堅實地球表面上，而是立在一頭巨大動物的皮膚上，而這頭動物正在搖晃抖動。深刻烙印在心靈中的就是這幅意象，而不是所謂的外在物理事實。人類對災難性雷電風暴的咒罵、對恣意席捲翻攪人間的天氣的恐懼，賦予大自然激情的人性，使純粹的物理元素成為憤怒的神。

與物理環境條件類似，生理條件、腺體驅動也會激發情緒幻想。性也會以各種形式出現，有可能是生育之神，或是極度貪欲淫蕩的陰性惡魔，也有可能是像酒神那樣長著羊腿、姿態不雅的魔鬼，或是一條誘發恐懼、交纏扭動的蛇。

飢餓使食物成了神，某些墨西哥印第安人甚至會在一段時間內不食用一般食物，讓神祇放年假好好休息。古代法老被讚譽為神祇之食者。歐西里斯（Osiris）是小麥，是大地之子，因此聖餐餅必須以小麥麵粉製成。這是一位被吃進肚的神祇。埃勒烏西斯祕教（Mysterien von Eleusis）的神祕之神伊阿科斯（Jacchos）也一樣。密特拉祕教的公牛也是來自大地、可食用的豐碩產物。

心理環境條件自然會留下相同的神話足跡。危險的情況，無論是身體上的危險還是心靈上的威脅，都會引發情緒幻想。只要這種情況典型地反覆出現，就會從中建構出相同的**原型**，這就是我所謂的一般神話主題。

龍居住在有水流動的渠道，特別是淺灘以及其他危險的水陸交接處；精靈和其他魔鬼居住在無水的沙漠或危險的岩石峽谷；亡者的靈魂駐紮在陰森濃密的竹林；奸詐陰險的美人魚和水蛇，出現在海底深處以及水流漩渦中。強大的祖靈或神靈附在重要的人物身上，邪惡的盲目崇拜力量則依附在奇怪、不尋常的人身上。疾病和死亡從來不是自然現象，而是由鬼魂或巫術造成的。即便是殺人的武器也是魔力，也就是說被賦予了不尋常的力量。

有人會問，那些最尋常、最親近、最直接的的事件，還有男人、女人、父親、母親以及小孩又是如何？這些最尋常、永恆重複的事實產生最強而有力的原型，而其持續的活動依然隨處可見，就連在我們的理性主義時代也是如此。以基督宗教教義為例：三位一體是由聖父、聖子以及聖靈所組成。聖靈由作為阿斯塔蒂鳥（Astartevogel）的鴿子代表，而鴿子在基督原始時代也稱為蘇非亞（Sophia），具備陰性特質。在較新的教會中，這個概念顯然被聖母敬禮（Marienverehrung）所取代。在此，我們有「在天上」的家庭原型，正如柏拉圖所言，這就被推崇為終極奧祕的表述。基督是新郎，教會是新娘，受洗池則是子宮。在「祝福之泉」（benedictio fontis）的文本中，受洗池至今仍被稱為子宮。在聖水中摻入鹽或海水（一種胚胎）。在前面提到的聖週六祝禱中，有一場神聖的婚禮，也就是所謂的聖婚（Hierosgamos）。在這場儀式中，象徵陽具、燃燒中的蠟燭會被浸入洗禮池三次，使洗禮水受精，賦予其再次生出受洗者的特性（甫出生之嬰孩〔quasimodogenitus〕）。魔力性格，也就是巫醫，是所謂的大祭司（pontifex maximus），是父親；教會則是教會之母（mater ecclesia），是神奇力量的母親女神（magna mater）；而人類則是無助、殘酷無情的孩子。

具有壓倒性力量、情緒豐沛、意象鮮明的所有祖先的經驗，沉積在父親、母親、孩子、男性以及女性身上，以及沉積在魔力性格、在肉體與心靈的風險之中。我們在無意識中承認這種沉積具有強大精神力量，進而使這組原型成為宗教生活的最高表述與指導原則，甚至連政治生活也不例外。

我發現，對這些事物的理性瞭解與認知，並沒有剝奪其任何價值；反之，我們不僅能從中感受到，還能看出其弘大意義。這種強而有力的投射，使天主教徒能在可觸及的現實中，體驗到自身集體無意識的一大部分。他不必去尋找一種權威、一種優越、一種啟示、一種與永恆和不朽的連結；這本來就存在於當下，而且是他可以觸及到的：在每一座至善的神聖祭壇中，都住著一位為它存在的上帝。這種追尋是留給新教徒以及猶太人的，因為其中一者已經差不多將神的塵世肉身摧毀，而另一者從未企及上帝。對天主教基督信仰而言已成為可見、可感受之現實的原型，對這兩種人來說則存在於無意識中。遺憾的是，我在此無法細談我們的文化意識對無意識展現出哪些顯著、奇特的差異。我只是想表明，態度的問題一直是有爭議的，而且顯然是人類最大的問題。

如果我們能意識到無意識作為所有原型的整體，其實是所有人類經驗的沉積，一路往回追溯至最黑暗的起始點，這點就不難理解。這種沉積並不是死氣沉沉的存在，不是被遺棄的碎片領域，而是活絡的反應與預備系統，以一種不可見、因此更有效的方式主導個人生活。然而在某種意義上，這不僅是一種巨大的歷史預判，同時也是本能的來源，因為原型不外乎是本能的表現形式。然而，在本能的生命源泉中，也流淌著所有創造性事物，因此無意識不僅是歷史的條件性，同時也帶來創造性衝動（Impuls）。這就跟大自然相似：大自然極度保守，並且在其創造行動中再次推翻其歷史條件性。所以，難怪所有時代與地區的人都很想知道，面對這種不可見的狀況，我們最好該如何反應。假如意識未曾從無意識中分裂出來（一個永恆反覆、被象徵為天使墮落以及第一代父母之不服從的事件），我們就不會有這個問題，就像適應環境條件的問題那樣。

由於個體意識的存在，外在世界連同內在生活的難處都會變得清醒、有意識。正如環境對原始人來說是時而友好時而敵對地對峙著，無意識的影響對他來說也是一種與之對立的力量。他必須時時與無意識應對交涉，就像跟外在的可見世界互動那樣。他那無數種神奇的習俗與儀式，都是為了這個目的而存在。在高層次的文明水平上，宗教與哲學也扮演相同角色。每當這樣的適應系統開始失靈，普遍的焦慮與不安就會出現，人類會開始試著尋找適當的新形式來面對無意識。

然而，這些事物似乎與我們的現代啟蒙教育相去甚遠。談到心靈背景的力量、無意識的力量，並將這些力量的現實與可見之世界相互比較時，我經常看到對方露出難以置信的微笑。但我不得不問，在受過教育的社會環境，有多少人依然在向魔力與精神理論致敬？換言之，世界上目前到底有幾百萬名基督宗教科學家以及唯靈論者？我不想繼續堆疊這類問題。這些問題或許只凸顯出這項事實：不可見之心靈狀況的問題一如既往地存在。

集體無意識是人類發展的強大精神遺產，在每個人的大腦結構中重生。另一方面，意識是種短暫的現象，它主導所有瞬間的適應以及定向，所以我們充其量只能將意識的功能與空間定向相提並論。反之，無意識包含驅動心靈力量的源頭，以及調節這些力量的形式或類別，也就是所謂的原型。人類所有最強烈的想法與概念都可追溯至原型，在宗教方面尤其如此。但科學、哲學與道德的核心概念也不例外。在其目前形式中，這些概念是透過有意識的應用與適應而產生的原始概念變體。因為，意識的功能不僅是透過感官大門來接受、認識外部世界，而且還會以具有創造性的方式，將內部世界轉化為外部世界。

本文發表於 *Europäische Revue* IV (Berlin 1928)，亦以略微不同的形式發表於 *Mensch und Erde*, hg. von Graf H. Keyserling

七　心靈與大地

「心靈與大地」這樣的題目聽起來有些詩意。我們會不由得想到它的對反面，也就是心靈的「天的條件限制」（Himmelsbedingtheit），有點像是中國的靈魂理論裡區分神靈和鬼魂，前者屬於天，後者則屬於地。可是由於我們西方人對於心靈實體一無所知，也就分不清楚心靈裡有什麼天的性質或地的性質，我們只要知道我們所謂心靈的這個複雜現象有兩種不同的觀點或是面向就行了。如果我們捨棄神靈不談，則可以把心靈視為無因生的、有創造力的存在物；而如果我們不想假定有什麼鬼魂，則可以把心靈理解為由種種原因而生的、以種種作用構成的存在物。以我們的題目而言，以下這個觀點會比較合適，也就是說，心靈是**一個源自人世間的環境條件的適應系統**。我不必特別強調說，這個觀點在因果關係上必然是片面的，因為它只是正確地把握心靈其中一面而已。至於問題的另一面，由於不在我們要探討的題目範圍裡，則不予考慮。

至於我們要考察的對象，也就是心靈現象，我們要不厭其煩地定義一下什麼是我們所理解的「心靈」。有些看法會把「心靈事物」侷限在意識裡。可是現在這種定義對我們而言顯得捉襟見肘。現代的精神病理學所觀察的心理活動包羅萬象，它們可以完全類比於意識的功能，卻又是無意識的。我們可以**在無意識的情況下**從事知覺、思考、感受、回憶、決意和行動。在意識裡進行的一切事物，有時候也可能是在無意識的情況下進行的。至於何以如此，我們只要把心靈的功能和內容想像成探照燈下的夜裡風景就可以明白了。消失在黑暗裡的內容會繼續作用著並且間接地被感受到，最常見的方式就是表現為種種症狀，例如佛洛伊德在《日常生活的精神病理學》（*Psychopathologie des Alltagslebens*）[1]裡描述的。我們也可以在聯想實驗裡證明種種無意識的種種習性（Bereitschaft）和抑制（Hemmung）的存在。

於是，如果我們考慮到心理病理學的經驗，那麼心靈似乎就是心理現象的延伸領域，它一部分是有意識的，一部分則是無意識的。心靈的無意識擴延是無法直接認識到的——否則就不叫做無意識了——只能由無意識事件在意識上的作用**推論得到**，而我們的推論也往往只能說：「那看起來彷彿是……」

心靈的地底部分

我在這裡必須更加深入地探討一下無意識的本質和結構，否則我會無法適當地切入心靈的「大地的條件限制」（Erdbedingtheit）的問題。而這個問題也必然和心靈的起點與基礎有關，也就是那些自太初即被淹沒在黑暗裡的事物，而不是感官知覺以及意識如何適應環境之類陳腔濫調的事實。它們是屬於意識的心理學範圍，而如前所述，我並不想把意識等同於心理。相較於意識褊狹的探照燈柱，心靈是範圍更大而黑暗的經驗領域。**無意識也屬於心靈的範圍**。

我在上一篇論文裡試著對於無意識的結構提出一個概觀。它的內容，也就是原型，大抵上是潛藏於意識心靈的基礎深處，或者換個譬喻來說，是在它的根部，不僅是深藏在狹義的土地裡，更是在整個世界底下。原型是指種種習性系統，它們既是教養也是情緒。它們遺傳了腦部結構，是的，它們是腦部結構的心理面向。它們一方面形成一個根深柢固的本能成見，另一方面則是本能適應的最有效的輔具。如果我可以這麼說的話，它們其實就是**心靈的地底**（*chthonisch*）**部分**。心靈透過這個部分附著於自然，或者至少在這個部分裡，它表現出和大地以及世界的關聯性。我們在這些原型裡清楚看到了大地及其法則的心靈作用。

這個問題不僅錯綜複雜，而且難以捉摸。我們在探討這個問題時，要考慮到若干不尋常的困難，尤其是以下的事實，也就是原型及其功能與其說是可以理性審視的系統，不如說是個史前的、非理性的心理學。請容許我做個比較：我們要描述且解說一棟建築，它的上部樓層興建於十九世紀，底層則是興建於十六世紀，我們研究其牆壁結構，得到一個事實，那就是它是由十一世紀的一座塔樓改建的。我們在地下室發現羅馬式的牆基，在地下室底下又有個掩埋起來的岩洞，在上層岩壁找到若干石器，在下層岩壁則有當時野獸的殘骸。這或許就是我們心靈結構的形象：我們住在上面的樓層，我們隱約意識到底下的樓層相當古老。而在地底下的事物，我們則完全沒有意識到。

就像每個譬喻一樣，這個譬喻當然也不是很恰當，因為在心靈裡的不是什麼遺骨，一切都是生機盎然的，而我們的上面樓層，也就是意識，則是受到有生命的、起作用的地基的持續影響。就像建築一樣，意識也是以此為其支撐。而且正如建築聳立於地面之上，我們的意識也站在地表上的空間，極目四望，視野遼闊。可是我們越是走到下層，我們的視域就越狹窄，也就更加囿限於眼前事物的黑暗中，最後摸到裸露的岩壁以及那個史前時代，獵鹿人正為了他們可憐的生存而和野獸的原始力量搏鬥。那個時代的人們仍然擁有他們的動物本能，否則就難以生存。橫衝直撞的本能和強大而無遠弗屆的意識水火不容。就像孩子的意識一樣，原始人的意識也是間或出現的，他的世界也和孩子的世界一樣很侷限。是的，依據系統發生學

（Phylogenetik）的法則，我們童年反覆地回想著種族和整個人類的史前歷史。就系統發生學而言，我們都是從黑暗的地底裂隙裡冒出來的；接著，和我們最貼近的種種因素就變成了原型，這些原型對我們的影響最直接，因而看起來也最強大。我說「看起來」，因為對我們而言在心理上看起來最重要的，不一定就是最重要的，或者至少不是一直那麼重要。

那麼哪些原型是最直接的？這個問題直接延伸到原型功能的難題以及困難的核心。我們應該從什麼觀點去回答這個問題？從孩子的觀點，或是原始人，或是我們成人的現代意識？我們怎麼會認識到原型的？我們什麼時候會不得不托庇於這個假設？

我會建議說，**每個和生成它的原因不成比例的心理反應，都必須審視一下，看看它是否同時也受到一個原型的制約？**[2]

我想舉一個例子來解釋我的意思：有個孩子害怕他媽媽。當我們確認了其中沒有任何合理的原因，例如孩子覺得良心不安或是母親會施暴之類的，如果孩子沒有其他遭遇可以解釋這個現象，那麼我會建議不妨以原型的觀點去思考這個情境。這種驚恐往往會在夜裡出現，也經常表現在夢境裡。孩子夢見媽媽是個會抓走小孩子的巫婆。這個夢境的意識材料有時候會是漢瑟和葛蕾特的童話。[3]於是有人會說大人不應該說童話故事給孩子聽，因為他們以為那是恐懼的來源。這當然是個錯誤的合理化，但是也有它的道理在，因為巫婆的主題至少可以解釋孩子的驚恐，而且一向都如此。因此才會有這麼一則童話。嬰兒的夜驚症是很典型的現象，它處處可見而且不斷重複，一向都是表現為典型的童話主題。

可是童話只不過是源自原始民族的「夜的宗教」（Nachtreligion）的傳奇、傳說和迷信的嬰兒形式而已。我所謂的「夜的宗教」，是指**巫術的宗教形式**，其意義和目的在於和黑暗的力量、魔鬼、巫師、魔法師以及鬼神打交道。正如童話是古代的「夜的宗教」在系統發生學意義下的重現，孩子的驚恐也是原始民族的心理學的重演，是系統發生學意義下的遺蹟。

這個遺蹟展現了若干生命力，那一點也不反常，因為對於在文明環境裡的成人而言，夜驚症也不是什麼異常現象。夜驚症要到了某個程度才會被視為異常。現在問題是：在什麼樣的環境下，夜驚的情況會增加？我們只要用表現在童話裡的原型就可以解釋這個增加的情況嗎？或者還要引用其他解釋因（Erklärungsgrund）[4]？

只有極少數正常情況下的驚恐，我們才會認為和原型有關；相對地，讓人覺得反常的顯著增加，則一定有其特別的原因。我們知道佛洛伊德把這種驚恐解釋成孩子的亂倫傾向對於亂倫禁忌的不滿。所以他是以孩子的觀點去解釋的。我認為佛洛伊德所說的孩子的「亂倫」傾向無疑有其他更多的含義。可是我懷疑這個傾向是否一定就屬於兒童心理學自成一類的範圍。我們有足夠的理由認為，孩子的心理一直在成人的心理的魔咒下，尤其是母親的心理，而孩子的心理一開始甚至必須被視為父母親的心理在功能上的附屬物。孩子的心理個體性是後來才發展出來的，也就是在建立了可靠的意識連續性之後。孩子起初會以第三人稱指涉他自己，在我看來，這清楚證明了他的心理是非關個人的（Unpersönlichkeit）[5]。

於是我比較喜歡以父母親的心理去解釋孩子的亂倫傾向，也會以父母親的心理角度去探討孩子的精神官能症。嬰兒的驚恐往往是肇因於父母親特殊的「情結傾向性」（Komplexhaftigkeit），也就是對於若干重要問題的潛抑和忽視。所有落入無意識的東西，多少都會採取古老的形式。例如說，母親潛抑了一個痛苦的、駭人的情結，於是她會覺得那個情結就像一個追著她不放的惡靈，就像英國人說的「a skeleton in the cupboard」（櫥櫃裡的骷髏；不可外揚的家醜）。這個說法證明了情結早就有個原型的形式。有個「夜魔」（Alp）壓著她，一個「夢魘」（Nachtmar）在折磨她。不管她有沒有對孩子說這個「夜的童話」（Nachtmärchen），也就是恐怖的故事（Angstmärchen），她都會傳染給孩子，透過她自己的心理在孩子的心靈裡重現原型的恐怖形象。她也許對其他男人有性幻想。孩子是她的婚姻束縛的可見記號。她在無意識裡把心裡對於這個束縛的抗拒轉移到孩子身上，她要否認這個孩子。在古代的層次上，它相當於殺嬰。於是，母親成了要把孩子吃下肚子的巫婆。

就像在母親心裡一樣，在孩子心裡也蟄伏著古老想像的種種可能性以及同樣的原因，它會在整個人類歷史裡創造出原型，接著不斷地使它再現，而現在這個原因也會使自古就存在的原型重生。

母親與父親的原型

我之所以談到原型在一個孩子心裡開顯的例子，這並不是偶然的。母親是最直接的原型，因為在任何關係裡，母親都是最接近而強烈的經驗，尤其是在人類可塑性最強的年紀裡得到的經驗。由於意識在童年仍然發展不足，所以談不上什麼個體經驗：相反地，母親則是個原型經驗；她多少是在無意識的情況被經驗到的，不是作為一個特定的、個體的人格，而是作為母親，一個充滿無窮意義的原型。在接下來的生命歷程中，判斷會漸漸消褪，被一個有意識的、比較個人的形象取代，它會被認定是人們所擁有的唯一母親形象。可是在無意識裡，母親依舊是最強大的原型，在個人的、有意識的生命歷程裡，它會定調、甚至決定一個男人和妻子、社會、感覺和物質的關係，不過總是以難以捉摸的方式而往往沒有被意識到。人們以為那只是個隱喻而已。可是如果一個人是因為妻子很像或者完全不像他的母親才娶她的，那麼它就成了一個具體的事實了。「日耳曼尼亞母親」（Mutter Germania）之於德國人，猶如「親愛的法蘭西」（la douce France）之於法國人，那是一個不容小覷的政治背景，只有脫離社會現實的知識份子才會對它視若無睹。正如大地之母、自然之母和「原質」（prima materia）[6]，「教會之母」（mater ecclesia）涵攝一切的懷抱，絕對不只是個隱喻而已。

母親的原型對孩子來說當然是最直接的。可是隨著他的意識的發展，父親也走進他的視野，產生了一個其性質在許多關係裡和母親對立的原型。母親的原型相當於中文的「陰」的定義，而父親的原型則是相當於「陽」。它決定了和男人、法律和國家、祖國和精神以及自然動力的關係；「祖國」（Vaterland）代表著邊界，也就是特定的地域化，而土地則是母性的大地，靜止而多產。萊茵河是個父親，就像尼羅河、風、暴風雨、雷電。父親是造作者（auctor）和威權，因而是法律和國家。他是世界裡的原動者，就像風一樣，以不可見的思想（空氣的形象）創造和駕馭世界。他是造物的氣息，也就是靈（pneuma、spiritus、ātman）[7]。

所以說，父親也是住在孩子心靈裡的一個強大原型。原本父親也是「**唯一的父**」，是個涵攝一切的神的形象、一個動力原理。在生命的歷程中，這個威權的形象也會退到幕後：父親成了有限的、往往充滿人性弱點的人格。而父親的形象卻又會擴及於所有意義的可能性。正如人到後來才會發現大自然，他們也是漸漸地發現了國家、法律、義務、責任和精神。隨著成長當中的意識有能力去認識世界，父親的人格的重要性也漸漸融化掉。可是男人的社會取代了父親，而家庭則取代了母親。

或謂所有取代父母親的事物，都只是父母親原型不可避免的喪失的替代品，但我認為這個說法是錯誤的。接替它們的不只是替代品，而是一個和父母親交織在一起的實在界，它透過這個父母親的原型影響著孩子的心靈。使孩子感到溫暖的、呵護和哺育孩子的母親，也是個爐灶、遮風蔽雨的洞穴或小屋以及周遭的植栽。母親也是肥沃的田畝，而她的兒子則是神聖的麥子、人們的兄弟和朋友。母親是分泌乳汁的母牛和畜群。父親則是四處奔波，他和其他男人交涉，他到處打獵、漫遊，他要效命疆場，他會像大雷雨一樣大發雷霆，也會像疎風驟雨一樣，因為不知道哪裡來的念頭而改變整個局勢。他是戰爭和武器，是一切改變的原因，他是殘暴而又懶惰的公牛。他是所有有益或有害的原始力量的形象。

所有這些事物都會很早就直接臨到孩子身上，隨著父母親或是透過他們。父母親的形象越是變小而且人性化，那些原本只在心靈深處或者是個副作用的事物，就會越加鮮明地呈現。孩子玩耍的土地、取暖的火、使他受凍的風雨，依舊是現實世界，但是因為意識的模糊不清，起初只是被視為或理解為父母親的種種屬性。現在大地的物質和動力揭去了面罩，原本戴上父母親的面具的真實力量也露出真面目。所以說，**它們不是替代品，而是和層次更高的意識對應的現實事物**。

但是在發展的過程當中，有些東西遺失了，那就是和父母親直接的親密關係和合而為一的不可取代的感覺。這個感覺不只是一時的情緒，而是一個重要的心理事實，李維—布留爾在他處把它叫做「神祕的分受」。這個以難以理解的說法表述的事實，不只是在原始民族心理學、在我們的分析心理學裡也扮演了重要的角色。簡言之，這個事實在於**在共同的無意識裡的一體感**。我或許必須再深入解釋一下：當同一個無意識的情結在兩個人心裡同時就列（konstellieren），那會產生一種特殊的情緒作用，也就是一種投射，它會導致他們相互吸引或厭惡對方。如果我和另一個人在無意識裡都有這個相同的重要事實，那麼我就和他有一部分是等同的，由此推知，如果我意識到相關的情結，我應該會和他有相同的傾向。

這個神祕的分受存在於父母親和孩子之間。有個家喻戶曉的例子，那就是岳母把自己仿同於（identifizieren）她的女兒，而和女婿結婚；或者，一個為兒子憂心忡忡的父親，天真地逼迫兒子要實現他（父親）的願望，例如職業的選擇或婚姻。反之，仿同於父親的兒子也是個同樣有名的角色。母親和女兒之間的關係則特別親密，有時候甚至可以在聯想實驗裡得到證明。[8] 雖然神祕的分受是在當事人無意識裡的事實，可是如果它不再存在了，他卻會感覺到。一個父親健在的男人，和一個喪父的男人，他們的心理始終存在著某種差異。也就是說，只要他和父母親存在著一種神祕的分受，就有可能一直維持著類似嬰兒期的生活型態。透過神祕的分受，它會以種種無意識的動機形式由外在生活輸入，而不必為它們負責，因為它們是無意識的。由於嬰兒期的無意識狀態，生活的壓力就減輕許多，或者是顯得沒有那麼大。人不是孤單的，而是在無意識裡兩兩作伴或是三人為伍。兒子會想像自己在母親的懷裡，被父親保護著。父親在兒子身上重生。母親使父親回春，變成年輕的丈夫，如此一來，她也就沒有失去她的青春。我想不必再列舉原始民族心理學的證據。現在的線索應該足夠了。

陰性基質與陽性基質

隨著意識的擴展和提升，所有這些都不再存在了。由於父母親的想像延伸到世界，或者說是世界闖入童年的濃霧裡，孩子和父母親無意識的一體感被揚棄了。在原始民族的入會禮或是成年禮當中，這個歷程甚至會有意識地進行。於是父母親的原型會隱沒；它再也不會「就列」了。無論如何，現在產生了和部落、社會、教會或民族的某種神祕的分受。不過這個分受是普遍的、非關個人的，而且不讓無意識有太多活動空間。如果一個人渾渾噩噩、頭腦簡單而疏略輕信，那麼法律和社會這些東西一下子就會喚醒他的意識。由於青春期的關係，可能會產生一種新的、「**人格的**」神祕的分受，也可能取代和父母親消失的、個人的仿同部分。一個新的原型會「就列」：在男人那裡，就是女人的原型，在女人那裡，就是男人的原型。這兩個角色一直隱藏在父母親形象的面具後面，現在才露出真面目，不過還是受到父母親形象強烈的、往往甚至是壓倒性的影響。我把男人心裡的女性原型叫做「陰性基質」（Anima），女人心裡的男性原型則叫做「陽性基質」（Animus），其理由以後再說明。

父母親形象的無意識影響越強烈，情人的角色就越容易變成父母親正面或負面的替代品。[9]父母親形象無遠弗屆的影響並不是異常的現象，相反地，那是相當正常、因而也極為普遍的現象。這個現象甚至是相當重要的，否則父母親就沒辦法在孩子心裡獲得重生，也就是說，父母親的形象從此灰飛煙滅，個體生命的所有連續性也會中斷。他沒辦法把他的童年轉移到他的成年生活裡，因而在無意識裡一直是個孩子，這也成了後來的精神官能症的主要原因。它成了大家都會罹患的疾病，它會侵襲那些沒有歷史可言的新貴們，不管是現在的個人或是社會團體。

孩子幾乎都會想和他們的父母親再婚，這在某個意義下是很正常的事。這在心理學上相當重要，正如在生物學上，為了優秀種族的演進，譜系崩潰（Ahnenverlust）[10]是有其必要的。由此會產生連續性，那就是過去以理性的方式在現在裡存續。只是過猶不及、太多或太少都是不健康的。

由於和父母親正面或負面的相似性在選擇伴侶時扮演重要的角色，父母親的形象以及童年就不算完全剝落。儘管由於歷史的連續性，童年會一直跟著人走，但是不可以阻礙進一步的發展。一旦到了中年，童年幻想的餘燼也完全熄滅——這當然只是理想生活的想像，許多人一直到了行將就木都還是那麼孩子氣——到那個時候，成年人的原型才會脫離父母親的形象而突顯出來：一個男人的形象，正如女人自太初以來就認識到的，以及一個女人的形象，正如男人自永恆以來一直放在心裡的。

的確有許多男人有辦法鉅細靡遺地準確描述他們心中的女人形象，可是我只看到極少數的女人有辦法說出她心裡的男人的確切形象。正如母親的原型是史前時代所有母親的全貌，陰性基質的形象也是一個超越個人的形象，在許多具有個體差異的男人身上，都可以證明有完全一致的特徵，使得我們幾乎可以重構出一個特定的女性類型。值得注意的是，這個類型完全欠缺了一般語義下的「**母性特質**」（*Mütterlich*）。在最好的情況下，她是個伴侶和情人；在最壞的情況下，她則只是個情婦。在旖旎想像的小說裡，我們可以看到關於這些類型及其人性和邪惡的特質充類至盡的描寫，例如哈葛德（Henry Rider Haggard）的《她》（*She*）和《智者之女》（*Wisdom's Daughter*）[11]、貝努瓦（Pierre Benoit）的《亞特蘭提斯》（*L'Atlantide*）以及《浮士德》第二部裡關於海倫的片段，在靈知教派的傳說《西門術士》（*Simon Magus*）裡也可以看到隻字片語，而〈使徒行傳〉則有嘲諷的敘述。西門在旅途中一路有個名叫海倫的少女作伴，西門是在提魯斯（Tyrus）的一家妓院裡發現她的。她是特洛伊的海倫的轉世化身。我不知道歌德的《浮士德》主題是否有意影射西門的傳說。我們在《智者之女》裡又看到類似的情節，不過我們確定其中並沒有刻意的連續性。

一般性的母親特質的闕如，一方面證明了和母親形象的完全脫鉤，另一方面則證明了一個沒有繁衍的自然目的的純粹個人關係的觀念。到了現在的文明階段，大多數男人還是沒有擺脫女性的母親意義，陰性基質因而也一直沒有走出嬰兒期、或者說原始民族的情婦階段。因此，情婦也是文明化婚姻的主要副產品。但在西門的傳說以及《浮士德》第二部裡，我們卻看到真正成熟的象徵。這個成熟是一個**脫離自然的成長**（ein *der Natur Entwachsensein*）。基督教和佛教的僧侶都要解決這個難題，卻總是犧牲了肉體。在這裡，天女和女神取代了原本可以吸收陰性基質的投射的女人。

於是我們來到了一個爭議性很大的領域，我不敢貿然闖入。我們最好還是回到基本的難題，也就是我們如何認識到這種女性原型的存在。

只要一個原型沒有被投射，沒有在一個客體裡被愛或被憎惡，那麼它還是完全等同於個人，而他也不得不表現它。在這些情況下，一個男人會表現出他的陰性基質。我們的語言裡一直有「anima」這個語詞，不妨把它解釋成「陰性基質附身」（Animabesessenheit）。它和種種不由自主的情緒有關。我們所說的「敵意」固然是指不愉快的情緒，可是陰性基質其實也會引起正面的感受。

克己（Selbstbeherrschung）是典型的男性理想。它是透過情緒的壓抑達到的。情感是典型的女性德行，現在因為一個男人為了成就他的男性理想而壓抑所有女性特質（正如女人擁有男性特質一樣，他也擁有女性特質），他也壓抑了若干情感活動，認為它們是女性的弱點。於是，他在無意識裡屯積了一大堆女人氣（Weibischkeit）或者說多愁善感，當它爆發出來的時候，也會在他身上洩漏了女性本質的存在。我們都知道，充滿男子氣概的男人偏偏最容易被女性的情感左右。據此可以解釋為什麼男性的自殺率更高，以及有些相當女性化的女人為什麼會那麼強悍而有韌性。如果我們仔細研究一個男人不由自主的情緒，試著重構作為這些情緒的源頭的可能人格，我們很可能會找到一個女性角色，那正是我所說的陰性基質。所以古代信仰也會提到女性靈魂（psyche、anima）之類的東西，而中世紀教會更在沒有任何心理學根據的情況下提出「女人有靈魂嗎？」（Habet mulier animam）這樣的問題。[12]

女人的情形則正好相反。當女人的陽性基質突然出現，她們不會是像男人一樣感情氾濫，而是開始辯論和強詞奪理。正如陰性基質的情感既恣意又任性，女人在抬槓時也是不合邏輯而不理性。我們只要聽到句子裡有「這就是為什麼」，就可以說那是陽性基質的思考了。陰性基質是不理性的情感，而陽性基質則是不理性的意見。

就我的經驗而言，一個男人比較容易理解陰性基質是什麼意思，有時候他甚至會有個特定的畫面，任何時候都可以在一大堆女性當中指認出誰最接近他的陰性基質；可是我卻往往難以讓一個女性明白陽性基質是什麼，我從來沒有見過一個女性有辦法明確地告訴我陽性基質的人格是什麼。於是我推論出，陽性基質顯然沒有一個清楚明確的人格；換言之，它不是單數的，而很可能是複數的。它必須視男性和女性的特定心理而定。在生物學層次上，女性在意的是如何抓住**一個**男人，而男人在意的是如何征服一個女人，而由於本性使然，他很少僅止於一次征服。於是，對於女性而言，一個男性的人格扮演了重要的角色；但是男人和女人的關係則沒有那麼明確，也就是說，他會覺得他的妻子只是眾多女性之一而已。他會強調婚姻的法律和社會性格，然而女性卻認為那只是兩個人之間的關係。於是，女人的意識通常只限於一個男人，而男人的意識卻有超越兩人關係的擴展傾向，這個傾向有時候會和所有個人關係互相牴觸。於是，我們會在無意識裡期望對反面的補償。而男人範圍相對確定的陰性基質角色就完全符合這個期望，女人的陽性基質不明確的多型性（Polymorphismus）也是一樣。

我在這裡提到的關於陰性基質和陽性基質的描述難免相當有限。但是如果我說陰性基質只是基本上由非理性的情感構成的一個女性原型，而陽性基質只是由種種意見構成的一個男性原型，那麼我就必須補充一點。這兩個角色都意味著一個影響深遠的難題，因為它們都是在古代叫做「**靈魂**」的心理現象的原始形式，它們也是為什麼人類覺得需要談到靈魂或魔鬼的原因。

沒有任何自主性的心理現象是非人格性的或中性的。那是意識的一個範疇。所有自主性的心理因素都有人格的特質，從精神病患聽到的聲音，一直到靈媒的招魂以及神祕主義者的靈視。陰性基質和陽性基質也都有其人格特質，而「靈魂」就是最貼切的說法。

可是我在這裡要提醒一個誤解！我在這裡所說的「靈魂」，更像是原始民族的觀點，例如埃及人的「巴」（Ba，身魂）和「卡」（Ka），[13]而不是基督教的「靈魂」概念，那已經是一個形上學個別實體在哲學上的體現。我的單純現象學式的靈魂觀點明顯和它無關。我並不耽溺於任何心理學的神祕主義，而只是試圖以科學的角度去理解作為靈魂信仰的基礎的原始心理現象。

由於陽性基質和陰性基質的事實整體和所有時代以及民族所謂的靈魂若合符節，難怪只要人們深入探究其內容，往往會感覺到一種極為神祕的氛圍。只要陰性基質被投射，立刻會產生一種莫名的歷史感，正如歌德所說的：「啊，你在已經消逝的那些年代裡，要不是我的姊妹，就是我的妻子。」[14]哈葛德和貝努瓦為了把這個不可或缺的歷史感表現得淋漓盡致，也會把故事場景上溯到希臘和埃及。

奇怪的是，就我的經驗所及，陽性基質反而欠缺了這種神祕的歷史主義。我幾乎可以說，它主要是和現在以及未來有關。陽性基質其實有些律則性的

（nomothetisch）傾向，喜歡說事物應該如何如何，或者至少對於相當可疑而有爭議的事物提出一個斬釘截鐵的看法，讓女人不必為了它們費心思考。

對於這些差異，我只能說那是對反面的補償。男人在意識裡未雨綢繆，企圖創造一個未來，而女性的特質卻是整天在苦思誰是誰的大姨婆之類的事。可是在哈葛德的小說裡，女性對於族譜的這種熱中特別明顯，更以英國人的多愁善感加以烘托，而貝努瓦則是以「家族和醜聞史」的嘲諷語氣表現這個傾向。以非理性情感的形式影射輪迴轉世的觀念，這點和男人的陰性特質息息相關，而如果一個女人不怎麼臣服於男人的理性主義，有時候也會有意識地承認這種情感。

歷史感總是會伴隨著意義重大以及天命難違之類的性質，因而也會直接聯想到靈魂不朽和神性的難題。即使是主張理性主義和懷疑論的貝努瓦，也會以特別有效的木乃伊方法為殉情者留住永恆，更不用說在哈葛德的《艾伊莎》（*Ayesha: The Return of She*）裡荒誕不經的神祕主義，撇開這點不說，它應該是第一流的心理學作品！

由於陽性基質自身不是什麼情感或傾向，因而欠缺這裡描述的面向，可是在其深層本質裡，它仍然有其歷史感。可惜在陽性基質方面沒有什麼優秀的文學例證，因為女性作家少於男性作家，就算她們從事寫作，也欠缺天真的內省，或者至少是喜歡把內省的結果擱在另一只抽屜裡；或許那正是因為其中無涉於任何情感。至於真正沒有偏見的作品，我只知道有海耶（Marie Hay）[15]的小說《邪惡的葡萄園》（*The Evil Vineyard*）。在這個相當平淡的故事裡，陽性基質的歷史性特徵從女作家不經意的弦外之音當中破繭而出。

陽性基質存在於以**不假思索的判斷**為基礎的一個先天存在而無意識的預設當中。唯有從（女性的）意識對於特定事物的態度，才可以認識到這個判斷的存在。我在這裡要舉一個簡單的例子：一個母親小心翼翼地養育呵護她的兒子，把他當作無比珍貴的心肝寶貝，使得他過了青春期就罹患精神官能症。這個荒唐的教養態度的理由起初並沒有那麼顯而易見。直到細究之下，才挖掘出一個無意識的信念：我兒子是將臨的彌賽亞。這是個普遍存在於女性心裡的英雄原型的尋常個案，它不是投射到父親、就是丈夫或兒子身上，形成一種看法，接著又會無意識地左右其行為。貝森（Annie Besant）是個美麗而家喻戶曉的例子，她也找到了一個救世主。

在海耶的故事裡，女主角把她的丈夫逼瘋了，基於一個無意識而且沒有說出口的假設，認為他是個囚禁她的可怕暴君，就像是……。這個沒有說完的「就像是……」，她讓丈夫自己去延伸，於是他把自己想像成一個十六世紀的暴君，因而喪失了理智。陽性基質當然也有其歷史性格。可是它會以一個迥異於陰性基質的形式表現出來。同樣地，陽性基質在面對宗教疑惑時，判斷會占優勢，而男人在面對宗教疑惑時，情感則會左右一切。

接著我還要指出一點，陽性基質和陰性基質並不是無意識裡唯一自主性的角色或是「心靈」。可是它們在實踐上卻會是直接且重要的。由於我不想探討「大地的條件限制」的另一個面向，所以或許我應該略而不談這個撲朔迷離的內在經驗的困難領域，而著眼於另一個面向，我們再也不必在陰暗的內心深處尋尋覓覓，而要到外面去觀照日常事物的開闊世界。

大地的條件限制對人類的心靈的型塑

就像在演化的歷程裡，大地的條件限制型塑了人類的心靈，現在這個歷程也在我們的眼底下重複出現。我們想像一下，如果一大部分的歐洲種族遷徙到一個陌生的土地和氣候，那麼我們可以預期，在若干世代之後，即使沒有和外族混合，這個族群也會在心理或生理方面產生變化。我們可以就近在歐洲許多國家裡的猶太人當中觀察到種種顯著的差異，只有從他們寄居的民族的特性才能解釋那些差異。我們不難分辨西班牙的猶太人和北非的猶太人、德國的猶太人和俄羅斯的猶太人的不同。我們甚至可以再區分不同的俄羅斯猶太人、波蘭的猶太人、北俄羅斯的猶太人以及哈薩克的猶太人。儘管有種族的相似性，我們還是注意到若干原因不明的差異。而我們也難以明確定義這些差異，雖然一個好的人類學家一眼就看得出來。

然而，現代一個種族遷徙規模最大的實驗，卻是以日耳曼民族為主的北美大陸的殖民。由於氣候環境大不相同，難怪會和原生的種族型態產生差異。和印第安種族的混合屈指可數，所以應該不是重點。波阿斯（Franz Uri Boas）[16]相信他證明了早在第二代殖民者當中就已經有了解剖學上的變化，主要是在頭顱的大小。無論如何，在殖民者當中形成了「洋基類型」（Yankee-Typus），他們和印第安人相當近似，我在第一次造訪中西部時，看到一大堆工人走出工廠，我對同行者說，我從來沒有想到印第安人的比例有那麼高。他笑著回答說，他敢跟我打賭那幾百個人當中沒有半個印第安人。那已經是多年前的事，當時我完全不知道美國人口奇特的印第安化問題。直到我為許多美國人進行心理分析治療之後，才知道這個祕密。他們和歐洲人有相當顯著的差異。

我首先注意到的是黑人的巨大影響，那當然是心理上的影響，而不是種族的混合。美國人的情緒表現，尤其是他們的笑容，在美國報紙上的漫畫特刊極容易辨識；羅斯福（Theodore Roosevelt）獨樹一格的笑容可見於美國黑人的原始形式。我們時常看到美國女人手腳大剌剌的獨特走路方式，或者是臀部搖擺，都是源自於黑人。美國音樂的主要靈感也是沿襲自黑人，尤其是舞蹈。宗教情感的表現，培靈會（revival meetings，「聖滾者」〔holy rollers〕和其他變態），也都是受到黑人的強烈影響——還有美國人著名的天真，不管是迷人的或是讓人討厭的形式，也很容易讓人想到黑人的孩子氣。一般美國人活潑爽朗的天性，不僅表現在棒球場上，更在語言的表現欲上面表露無遺，美國報紙的廢話連篇就是最生動的例子，這種天性不可能是源自日耳曼的祖先，而是出自黑人村落的「閒聊」（chattering）。他們完全沒有隱私可言，社交圈盤根錯節，更讓人聯想到所有人都屬於同一個部落的茅屋裡的原始生活。我覺得所有美國人家裡的大門似乎隨時都是開著的，就像美國小鎮的院子也看不到圍籬。到處似乎都是衢巷。

我們當然很難逐一判定哪些是和黑人共生的因素，哪些是環境使然，也就是說，美國一直都是在一塊處女地上的「開創性國家」（pioneering nation）。不過大體上來說，黑人對於一般民族性格的重大影響還是極其明顯。

原始民族的這種感染力，當然也會在其他國家看到，可是在程度和形式上則各有不同。例如說，在非洲，白人是日漸消失的少數族群，因而必須遵守最嚴厲的社會形式以防範黑人，也就是所謂的「和黑人上床」（going black）。如果他向原始民族的影響力低頭，他就會迷失自己。可是在美國，由於黑人是少數民族，黑人的影響並沒有墮落的意味，而是一種獨特的現象，如果人們沒有爵士恐懼症（Jazz-Phobie）的話，或許會覺得其實無傷大雅。

奇怪的是，他們對於印第安人倒是視若無睹。上述生理外形上的相似性卻不是發生在非洲，而特別發生在美洲。難道是身體只對美洲才有反應，而心靈只對非洲才有反應嗎？若要回答這個問題，我必須說只有在行為舉止上的影響，至於對於心靈的影響，則要再研究看看。

當然，在我的病人的夢境裡，黑人在人性劣等面的表現上扮演重要的角色。歐洲人在類似的夢裡則會夢見流浪漢或是其他下層社會的人。可是大部分的夢，尤其是治療初期的夢，都是很表面的。直到進一步深入的分析，才會看到和印第安人有關的象徵。無意識的進步傾向，換言之，就是它的英雄主題，會選擇印第安人作為它的象徵。美國內戰時的聯邦政府的若干硬幣上面有印第安人的頭像，那是在致敬以前恨之入骨而現在則無關痛癢的印第安人。美國人的英雄主題選擇印第安人作為理想的角色，也是在表現上述的事實。美國政府應該不會想到要把塞奇瓦約（Cetewayo kaMpande）[17]或其他黑人英雄放在硬幣上。君主專制國家喜歡把民族英雄的頭像放在它們的硬幣上，民主國家則會放上它們的理想的象徵物。我在拙著《體變和原欲的象徵》（*Wandlungen und Symbole der Libido*）[18]裡以詳盡的例證探討了美國人的這種英雄想像。我應該還可以再舉十幾個類似的例子。

英雄總是體現著至高且強烈的抱負，或至少是應然的抱負，因而也是人真的想要實現的。所以英雄主題裡充滿了什麼樣的想像就相當重要。在美國人的英雄想像裡，印第安人的性格扮演了主要角色。美國人的運動觀念和歐洲人的隨遇而安天差地遠。只有印第安人的入會禮才可以和美國人冷酷無情的訓練相提並論。而美國人在運動方面的整體成就也才會如此令人驚豔。在美國人熱中的事物裡，我們都看得到印第安人的身影；對於特定目標無與倫比的專注、鍥而不捨的韌性，以及不畏艱難險阻的堅持，都表現在印第安人傳說中的德行裡。[19]

這個英雄主題不僅和一般的人生態度有關，也會出現在宗教問題當中。一種專制獨裁的態度永遠都是個宗教性的態度，只要一個人在哪個方面變得專制，他的宗教就會出現在那裡。我在我的美國病人身上看到他的英雄角色也有印第安人的宗教面向。印第安的種種宗教形式裡最重要的人物是薩滿、巫醫和靈媒。美國人在這個領域的第一個發明在歐洲也相當流行，那就是靈學（Spiritsmus），其次則是基督教科學教會（Christian Science）以及其他心靈療法（mental healing）的形式。基督教科學教會是一種祓除儀式，要把病魔趕走，以對應的咒語馴服頑固的身體，原本屬於高等文化層次的基督教被用作巫術醫療。其靈性內容之貧乏程度駭人聽聞，可是基督教科學教會卻相當活躍，它相當接地氣，並且施行了在教會裡不敢奢望的種種神蹟。

地球上沒有任何國家像美國那樣盛行著種種「真言」（Kraftwort）[20]、咒語和所謂的「口號」（slogan）。歐洲人對此冷嘲熱諷，但是他們忘了對於語言的巫術力量的信仰可以挾泰山以超北海。就連基督也是個聖言。我們對於這樣的心理漸漸陌生了。可是它在美國卻方興未艾。我們不知道美國還會做出什麼事來。

於是美國人為我們提供了一個奇特的畫面：一個有著黑人的行為舉止以及印第

安人的心靈的歐洲人。他的命運和所有侵占他人土地的人如出一轍。有些澳洲原住民主張說不可以占據他人的土地，因為他人的土地上住著他們的祖靈，他們的下一代也會是祖靈的化身。這其中蘊含著一個心理學的真理。他人的土地會同化征服者。可是不同於中南美洲的拉丁民族征服者，北美人及其極端的清教主義並不亞於歐洲，但是他們仍然沒辦法阻止印第安人的心靈變成他們自己的心靈。世界各地的處女地至少都會使征服者的無意識降低到原住民的層級。於是在美國人心裡，意識和無意識之間存在著一個在歐洲人心裡不會有的距離，亦即在有意識的高等文明以及直接而無意識的原始性之間的對立。然而這個對立是個心理潛能，它賦予美國人一種不屈不撓的企業精神以及讓人豔羨的熱情，那是我們在歐洲看不到的東西。由於我們仍然在祖靈的陰影之下，也就是說，對我們而言，一切都是以歷史為中介，我們固然也會接觸到我們的無意識，卻也拘泥於這個接觸，執著於歷史的條件性，以致於必須有一場大災難才會使我們振作起來，改變我們五百年來的政治行為。這個和無意識的接觸把我們拘繫在我們的土地上，使我們到處動彈不得，就進步性以及其他的靈活度而言，它當然不會是個優勢。可是關於我們和大地之母的關係，我不想講什麼壞話。「必有多人來往奔跑」，[21]可是扎根在他的土地上的人才會**持久**。

如果人和無意識乃至於歷史的條件性疏離，那就意味著**失根**。那既是征服他人土地的人的危機，也是每個個人的危機，如果他因為任何一種主義的片面性而和他的黑暗的、母性的、土地的存有根基失去聯繫的話。

本文發表於一九二七年達姆施塔特自由哲學協會（Gesellschaft für freie Philosophie Darmstadt），

刊登於 *Die Erdbedingtheit der Psyche in: Mensch und Erde.*

Hg. Von Graf Hermann Keyserling, Darmstadt, 1927

注釋

1 譯注：中譯本書名作《日常生活的心理分析》（志文，一九七〇）。

2 參考 *Instinkt und Unberuwßtes*。

3 譯注：Hänsel und Gretel，即〈糖果屋〉。

4 譯注：英文為 explanatory cause。

5 譯注：英文為 impersonality。

6 譯注：在古代哲學和煉金術裡，原質是指世界最初的原理，可見於安納克薩哥拉（Anaxagoras）以及亞里斯多德（Aristotle）。煉金術則認為它是類似以太的基本物質。它也會被神格化為女性神。榮格也在作品多處探討原質，認為它在心理學裡指涉一般意識的原始而無分別的狀態，也就是無意識。見 Carl Jung, *Psychologie und Alchemie*, 1944。

7 譯注：在希臘文裡，pneuma 有氣息和靈的意思，在古代哲學裡被認為是世界的基本原理，可見於阿那克西美尼（Anaximenes）：「正如我們的靈魂是空氣，並且是通過靈魂使我們結成一體一樣，噓氣（pneuma）和空氣也包圍著整個世界。」以及《聖經》：「上帝的靈（pneuma, ruach）行在水面上。」ātman 是梵文「我」的意思，字源上指「本質、氣息」。spiritus 在拉丁文裡也同時有靈魂和氣息的意思。

8 *Diagnostische Assoziationsstudien* II, Beitrag, X.

9 參考 *Die Beziehungen zwischen dem Ich und dem Unbewußten*。

10 譯注：英文為 pedigree collapse。

11 譯注：哈葛德（1856-1925），英國作家，寫了幾十本小說，代表作為《所羅門王的寶藏》（*King Solomon's Mines*），《她》舊譯為《三千年豔屍記》、《長生術》。

12 譯注：Anima（陰性基質）原本是「靈魂」的意思。亦見第十篇。

13 譯注：「古埃及人……認為人有三種不同性質的靈魂，『卡』、『巴』、『阿赫』（Akh）。『卡』是一個人最重要的特質，通常以人形出現，墓中的人形雕像就是墓主人的『卡』雕像；『巴』常以一隻人頭鳥的形狀出現，時常守在死者的木乃伊旁，也有時可以飛到墓室外去，可以說是人死後的形象。『阿赫』則是常以一隻鷺鷥鳥的形出現，是代表經過轉化後的靈魂，可以和神明共處。」（蒲慕洲，《法老的國度》，頁一二二，麥田出版，二〇〇一）另見《神話學辭典》頁一一、六九、二六三，商周出版，二〇〇六。

14 譯注：Johann Wolfgang von Goethe, *Warum gabst du uns die tiefen Blicke*, 1776。

15 譯注：海耶（1873-1938），英國女作家。

16 譯注：波阿斯（1858-1942），美國人類學家。

17 譯注：塞奇瓦約（1826-1884），祖魯王國國王。

18 Neuausgabe: *Symbole der Wandlung*.

19 參考 Jung, *Your Negroid and Indian Behavior*。

20 譯注：英文為 power-word。

21 譯注：見《舊約聖經・但以理書》十二：4：「必有多人來往奔跑（或作切心研究），知識就必增長。」（plurimi pertransibunt, et multiplex erit scientia）。到了十七世紀，培根（Francis Bacon）把這句難解的話理解為環遊世界通商探險以增廣見聞的意思。

八　古人類

「古」（archaisch）的意思是早期的、原始的。要全面性地談論現代的文明人，那是極為困難而吃力不討好的事，因為才要說些什麼，我們就會和想要談論的對象一樣囿限於相同的預設，陷入相同偏見的盲點。可是考慮到古人類，我們顯然還是有些優勢的。我們在時間上脫離了他們的世界，在思想的分殊化上也優於他們，而得以從更高的觀點鳥瞰他們的意義和價值。

我在說這句話時，也為我的論文探討的對象設下了一個界限，否則就沒辦法對於古人類的心靈現象草擬出一個盡可能完備的畫面。我想要限定在這個畫面上，在我的考察裡排除原始民族的人類學。當我概括地談到人類時，我不是指他的解剖構造、他的頭顱形狀和他的膚色，而是指他的人性和心靈的世界，他的意識和他的生活型態。可是這些都是心理學的對象。因此我們基本上是要探討古人類的、也就是原始民族的心理。儘管有這個限定，我們的主題範圍卻更大了，因為古人類的心理並不只是原始民族的心理，它更涉及現代的文明人；那並不是現代社會個別的返祖現象，而是每個文明人的現象，撇開其意識程度不談，在其深層心理當中，他一直是個古人類。正如我們的身體還是哺乳類動物的身體，殘存著一大堆早期類似冷血動物的狀態，我們的心靈也是演化的產物，如果上溯到其起源，仍舊可以看到許多遠古積澱物（Archaismen）。

差別只在於預設不同

當然，如果人們第一次接觸到原始民族或是研究原始民族心理學的學術作品，都會對於古人類的奇特性印象深刻。的確，原始民族心理學這個領域的權威李維－布留爾他煞費苦心地強調「前邏輯狀態」（état prélogique）和我們的意識之間的極大差異。身為一個文明人，他似乎無法理解原始民族怎麼會把顯而易見的經驗拋在一旁，直接否定任何明確的因果關聯性，而認為他們的「集體表象」（représentations collectives）是自身有效的，而不會以單純的偶然事件或是理性的因果關係去解釋它。李維－布留爾所謂的「集體表象」是指普遍流行的觀念，它具有先驗主義式的真理性格，就像是鬼神、巫術、巫醫的力量之類的。例如說，人老了或是罹患致死的疾病就會命喪黃泉，這對我們而言是自明的事，可是原始民族卻不作此想。人不是因為年老而死的。他們辯稱有人活得更老也還沒有死。人也不是因為生病才死的，因為有許多人病癒或者根本沒有生病。對於他們而言，巫術一直是真正的解釋。致人於死的，不是鬼神就是巫術。許多原始民族認為在戰鬥當中死亡只是一種自然死亡。也有人認為這種死亡是人為死亡，因為他的對手不是巫師就是使用施了法的武器。有時候這種荒誕的想法還會採取更讓人印象深刻的形式。有一次，一個歐洲人用槍打死一隻鱷魚，在牠的肚子裡找到兩只腳環。原住民說那是屬於兩個不同的婦女的，她們不久之前被一隻鱷魚吃掉。於是他們當下唸唸有詞地施行巫術，這個在歐洲人眼裡毫無疑問的自然事件，他們卻出人意料地以原始民族的鬼神假設（李維－布留爾所謂的「集體表象」）解釋它。他們說一定有個不知名的巫師招喚鱷魚，要牠為他抓來兩個婦女。於是鱷魚執行了他的命令。可是那隻畜牲肚子裡的兩只腳環又是怎麼回事呢？他們說鱷魚不會無緣無故就吃人，那兩只腳環是巫師賜予鱷魚的賞報。

這個代價昂貴的例子是說明「前邏輯狀態」裡的解釋有多麼隨興恣意的劇本之一，它顯然是「前邏輯的」，因為在我們眼裡，這種解釋既荒謬又不合邏輯。然而我們之所以會那麼想，只是因為我們的預設和原始民族大相逕庭而已。假使我們和原始民族一樣，也相信巫師以及其他神祕力量的存在，正如我們認為那是自然的原因，那麼整個推論就完全合乎邏輯了。其實，相較於我們，原始民族的邏輯並沒有什麼差別。他們的預設只是和我們的不一樣而已。這就是差別所在。原始民族的思考和生活，是建立在和我們大不相同的預設上。任何感覺不對勁的事物，任何因而讓他們感到不安、驚嚇或訝異的事物，他們都認為是奠基於我們所謂超自然的事物。他們當然不會說那是超自然的，而是屬於他們的可感世界裡的。我們很自然地會解釋說：這棟房子被燒掉，是因為閃電使它著火。而原始民族也很自然地會解釋說：有個巫師用閃電燒掉這棟屋子。在原始民族的世界裡，任何不尋常的或是引人側目的事物，他們原則上都會提出類似的解釋。可是他們的論證程序和我們一模一樣：他們不會反省自己的預設有哪裡不對。對他們而言，疾病之類的東西當然是鬼神或巫術所致，正如我們一開始就認定疾病有其自然的原因。我們不會想到巫術這種東西，正如他們不會想到什麼自然的原因。他們的思考功能原則上和我們並無二致。差別只在於上述的預設而已。

也有人會猜想，原始民族有不同的感覺、不同的道德，也就是說有「前邏輯的」性情。他們的道德當然和我們不同。一個黑人酋長在被問到善惡的區分時說：如果我奪走了朋友的妻子，那就是善，可是如果他偷走了我的老婆，那就是惡。在許多地方，踩到別人的影子被認為是個嚴重的侮辱，而不用燧石、卻用鐵製刀具剝海豹皮，則被視為不可原諒的過失。可是坦白說：在我們這裡，用刀子吃魚難道不也是個過失嗎？在房間裡戴帽子呢？嘴裡叼著菸和一位女士寒暄呢？不管是我們或者原始民族，這些事都和倫理無關。世上有英勇而忠誠的獵頭族，也有虔誠地執行殘忍的獻祭的人，基於神聖的信念而殺人；我們所歌頌的倫理行為，原始民族基本上也相當重視。他們認為的善，在我們這裡也是美德，他們認為的惡，在我們這裡也是罪行。只是形式有所不同，可是它們的倫理功能是一樣的。

也有人認為他們的感官更加敏銳，或是和我們不同。可是他們在方向感、聽覺或視覺方面的差別，也僅限於他們的職業。一遇到他的領域以外的事物，他的反應就顯得格外遲鈍而笨拙。原住民獵人的眼睛銳利如鷹隼，有一次我拿一本畫刊讓他們看，裡頭的人物都是我們的孩子一眼就認得出來的。我們的獵人卻把畫刊轉上轉下，直到其中一個獵人突然指著圖案叫道：「這些是白人啊！」接著所有人都歡呼慶祝他們的偉大發現。

原始民族難以置信的方向感基本上只和他們的職業有關，因為在樹林裡和大草原上辨認方位是絕對有必要的事。就算是歐洲人，只要他住上一段時間，也會注意到他以前連做夢都沒想到的東西。

這並不意味著原始民族的思考、感覺或認知和我們大異其趣。我們的心靈功能基本上是一樣的。可是預設卻有所不同。而且，就算他們的意識範圍似乎比我們小，或者他們的思考活動比較少、甚或無法專注於思考，都不是那麼重要。關於後者這一點，歐洲人當然會覺得很奇怪。我自己也沒辦法廢話連篇兩個多鐘頭，因為到了那個時候，原住民們都會說他們累了。他們會說太難懂了，雖然我只是隨意問他們幾個很簡單的問題而已。可是他們在打獵和遠行時卻表現出驚人的專注力和耐力。舉例來說，我的信差可以一口氣跑個一百二十公里，我也看過一個懷孕了六個月的女子背著孩子，叼一根長菸管，在攝氏三十四度的夜裡圍著熊熊的篝火通宵達旦地跳舞而沒有累倒。我們不能說他們對於有興趣的事物欠缺專注力。如果要我們專注於沒有興趣的事物，我們一下子就會注意到自己的專注力有多麼低落。我們和原始民族一樣，都沒辦法擺脫情緒衝動的左右。

原始民族的確比我們單純而孩子氣，不管是好的方面或壞的方面。我們對此並不會大驚小怪。可是當我們初次接觸古人類的世界時，卻會有個極為奇詭譎怪的感覺。就我對於這個感覺的分析而言，主要的原因在於古人類的預設基本上不同於我們，也就是說，原始民族生活在和我們大相逕庭的世界裡。直到我們明白了他們的預設，他們才不再是難以理解的謎團。接著一切就豁然開朗了。我們其實也可以說：只要我們知道**我們自己的**預設，原始民族對我們而言就不再是個謎團了。

偶然性與不可見的意志力量

我們的理性預設是萬事萬物都有其自然的、可感知的原因。我們先天地相信這點。在這個意義下的因果法則是我們最神聖的信條之一。在我們的世界裡，不可見的、恣意的、所謂超自然的力量，並沒有任何正當性的空間，除非我們隨著物理學深入原子內部極微的神祕世界，在那裡，我們會看到種種讓人瞠目結舌的事物。然而那是人煙罕至的地方。我們對於不可見的意志力量特別恨之入骨；因為我們不久以前才總算擺脫了夢和迷信的不安世界，建立了一個和我們的理性意識相稱的世界觀，那是人類最新的偉大創舉。我們周遭是一個服從理性法則的世界。我們固然不知道所有因果關係，可是人們會不斷地挖掘它們，而它們也符合理性的期待。那也是我們理所當然的希望。世上固然也有種種偶然事件，可是那只是偶然而已，並不會動搖它自己的因果法則。喜歡井然有序的意識很討厭偶然性這種東西。偶然性會以可笑而又惱人的方式妨礙世界的規律性程序。不管是偶然事件或是不可見的意志力量，我們都痛深惡絕。它們讓人想到小鬼或是「解圍之神」（deus ex machina）的恣意妄為。它們是我們的謹慎思慮的死敵，持續威脅著我們所有的作為。它們有時候是非理性的，人們對它們相當輕蔑，卻也不容小覷。在這個方面，阿拉伯人比我們更加重視它們。他們在每一封信上都會寫著「託靠安拉」（Insha-allah），：如果真主意欲，這封信就會寄達。因為儘管人們恨之入骨，儘管有種種規律性，我們無論何時何處都會遭遇到不可預測的偶然事件，這是個顛撲不破的事實。有什麼比偶然性更不可見而更恣意的呢？有什麼更不可避免而討厭的呢？

基本上，我們也可以說：規律性的、因果的歷程只是個理論，在實踐上只占了百分之五十，而另外百分之五十則是讓魔鬼一般的偶然性恣意妄為。當然，偶然事件也有其原因，可是我們往往會很遺憾地發現那只是陳腔濫調而已。可是我們或許寧可放棄因果法則，因為偶然事件惱人的地方在於：它必定是在**此時此地**發生的，換言之，它是恣意的。至少它看起來如此，而且就算是最頑固的理性主義者有時候也會痛罵它。不管我們再怎麼解釋偶然事件，都無法改變它威力無窮的這個事實。存有者的種種條件越是井然有序，偶然事件就越是不得其門而入，而我們也就不必防範它的入侵。然而每個人都在提防或是期望偶然事件的出現，儘管官方的信條裡沒有偶然性這個條款。

我們的預設是：我們堅定地相信一切事物至少理論上都有個可感知的或自然的原因。可是原始民族的預設卻是：一切事物都源自不可見的意志力量，換言之，一切都是偶然事件，只不過他們不說是偶然的，而說那是有意圖的。自然的因果法則只是個假象，因而不值一提。如果三個女子到河邊汲水，而一隻鱷魚咬住中間那個女子，把她拖到河裡，我們會說中間那個女子的遇襲只是個偶然事件。那隻鱷魚捉住女子，也是很自然的事，因為鱷魚偶爾會吃人。

這個解釋模糊了現場的情況，根本沒有解釋到整個驚心動魄的故事。古人類當然會覺得這種解釋既膚淺又荒謬，因為偶然事件也可能不會發生，而同一套說法也適用。歐洲人根本不知道這種解釋只是空言虛語。那只是他的偏見而已。

相反地，原始民族的要求更挑剔。我們所說的偶然事件，他們認為是有意圖的事。每個人都看到了，鱷魚顯然刻意挑上中間那個女子。如果牠不是故意的，那麼牠也可以找其他兩個女子下手。可是鱷魚怎麼會生起這個意圖呢？鱷魚一般是不吃人的。這個說法沒有錯，就像撒哈拉沙漠一般是不下雨的。鱷魚其實是很膽小而且容易受驚嚇的動物。相較於鱷魚的數量，牠們攻擊人類的比例可以說微乎其微。因此鱷魚吃人其實是出乎意料而且不合乎自然的事。那麼要解釋的就是：鱷魚是聽了什麼指令才會吃人？因為就其本性而言，牠一般是不會那麼做的。

原始民族的論證完全是依據他們的生活環境裡的事實，因此，如果有什麼出人意料的事件發生，他們當然會感到驚訝而要探究特定的原因。他們的作法和我們一模一樣。可是他們比我們更加追根究柢。對於偶然事件的意志力量，他們有一個或若干理論。我們說：那只不過是偶然而已。他們說：那是計算過了的意志。他們著眼於世間事件的另外百分之五十，也就是說，他們不在意自然科學的純粹因果關係，而重視整個因果鏈裡讓人困惑而又混亂的斷點，也就是人們所說的偶然。他們早就習慣了自然的規律性，因此會對於不可預見的偶然事件的力量感到恐懼，認為一定有個恣意而難以捉摸的行為者。在這個方面，他們又說對了。因此，我們可以理解為什麼不尋常的事物會讓他們感到驚恐。我在埃爾貢山的南方地區住過一陣子，那裡有許多食蟻獸。食蟻獸是生性膽怯的夜行性動物，因此很少看得到牠們。可是有一次有人在大白天看到一隻食蟻獸，因此是個讓人相當訝異的、極為不自然的現象，就像我們發現一條溪水有時候會往上流的小溪一樣。如果我們真的見識過水流突然產生和重力相反的作用[1]，就不會對這種事大驚小怪了。我們知道我們周遭世界的水有多少，也不難想像如果水不遵守重力法則會是什麼樣的情況。原始民族的處境也是如此。他們很清楚食蟻獸的生活習慣，但是如果牠突然違反了世界秩序，他們就不知道其有效範圍在哪裡。原始民族對於既有狀態的印象太深刻了，一旦他們心裡的世界秩序被打破，他們可能會遭遇到許多無法預見的可能性。那是一個預兆（portentum）、一個凶兆（omen），就像是彗星或日食之類的。因為這種違反自然的事件對他們來說沒有任何自然的原因，因此一定有什麼不可見的意志力量使得食蟻獸在大白天裡出現。面對這個可以破壞世界秩序的意志的駭人展現，他們當然要採取不尋常的安撫或防範措施。他們會找來鄰村的人，大費周章地把食蟻獸挖出來殺死牠。看到那隻食蟻獸的男子的大舅舅則必須獻祭一頭公牛。那個男子則到獻祭的坑洞裡，吃了第一塊祭牲的肉，接著他的大舅舅以及其他人也跟著分而食之。如此一來，（大自然）危險的意志行為就得到補償。

如果河水由於不知名的原因而往上流，我們或許會大驚小怪，可是如果在大白天看到一隻食蟻獸，或是某個婦人生下一個白化症的孩子，或是看到日食，我們則不會嘖嘖稱奇。我們知道這類事件的意義以及它們的作用圈，但是原始民族並不知道。他們司空見慣的事物，是一個把他們和所有生命都涵攝其中的融貫整體。因此他們會格外地保守而且只做別人做過的事。如果在某個地方發生了一件違反這個習慣的整體的事，那麼對他們而言，世界秩序就產生了一個破口。天曉得接下來會發生什麼事。於是所有不尋常的事件，他們會都扯在一起。一個傳教士在自家門前樹立一根旗杆，準備在每個禮拜天升起英國國旗。這個無傷大雅的消遣行為卻為他招來無妄之災，在他的挑釁行為不久以後，就突然來了一場狂風大雨，大家當然認為是旗杆惹的禍，於是對他群起而攻之。

對於原始民族而言，世界秩序的確定性正是存在於大家習以為常的事件的規律性。在他們眼裡，每個例外都是個危險的意志行為，而必須有對應的補償，因為那不只是一時的打破慣例，也會是接二連三不相關的事件的前兆。我們會覺得很荒謬，可是我們都忘記了我們的祖父母和曾祖父母對於以下的事件做何感想：一頭母牛生下了一頭有兩個頭五隻腳的小牛；鄰村一隻公雞下了一只蛋；一個老太婆做了一個怪夢；天上出現一顆彗星；附近的城鎮一場大火；而翌年就烽火連天。從遠古到十八世紀，這一直是古老的歷史敘事方式。這種對於我們而言完全是無稽之談的穿鑿附會，在原始民族眼裡卻是有意義而可信的。**而且出人意料的，他們一再被證**

明是對的。他們的觀察相當可靠。基於故老相傳的經驗，他們知道這種關聯性真的存在。對於只重視感官以及個別事件的因果關係的我們而言，屬於荒誕不經的觸類引申，在原始民族眼裡，卻是由種種預兆和它們所影射的事件構成的合乎邏輯的推論，那是邪惡意志的災難性而一貫的突發事件。

有兩個頭的小牛和戰爭是同一回事，因為小牛只是戰爭的前兆。原始民族對於這個關聯性深信不疑，因為相較於自然事物的原理和規律性，他們認為偶然的意志更加重要，正因為他們對於不尋常事物的戒慎恐懼，他們也比我們更早發現許多偶然事物之間的群組或序列關係。所有臨床經驗都會告訴我們個案的重複原理。烏茲堡（Würzburg）一位心理分析的老教授時常說：「各位先生！這是個獨一無二的個案。明天我們還會看到一模一樣的。」我自己也屢次觀察到許多類似的個案。我在精神療養院執業了八年，有一次遇到一個相當罕見的意識恍惚的個案，那是我生平第一次見到的。不到兩天又送來了一個類似的個案，後來就沒有了。「個案的重複性」一方面是臨床的玩笑話，另一方面則是原始民族研究的源初對象。有個年輕的研究者甚至說：「巫術是叢林的科學。」占星學和其他占卜術當然也是古代的科學。

規律性的事件是人們早就見怪不怪的。大家都有心理準備了。而只有在神祕的意志打破了既有的慣例，人們才需要知識和技術。而人們往往會指派族裡最聰明敏銳的人，也就是巫醫，去探究事件的來龍去脈。[2] 他必須以他的知識解釋所有聞所未聞的事物，並且以他的技術對付它們。他是偶然事件的學者、內行人和專家，也是保存族裡傳統的檔案管理員。族人對他相當敬畏，他也享有最大的權威，可是族人暗地裡還是會相信鄰村的巫師可能更厲害。最強的巫術從來都不是在村子裡，而是在遠方。在我住了一陣子的部落裡，儘管他們對於巫醫相當敬畏，可是只有人畜小病，族人才會找他，遇到重要事件，他們則會請教一個外地來的權威，那是他們從烏干達重金禮聘來的巫師（M'ganga）——和我們沒有什麼兩樣。

在大小不一的序列或群組裡特別會發生偶然事件。氣象預報有個屢試不爽的規則，也就是如果連續下了幾天雨，明天很可能也會下雨。俗話說：「禍不單行。」或者說：「有一就有二，有二就有三。」這個格言的智慧正是原始民族的知識：人民一般相信和敬畏的事物，往往是學者們冷嘲熱諷的對象——前提是他們沒有見識過什麼特別的現象。我在這裡必須提到一件不愉快的故事。我認識一個女子，有一天早上七點，她被床頭櫃的一陣奇怪叮噹聲吵醒。她察看一下，找到了原因：她的水杯上緣掉下一塊一公分左右的碎片。她感到很納悶。她換了另一只杯子。約莫五分鐘之後，又是叮噹一聲，她又看到杯子上緣裂開了。這次她有點不安了，又換了第三只杯子。二十分鐘後，又是一陣叮叮噹噹，杯子又破了。連續三次意外事件，讓有教養的她按捺不住了。她放棄了對於自然因果法則的信念，重拾原始的集體表象，相信有個意志力量的存在。許多沒有那麼頑固的現代人，當他們遇到無法以自然因果法則解釋的事件時，都會有這種反應。我們也都會否認這類的事件。它們很惱人，因為它們打破了我們的世界秩序（因而也保存了我們一息尚存的原始心靈），那麼還有什麼事是不可能的呢？

原始民族對於意志力量的信念並不是憑空想像的，而是基於他們的經驗。對於偶然事件的分門別類使得我們所謂的迷信有其正當性，因為那些不尋常的事物真的可能有時空上的相關性。我們不要忘記了，我們的經驗在這裡並不值得信任。我們的觀察並不足夠，因為我們的心態不對。舉例來說，我們不會注意到以下的事件序列是相關的：早上一隻鳥飛進一個人的房間；一個鐘頭後，他在街上看到一起意外；到了下午，他的一個親戚過世；晚上在餐廳，女廚子摔破了湯碗；夜裡回家，他發現鑰匙不見了。可是原始民族不會對於這一連串的事件等閒視之。序列的每個環節都證實了他們的預測，而且他們是對的——雖然我們不願意承認他們是對的。他們的擔憂是有道理的，而且是有用的。那是個諸事不宜的凶日。在我們的世界裡，這是應該被譴責的迷信，但在原始民族的世界裡，卻是明哲保身之舉。相較於我們安全而井然有序的生活，他們任何時刻都可能遭遇意外。當你置身在荒野裡，你沒辦法承擔太多意外的風險。就算是歐洲人，不久之後應該也會感同身受。

如果一個培布羅族（Pueblo）的男人覺得有哪裡不對勁，他就不會參加部落會議。如果一個古羅馬人出門時被門檻絆倒，他就會打消出門的念頭。我們會覺得那是無稽之談，可是原始民族卻會警告人們要小心注意這些前兆。如果我心裡覺得不安，那麼我的動作就會有些遲疑，我的注意力會被干擾，我會心不在焉，結果我就會在哪裡摔跤、掉東西或是忘了什麼事。在文明世界裡，那或許不值一哂，可是在原始森林裡，卻可能會大禍臨頭！在那種地方摔跤的意思是：從因雨濕滑的木橋，掉到五公尺底下有許多鱷魚虎視眈眈的河裡。我在草叢裡掉了羅盤。我忘了在槍裡充填子彈，在叢林裡遇到了犀牛。如果我心不在焉，我也許會踩到一條鼓腹毒蛇。晚上我忘了及時穿上防蚊靴子，十一天後，我就死於第一波肆虐的瘧疾。在游泳時忘了閉嘴，足以使人染上致命的痢疾。當然，對於我們而言，這類的偶然事件都有其可以辨識的自然原因，也就是心不在焉的狀態，可是在原始民族眼裡，那是有客觀條件的凶兆或巫術。

然而問題也可能出在其他地方。有一次，我遠赴埃爾貢山南方基多什（Kitoshi）地區的加布拉斯（Kabras）原始森林考察。我在茂密的草叢裡差一點踩到了一條鼓腹毒蛇。我在電光石火之際跳開牠。到了下午，我的一個朋友出去獵雉雞回來，臉色慘白，四肢顫抖，他行經一處蟻丘，上頭有一條七英尺長的眼鏡蛇朝他俯衝下來，差一點咬到他，要不是他在緊急關頭開槍打傷牠，應該已經命喪黃泉了。晚上九點左右，我們的營地遭到一群土狼攻擊，牠們在白天就襲擊了一個睡覺中的男子，並且咬傷了他。牠們不懼熊熊篝火，衝到廚師的茅舍，害得他驚聲大叫，翻牆逃走。不過接下來的旅途中倒是平安無事。這樣的一天就讓我們的黑人朋友有話要說了。對我們而言，那只是一堆意外事件而已，可是在他們眼裡，卻是大自然在應驗一個凶兆，它在我們啟程到荒野的第一天就出現了。那天，我們、我們的福特汽車，以及我們剛剛行經的一座橋，一起掉到河裡。我們的男孩們交換了眼神，彷彿是在說：「真是個好兆頭啊。」接著又下了一場熱帶雷陣雨，把我們淋成落湯雞，我也因而發燒了好幾天。到了今天晚上，我們幾個白人面面相覷，我忍不住對我那個獵人朋友說：「我覺得這些倒楣事早就有個前兆了。你還記得在出發前，你在蘇黎世對我說你做了一個夢嗎？」那時候他做了一個讓他印象深刻的惡夢。他夢見自己在非洲打獵，突然遭到一條巨大的眼鏡蛇攻擊。他在驚叫中醒來。這個夢在他心裡縈繞不去，現在他對我承認說，他覺得那暗示著我們其中有一個人會死於非命。他當然以為那個人是我，因為我們總是指望著死道友而不死貧道。可是後來卻是他染上了痢疾而垂命懸絲。

我在既沒有毒蛇也沒有瘧蚊的這裡提到這樣的對話，或許聽起來雲淡風清。可是你們想像在一個宛若藍絲絨的熱帶夜空下，原始森林裡蓊鬱的參天巨木，夜裡遠方神祕的聲音，寂寥的篝火，旁邊架著子彈上膛的槍，蚊帳，把沼澤的水煮沸來喝，一個識途老馬的非洲老人信誓旦旦地說：「你們知道嗎？這裡不是人的國度，而是神的國度。」那裡的君王不是人類，而是大自然、動物、植物以及微生物。再加上當地的氛圍，我們才領悟到，以前被我們訕笑的那些關聯性，現在都豁然開朗。那是個由無限的意志力量支配的世界，原始民族每天都要和它打交道。他們不覺得那些不尋常的事件是什麼笑話。他們有自己的推論：「這是個不祥的地方。」「今天諸事不宜。」天曉得他們因為這個警惕而避開了多少險境！

心理事件的投射

「巫術是叢林的科學。」預兆會立刻讓人改弦易轍，放棄計畫中的事，心態也會跟著轉舵。那當然是因為對於偶然事件的分門別類以及原始民族無意識裡的心理因果法則而採取的務實作法。由於偏好所謂的自然因果法則，我們學會了區分主觀的、心理的原因以及客觀的、自然的原因。相反地，原始民族的心理在外在世界裡和客觀事物接壤。與其說不尋常的事物讓他們驚駭莫名，不如說那個事物就是馬那（mana）[3]，它擁有巫術力量，所有不可見的作用都源自於它，我們會把它理解為暗示作用（Suggestion）或是想像力，而他們則認為那是來自外在世界的。他們的地景既不是地理的，也不是地質學的，更不是政治的。那個地景蘊含了他們的神話和宗教、他們的整個思考和感覺，儘管是無意識的。他們的恐懼被定位在若干「不祥的」場域裡。森林裡住著死者的鬼魂。洞穴裡有魔鬼，祂們會讓每個入侵者窒息而死。山裡住著巨蛇；山丘是傳說中的國王的墳墓；只要接近山泉、岩石或樹木，婦女都會懷孕；淺灘上有蛇妖在看守；那裡的巨木會以一種聲音呼喚著某些人。原始民族沒有心理學這種東西。心理事物就客觀地發生在外在世界裡。就連他們的夢境也是真實世界，或者說他們根本不重視夢。我在埃爾貢山的腳伕一本正經地說他們從來沒有做過夢，只有巫師才會做夢。我又問巫師，他說自從英國人來了以後，他就再也沒有做過夢了。他說他父親還做過大夢，他知道走失的牛群，裡頭有母牛和牠的小牛，到哪裡去了，什麼時候會有戰爭或是瘟疫。而現在地區總監（District Commissioner）無所不知，他們則是一無所知。就像相信大部分的鱷魚都倒戈支持英國政府的巴布亞人一樣，他們也感到心灰意冷。有個原住民囚犯越獄逃走，在渡河時被一隻鱷魚咬死。他們認為那是一隻鱷魚警察。現在神會在英國人的夢裡對他們說話，而不會出現在埃爾貢山巫醫的夢裡，因為那些人才握有權力。夢的作用已經流失了。他們的靈魂有時候也會出走，而巫醫則會把靈魂關在籠子裡，就像小鳥一樣。或者外來的靈魂會遷入而招來疾病。

這個**心理事件的投射**當然會在人與人、人和動物或事物之間創造出各種看似難以理解的關係。一個白人用槍打死一隻鱷魚，附近村民忿忿不平地跑來要求賠償。他們說那隻鱷魚是村子裡的一個老婦人，那隻鱷魚一中槍，她也跟著死了。鱷魚顯然是她的叢林靈魂（Buschseele）。又有一個人開槍打死一隻非洲豹，因為牠侵襲家畜。鄰村有個婦人則在同一時間死亡。他們說她就是那隻非洲豹。

李維—布留爾說這種奇特的關係叫做「神祕的分受」。我覺得「神祕」這個語詞不是很恰當，因為原始民族並不認為那是什麼神祕的事，而是相當自然的事。只有我們才會覺得奇怪，因為我們顯然不知道這種心理的解離（Abspaltung）。其實我們自己也有這種現象，只不過沒有那麼素樸，而是以比較文明的形式。例如說，我們理所當然地認定別人的心理和我們一模一樣，我們預設了自己喜歡的東西別人一定也喜歡，自己厭惡的東西別人一定也厭惡。而我們的法庭直到最近才勉強承認判決時的心理相對性。一般人聽到「quod licet Jovi, non licet bovi」（朱庇特可以做的事，傻瓜不能做）[4]時，應該會義憤填膺。法律之前人人平等一直是個偉大的成就。所有邪惡卑劣的特質，我們當然認為不關自己的事，只有別人才會有那些特質，所以要批評或對抗他們，然而那只不過是一個卑劣的靈魂從一個人轉移到另一個人身上。世界依舊充斥著「黑色野獸」和替罪羊，正如從前到處都是巫婆和狼人一樣。

這種心理投射是大家司空見慣的心理現象，李維—布留爾說那是「神祕的分受」，他特別強調說那是原始民族的特質，而我們只是換了一種說法，而且一般都不想承認它的存在。在我們自己身上而沒有被意識到的事物，我們都會在鄰人身上找到，而我們也會想要治療他。我們不會要他試喝毒酒，我們也不會對他施以火刑或是迫害他，可是我們會自以為是地要他承擔道德的痛苦。我們想要消滅的那個在他身上的東西，往往是我們自己身上的卑劣性。

由於原始民族的意識還沒有生起分別心，因而也無所謂自我批判，他們的投射作用也就比我們更強烈。而且由於在他眼裡一切都是絕對客觀存在的，他的語言也就同樣地直接而露骨。我們可以有點幽默地說自己是個「豹女」，正如我們時常說一個人是一頭鵝、一頭母牛、一條蛇、一頭公牛、一頭驢、一隻駱駝等等，那是每個人都熟悉的「貶損人的綽號」（epitheta ornantia）。但是原始民族所說的叢林靈魂並沒有那種道德上的挖苦嘲諷意味，此外，古人類是相當自然主義的（naturalistisch），而且對於眼前事物的印象太深刻了，因而不會像我們那樣遽下判斷。培布羅人很確定地說我是屬於熊圖騰，也就是說，我是一頭熊，因為我不像一般人那樣正面走下梯子，而是像一頭熊那樣手腳並用倒著走下梯子。如果一個歐洲人說我是一頭穴居的熊，雖然是在說同一件事，卻有不同的弦外之音。我們在原始民族那裡聽到「叢林靈魂」這個主題或許會覺得很怪誕，但是到了我們的社會裡，它就只是一種修辭手法而已。我們只要把隱喻具象化，就會明白原始民族的觀點。

我們以「臨床治療」這個說法為例。用原始民族的說法，那就是「按手」或「用手處理」的意思，就像巫醫在治療病人時的作法。

叢林靈魂的說法之所以讓人費解，那是因為關於靈魂的解離及其棲居於野獸身上的具象化觀點把我們搞得一頭霧水。可是如果我們用駱駝來形容一個人，並不是說他在每個方面都宛如一頭駱駝，而是說他在某個方面像駱駝。我們從當事人身上抽離出一部分的人格或靈魂，接著把那個部分人格化為駱駝。所以說，他們認為「豹女」也是人，只有她的叢林靈魂才是非洲豹。因為對於原始民族而言，他們沒有意識到的任何心理現象都是具象的，他們其實便假定了那個被形容為非洲豹的人擁有一隻非洲豹的靈魂，或者說，在更深層的解離當中，非洲豹的靈魂以真實的非洲豹形象棲居在叢林裡。

藉由投射而產生的同一性名稱創造了一個世界，人在其中並不只是個身體，也是個靈魂；他大抵上和那個世界融合在一起。他不是世界的主人，而是它的一部分。在原始民族那裡完全沒有人類特殊主義（Partikularismus）這種東西，他們不會夢想成為造物主。在他們的動物學分類上，智人並不是在頂端，大象才是最高等的生物，其次是獅子，接著是巨蟒或鱷魚，其下才是人類或其他低等生物。人類依舊是屬於自然的一部分。他們從來沒有想過要支配自然，因此，他們最在意的只是如何避免危險的意外事件。可是文明人試圖支配自然，因此他們一心一意要找到自然的原因，那會使他們得以一窺自然的祕密實驗室。也正因為如此，他們極為厭惡意志力量及其存在的可能性，因為他們預感到那正好證明了征服自然的企圖到頭來只會一無所獲。

總而言之，我想要證明的是：古人類的基本特質，就在於他們對於偶然意志的態度，因為他們認為世界事件的這個因素比自然的原因更加重要。偶然意志一方面存在於對於偶然事件的分門別類，另一方面則是存在於無意識的心理的投射作用，也就是所謂「神祕的分受」。古人類當然不會這樣區分，因為他們把心理事件完全投射出去，因而和客觀的、物理的事件沒有任何差別。他們認為偶然事件是鬼神的干預，也就是有意圖的意志力量，他們不覺得不尋常的事物之所以讓他們驚嚇，是因為他們授予它震懾和怖畏的力量。在這裡，我們的確處於危險的境地。一個東西之所以美麗，是因為我賦予它美麗嗎？或者是我不得不承認事物的客觀的美呢？大家都知道，偉大的思想家們試圖回答以下的難題：照亮世界的究竟是太陽，抑或是人類燦若日光的眼睛。古人類認為是太陽，文明人認為是眼睛——只要他們沒有染上詩人病，或者他們還懂得思考。[5]他們必須趕走自然裡的靈魂，才得以支配自然，也就是說，他們必須收回古人類的投射，至少在他努力客觀思考的時候。

宗教

在古人類的世界裡，萬事萬物都有靈魂：人的靈魂，或者更好說是所有人類的靈魂，集體無意識；因為個人是沒有靈魂的。我們不要忘了，基督宗教的聖洗聖事的主張，代表著人類心靈演進的極致意義的里程碑。洗禮賦予人類一個真實的靈魂；那作工的並不是個別的、巫術的、洗禮的儀式，而是洗禮的觀念，它使人脫離和世界的古老同一性，變成一個凌駕世界之上的存有者。當人攀登到這個觀念的巔峰時，那就是最深層意義下的洗禮，也是屬靈的、而不是屬血肉的人的誕生。

在對於無意識的心理學研究裡有個定理，那就是每個相對獨立的心靈內容都有其人格特質，也就是說，只要有獨立表現的機會，它馬上就會人格化。我們在精神病患的幻覺以及靈媒的溝通那裡看到最明顯的例子。只要一個獨立的心靈內容被投射出去，就會出現一個看不見的人。在一般的靈學裡則會出現鬼魂，在原始民族那裡也是一樣。如果一個本質性的心靈內容被投射到一個人身上，這個馬那，也就是不尋常的力量，就會變成巫師、巫婆、狼人之類的。原始民族認為巫醫會把在夜裡出走的靈魂像鳥一樣抓起來關到籠子裡，生動地說明了上述所說的。這些投射使巫醫變成了馬那，它們讓動物、樹木、石頭開口說話，而因為它們就是心靈的內容，所以個人不得不服從它們。因此，精神病患沉溺在他自己的聲音裡而無法自拔，因為這些投射正是他自己的心靈行為，意識到這些行為的那個主體，也就是那個在傾聽、觀看和臣服的主體。

就心理學的觀點而言，原始民族認為偶然事件的意志力量是在回應鬼神和巫師的意圖，這個理論是再自然不過的了，因為那是不得不然的推論。可是我們不要被它這個方面的推論欺騙了！如果我們對一個聰明的原始人闡述我們的科學解釋，他一定會指責我們的可笑迷信以及欠缺邏輯，因為他相信照亮世界的是太陽，而不是眼睛。有一次，我的朋友，培布羅酋長「山湖」（Bergsee），當我引用聖奧思定（St Augustine）所說的「Non est hic sol dominus noster, sed qui illum fecit」（我們的主不是太陽，而是那創造太陽的），他相當不屑地問我那是什麼意思。他憤怒地指著太陽叫道：「祂，在那裡行走的祂，是我們的父。你看得到祂。所有的光、所有的生命，都是來自於祂，沒有任何東西不是祂創造的。」他氣得說不出話來，接著大叫道：「就算是獨居山裡的人，如果沒有太陽，他就無法生火。」這段話比任何說法都更加生動地說明了古人類的觀點。所有力量都來自外在世界，我們唯有依靠它才可以生存。我們都看到宗教思想一直生動地保存了古人類的心態，即使是在我們這個喪失了諸神的時代裡。千千萬萬的人仍舊如此思考。

我們在前面談到原始民族對於偶然意志的基本看法，我認為這個心態是實用的，因而是有意義的。我們是否要暫時假定說，原始民族對於意志力量的信仰是有事實依據，而不只是心理學上的正當性而已？我不想不假思索地要我的讀者相信巫術的存在。我只想思考一下，如果我們和原始民族一樣認定所有光都來自太陽，事物的美是客觀的，人的一部分心靈是一頭非洲豹，簡言之，如果原始民族的「馬那」理論是對的，我們會得到什麼樣的結論。根據這個理論，是美感動了**我們**，而不是**我們**創造了美。某個人「就是」魔鬼，那不是因為我們把我們的惡投射到他身上而把他變成魔鬼。有些人由於自身的特質而讓我們印象深刻，也就是「馬那」人格，他們的存在並不是拜我們的想像之賜。「馬那」理論的意思是，世界上存在著一個周遍萬物的力量，它會客觀地產生不尋常的作用。凡存在者皆有其作用，否則它就不是真實的。唯有憑著它的能量，它才**存在**。存在者是個力場。原始民族的「馬那」觀念可以說是唯能論（Energetik）的一個開端。[6]

到目前為止，原始民族的這個觀念都不難理解。可是如果我們依據這個觀點推論下去，並且翻轉前述的心理投射作用而主張說：使巫醫成為巫師的，並不是我的想像或情緒，而是他自己就是個巫師，是他把巫術作用投射到我身上，並不是我產生任何鬼神的幻覺，而是祂們出於自身的驅力而對我顯現——如果提出這個完全依據馬那理論推論出來的主張，我們應該會心生猶豫，轉而回顧我們自己言之成理的心理學投射理論。重點在於一個問題：心理作用，也就是心靈、精神或無意識，是在我心裡面產生的，或者是說，心理事物在意識形成之初，其實就已經以意圖和意志力量的形式存在於外在世界，而心靈在演進的過程中漸漸植入人心？這些所謂解離的心理內容以前真的是整個個體心靈的一部分，或者它們其實是獨立存在的心理實體，用原始民族的說法，就是鬼神、祖靈之類的，在演進的過程中在人類心裡化現，在人的心裡漸漸建構起我們現在叫做「心理」的世界？

這個推論聽起來極為弔詭而危險。可是基本上它們也不完全那麼無法理解。不只是宗教上的觀念，在教育學裡也有人認為可以植入人們原本沒有的心理內容，例如暗示作用和影響，而行為主義（behaviourism）對此更有許多荒誕不經的期待。心理內容的複雜匯流，也以原始民族各種形式的觀點表現在普世信仰裡，諸如魔鬼附身、祖靈化身、靈魂入竅之類的。例如說，在打噴嚏的時候，我們還是會說：「祝你健康。」（Zur Gesundheit）它的意思是：「希望新的靈魂不會傷害你。」那的確有如複雜的匯流，當我們感覺到我們在自己的成長歷程當中，從一個充滿矛盾的雜多漸漸形成整全的人格。我們的身體是由孟德爾（Gregor Mendel）所說的許多遺傳因子組成的；我們的心理或許也有同樣的命運，這似乎並不完全不可能。

我們這個時代的唯物論和古代的信念有類似的傾向，也就是說會得到相同的答案：個體只是個結果，一方面是自然原因的匯流，另一方面則是如原始民族所說的源自恣意的偶然事件。就兩者而言，人的個體性，似乎都只是環境的作用實體無關緊要的偶然產物。就古代的世界觀而言，這個觀點是完全首尾一貫的推論，一般的個人並不是本質性的，而是隨時都可以被更換的，因而不是永久的。如是，現代的唯物論迴避了狹隘的因果法則，回到原始民族的觀點。可是唯物論者更加激進，因為他們比原始民族更有系統。原始民族的優點，反倒是他們的首尾不一貫：他們排除了「馬那」的人格。在歷史的演進裡，它被舉揚為神的角色，變成了英雄、聖王，祂們吃了永生的神饌，而分受了不朽性。是的，個人的不朽以及他的永恆價值，這個觀念早在古代就存在了，尤其在種種鬼神信仰裡，其次是在關於一個沒有死亡的年代的神話，死亡之所以來到世界，那只是人的無知和疏忽導致的。

原始民族並沒有意識到他的觀念裡的矛盾之處。我們的黑人腳伕對我信誓旦旦地說，他們不知道死後會怎麼樣。人死了，沒了呼吸，屍體就會被扛到林子裡，讓土狼吃掉。他們白天是這麼想的；可是到了夜裡，死者的鬼魂到處遊蕩，使人畜生病，襲擾夜行人並且扼死他們之類的。充斥在原始民族的想法裡的這類矛盾，讓歐洲人相當不耐煩。他們沒有想到我們自己的文化也只是五十步笑百步而已。有些大學宣布說「神的干預」這種觀念是不可以討論的，可是它們偏偏有個神學系。一個唯物論的科學家認為，動輒把物種的變異歸因於神旨的行為，那是傷風敗俗的作法，可是在他的另一只抽屜裡，卻有著一個包山包海的基督宗教，在每個主日裡處處可見。那麼我們為什麼要為了原始民族的邏輯不一致感到憤怒呢？

我們當然沒辦法從原始的思考裡推論出什麼哲學體系，而只有一堆自相矛盾的說法，可是在各個時代和文化裡，它們卻構成了所有靈性問題永不枯竭的源泉。古人類的集體表象真的深不可測，或者只是看似如此而已？意義一開始就存在，或者是後來的人們穿鑿附會的？這麼困難的問題不是我能回答的，可是我在文末還想要提一下我在埃爾貢山的一個觀察。我反覆訪問和探究當地是否有任何宗教觀念和儀式的跡象，幾個禮拜下來一無所穫。他們讓我探勘任何東西，也都願意回答我的任何問題。我可以在沒有口譯員的妨礙之下直接和他們聊天，因為他們大多數的人都會說史瓦希利語（Suaheli）。他們起初有點不情願，可是話匣子一打開，我就發現極為友善的例外。他們對於宗教習俗一無所知。可是我不死心，在不著邊際的閒聊末了，一個老者突然叫道：「早上太陽上山的時候，我們走出茅屋，在手上吐口水，對著太陽高舉雙手。」我請他們為我示範那個儀式，一五一十地記錄下來。他們把雙手放在嘴巴前面，用力吐口水或吹氣。接著翻掌朝上，舉向太陽。我問他們那是什麼意思，他們為什麼那麼做，為什麼要在雙手吹氣或吐口水。可是沒有用。「以前的人都這麼做，」他們說。我沒辦法得到任何解釋，我很確定他們只知其然而不知其所以然。他們不知道這個動作的意義是什麼。他們也會用這個手勢和新月打招呼。

假設我對蘇黎世這個城市完全陌生，來到這裡研究流行的習俗。我首先在蘇黎世山（Zürichberg）若干別墅附近住下來，拜訪當地的鄰居。我問穆勒和邁耶先生說：「可以談一談你們的宗教習俗嗎？」他們茫然不知所措。他們從來不上教堂，對此一無所知，強調他們沒有任何這類的習俗。那是春天，復活節快要到了。有一天，穆勒先生的一個奇怪舉動讓我很訝異。他在花園裡來回走個不停，把彩蛋藏起來，擺了一隻奇怪的兔子玩偶在上面，被我當場逮個正著。「你為什麼沒有告訴我，你們有這麼有趣的儀式呢？」我問他說。「什麼儀式？那沒什麼。大家在復活節都這麼做。」「可是這些蛋、這些玩偶是什麼意思，你為什麼要把它藏起來？」穆勒先生大感詫異。他不知道自己原來一直不明白那是什麼意思，就像他也不知道聖誕樹的由來一樣，可是他還是照做不誤，就像原始民族一樣。也許原始民族的遠祖知道他們在做什麼？那是不可能的事。古人類只是那麼做，只有文明人才知道他在做什麼。

那麼上述的埃爾貢山儀式是什麼意思？顯然是在向太陽獻祭，當地人認為太陽只有在上山時才是神聖的（mungu）[7]或是「馬那」。依據原始民族的觀點，唾液裡含有「馬那」的化身，也就是治病、巫術和生命的力量。至於吹氣，則是代表氣息，就是「roho」[8]，阿拉伯文是「ruch」，希伯來文是「ruach」，希臘文是「pneuma」，它們都有氣息和靈魂的意思。那個動作的意思就是：「神啊，我把我的靈魂捧在雙手裡。」那是個沒有語詞而只有動作的禱告，意思可以說是：「上主啊，我把我的靈魂交到你手裡。」那只是個不假思索的動作，或者是在人類存在之前就已經醞釀且意欲的想法？我想對於這個問題存而不論，從而結束我的演講。

本文發表於一九三〇年十月蘇黎世霍丁根讀書會（Lesezirkel Hottingen Zürich），
刊登於 *Europäische Revue* VII (Berlin 1931)

注釋

1 譯注：原文作 negative Schwerkraft（反重力）。

2 譯注：原文作 Ereignismeteorologie（事件的氣象學）。

3 譯注：「馬那」（波里尼西亞和美拉尼西亞）存在於萬物當中的超自然力量和魔力。馬那可以影響健康或疾病、長壽或夭折，呼風喚雨，帶來豐收或乾旱，賞善罰惡。有馬那的事物會有許多禁忌，因為濫用馬那是很危險的。」（《神話學辭典》，頁三二〇，林宏濤譯，商周出版，二〇〇六）

4 譯注：意同「只許州官放火，不許百姓點燈」。

5 譯注：影射歌德的詩〈如果眼睛不是燦若日光〉：「如果眼睛不是燦若日光，它就看不到太陽；如果神的力量沒有灌注在我們身上，神性事物怎麼會使我們欣喜若狂？」（Wär nicht das Auge sonnenhaft, Die Sonne könnt es nie erblicken; Läg nicht in uns des Gottes eigne Kraft, Wie könnt uns Göttliches en-

tzücken?）

6　譯注：唯能論（英文為 energetics），主張能量才是最基本的實體和世界的基本原理，二十世紀初流行於西方自然科學家當中。

7　譯注：史瓦希利語裡「神」的意思。

8　譯注：史瓦希利語裡「靈魂、鬼魂」的意思。

九　生命的轉折

人生各個年齡階段的難題

要談論人生的年齡階段的種種難題，一直都是吃力不討好的事，因為那相當於要描繪從搖籃一直到墳墓的整個心靈世界。在我們的演講裡，也只能大概地勾勒出其輪廓——不難想見，這裡不是要描述各個年齡階段的一般心理，而是要指出種種「難題」、困難、疑義以及歧義，一言以蔽之，是要指出問題，它可以有許多不同的答案，卻也都不是那麼確定而不可置疑。因此，我們的思考或許要加上個問號，尤其甚者：有些時候我們必須誠實地提出假定，有時候甚至只是個臆測而已。

如果說心靈世界是由各種事實性構成的——至少在原始階段是如此——那麼我們就可以滿足於顛撲不破的經驗。可是文明人的心靈世界卻充滿了疑問，是的，我們很難想像它會沒有任何疑問。我們的心靈活動大部分是信念、懷疑和實驗，那是原始民族的無意識而本能的心靈完全陌生的東西。疑問的存在則是由於意識的成長；疑問是文明「不安好心的禮物」（Danaergeschenk）。**人類脫離本能並且和本能對立，因而產生了意識**。本能是本性，而且它也意欲成為本性。相反地，意識只會意欲文明以及對於本性的否定，由於盧梭（Jean-Jacques Rousseau）式的渴望，它只要一有機會，就會努力回到本性，「陶冶」它的本性。當我們依舊是本性的時候，我們是無意識的，生活在沒有疑問的本能的確定性裡。我們心裡仍舊屬於本性的一切事物不敢面對難題，因為難題的名字是**懷疑**，只要是充斥著懷疑的地方，就有不確定性，也會有許多不同道路的可能性。而只要看似有許多不同的可能道路，我們就會偏離本能的確定引導而心生**恐懼**。因為在這裡，意識的作為應該就是本性一直要它的孩子做的事，也就是確定、沒有疑問、明確而堅決。而由於人性難免的恐懼襲上心頭，意識作為我們普羅米修斯（Prometheus）式的成就，到頭來還是難以和本性相提並論。

這個難題使我們陷入宛如失怙的那種孤獨感，一種失去了本性的煢獨無依，那是我們意識到的、而且不得不自覺到的東西。我們不得不以有意識的決定和解答取代率性的行為。所以說，每個難題都意味著意識擴展的可能性，卻也意指著被迫要揮別無意識的童騃以及率性自然。這個強迫性是極為重要的心靈事實，因而也構成了基督宗教最根本的象徵教材。那是**犧牲單純本性的人**，也就是犧牲了無意識的、率性自然的生命，這個悲劇早在伊甸園裡吃了智慧之果就開始了。《聖經》裡的原罪使得覺知看似是一種詛咒。其實，使我們不得不漸漸覺醒而遠離天真的無意識的任何難題也是如此。沒有人喜歡正視難題；他們會避而不談，甚至否認它的存在。人們想要簡單、可靠而平穩的生活，於是難題就成了禁忌。人們想要確定性而不要懷疑，想要結論而不要實驗，卻忘了唯有透過懷疑才能產生確定性，唯有透過實驗才能得出結論。因此，刻意地否認難題，並不會產生信念，為了得到確定性和明晰性，人們的意識必須更高更開闊。

我必須在這個引言裡多說幾句話，以說明我們的對象的本質。只要涉及難題，我們就會本能地抗拒面對種種神祕黝闇而撲朔迷離的事物。我們只想聽到明確的結論，而完全忘了我們必須走過黑暗，這個結論才會存在。可是為了要穿過黑暗，我們必須竭盡意識的任何醒悟機會；正如我所說的，我們甚至必須大膽臆測。因為在探究心靈的疑難雜症時，我們會一再受阻於涉及許多領域相近的學科的原則性問題。可是不管是哲學家或神學家、醫師或老師，我們不僅讓他們感到煩惱不安，我們甚至在摸索著生物學家以及歷史學家的研究領域。如此阡陌縱橫的跨領域探究，不只是因為我們的冒失莽撞，更是因為人類的心靈是由許多因素構成的獨特混合物，這些因素分屬於許多不同的科學的研究對象。而這些科學的誕生，正是由於人類自身及其獨特的性質。它們是人類心靈的**表徵**。

當我們指出這個無法迴避的問題，也就是說，為什麼人類和動物世界剛好相反，而有種種難題，我們就陷入了幾千年來許多聰明絕頂的人們提出來的糾纏不清的思想葛藤裡。我不想像薛西弗斯（Sisyphus）一樣反覆推敲這些家弦戶誦的作品，而只想簡單指出我是如何探討這些原則性的問題的。

童年到青少年

沒有意識，就沒有這些難題。因此我們應該換個問題，也就是說：人是否真的擁有意識？我不知道意識怎麼會出現，因為我不會是第一個有意識的人。可是現在我們在孩子身上就可以觀察到他們的意識了。只要父母親留意一下，他們就看得見。於是我們可以看到：當孩子**認知了**某個人或事物，我們就感覺到孩子擁有**意識**。可是它也因而是伊甸園裡的結著不幸果子的**知識**之樹。

然而認知究竟是什麼東西？例如說，如果我們把新的知覺歸併到既存的脈絡裡，而不僅意識到這個知覺，也意識到若干既有的內容，那麼我們就會說那是認知。也就是說，知識是以心理內容先前的脈絡為基礎的。我們沒辦法認識沒有脈絡的內容，而如果我們的意識還在這個深層的初始階段，那麼我們根本就沒辦法意識到它。我們的觀察和知識所能一窺堂奧的第一個意識形式，似乎只是兩、三個心理內容構成的脈絡而已。在這個階段，意識仍然僅限於一兩個脈絡序列的想像，因而只是零星的現象，事後也不會記得。其實，一兩歲的孩子並沒有連續性的記憶。至多只有許多意識的島嶼，宛如遼闊的夜空裡個別的燈火或者照明物。這些記憶的島嶼卻不是那種早期的、單純想像的內容脈絡，它們也包含了一個新的、相當重要的內容序列，也就是想像主體自身的內容，所謂的自我。這個序列起初也只是被想像出來的，就像本來的內容序列一樣，因此孩子也會一貫地以第三稱人指涉自己。直到後來，當自我的序列，或者所謂的自我情結（Ichkomplex），或許是透過練習而充實了它自己的能量，這時候才會生起主體性或者是自我性（Ich-Sein）的感覺。那應該是孩子開始以第一人稱指涉自我的階段。在這個階段，也開始了**記憶的連續性**。它基本上就是自我記憶裡的一種連續性。

這個意識的童年階段並不知道什麼難題，因為還沒有什麼東西是必須依賴於主體的，就連孩子自己也還是完全依賴於父母親。他宛如還沒有完全出生似的，仍然在父母親的心靈氛圍的呵護底下。這個心靈的誕生以及有意識地和父母親區分開來，一般要到青春期性徵的闖入才會緊接著出現。這個生理的革命也會伴隨著心理的革命。可是由於自我太強調身體的現象，因而往往會過度堅持自己。因此它也被叫做：「年少氣盛的歲月」（Flegeljahre）。[1]

一直到這個時期，個體的心理基本上都是由本能衝動支配的，因而不會遇到什麼抉擇的難題。就算是有外在的限制和主體的本能對立，這個壓抑並不會使個體和他自己分裂。他會臣服於那些外在限制或是迴避它們，而和他自己和平相處。他還不知道難題的境況會導致自我分裂。只有外在的限制變成了內在的限制，當一個本能衝動和另一個本能衝動相持不下的時候，這個境況才會出現。在心理學的說法裡，那就是：如果在一個自我序列以外出現了另一個強度類似的自我序列，就會產生疑難的境況，也就是內在的分裂。由於其能量值，這第二個序列的功能意義相當於自我情結，也就是另一個自我、第二個自我，時或甚至會抗拒第一個自我的領導。由此便出現了自身的分裂，也就是疑難的境況。

我們摘要回顧一下上述的內容：第一種意識形式，也就是單純認知的形式，是個無政府的或混沌的境況。第二個階段，也就是自我情結的形成，則是個專制的或一元論的階段。到了第三個階段，意識更上層樓，也就是一分為二的意識，二元論的境況。

青年

於是我們來到原本的主體，也就是年齡階段的問題。首先要探討的是**青年時期**。這個時期是從青春期結束一直到中年左右，也就是三十五歲和四十歲之間。當然人們要問我，我為什麼要以人生的第二個階段為起點，彷彿童年時期沒有任何難題似的？一般而言，兒童不會有什麼難題，倒是他們複雜的心理是父母親、教育者和醫師的重要難題。直到成人才會自我懷疑，因而和自己起衝突。

這個年齡階段的難題源頭，我們都相當熟悉。對於大多數人來說，使得童年的夢戛然而止的，是生活的種種需求。如果個人有充分準備，那麼他就可以相當平順地過渡到職業生活。可是如果他有和現實牴觸的種種幻想，那麼難題就會產生。沒有人是不具備任何預設地來到人世間，這些預設有時候是虛妄不實的，它們並不符合人們面對的外在條件。問題往往是在於期望太高或是低估情勢，或者是不當的樂觀主義或是負面思考。我們可以列出一長串虛妄不實的預設，它們會導致早期有意識的種種難題。

可是產生難題的，並不一定是主觀預設和外在事實的齟齬，而往往也可能是內在的心靈困擾；就算外在的一切都很順遂，還是會產生這些困擾。屢見不鮮的是性衝動引起的心理不平衡，而自卑感[2]也一樣常見，它會讓人相當敏感而難以忍受。即使人看似輕而易舉地適應外在世界，還是可能存在著內心的衝突，彷彿必須和外在生活辛苦搏鬥的人沒有什麼內心的難題，而那些不管任何原因而得以輕易適應環境的人，反而會有性的難題或是自卑感的衝突。

容易招致難題的本性往往有精神官能症的傾向，可是把問題和精神官能症混為一談，那會是個嚴重的誤解，因為兩者有個重大區別，那就是精神官能症患者是個病人，因為他沒有意識到他的問題所在，而本性上有問題的人會為了他的難題而煩惱，他卻沒有生病。

如果我們試圖在青少年數不盡的個人問題裡找到共同點以及本質，就會遇到這個階段的所有難題都擺脫不掉的特定性格：它或多或少都明顯執著於童年的意識階段，對抗在我們心裡以及我們的周遭想要把我們困在世界裡的命運力量。我們心裡有個想要留在童年的想法，那是完全無意識的，或者是只意識到他的自我，拒絕一切外來的事物，或是只服從於他自己的意志，什麼也不做，或者是只想實現他自己的貪欲和權力。其中也有類似物質慣性之類的東西，也就是執著於現有的境況，相較於二元論的階段，對於現況的意識更加量小器淺而自我中心，在二元論的階段裡，個人不得不認識且接受他人或外來者也是他的生活的一部分，是「另一個我」（Auch-Ich）。

這個阻抗是針對生活的擴張，那是這個時期的基本特徵。當然，早在此前就開始擴張了，套用歌德的說法，也就是生命的「舒張」（Diastole）。[3]早在孩子出生而脫離母親身體的狹窄侷限，這個擴張就開始了，並且不斷地累積，直到一個有問題的境況的臨界點，個人才開始反抗它。

如果他自己變成了那個外來者、他者、另一個我，而讓以前的自我消失在過去裡，那會是怎麼一回事？那看似並無不可。而宗教教育——從亞當的離開伊甸園到原始民族的重生儀式——正是意圖讓人蛻變為未來的人、新生的人，而讓以前的自我死去。

心理學告訴我們說，在某個意義下，心靈裡沒有任何過去的東西會真正死去，就連保羅，他的肉中刺也一直存在著。[4] 當人抗拒新的、外來的事物，而退墮到過去，他和認同於新的事物而逃避過去的人一樣，都會陷入相同的精神官能症狀態。唯一的差別是，前者和現在疏離，後者則是和過去疏離。兩者原則上如出一轍：它們要拯救意識的陋室，而不讓它因為對立面的對比而被炸毀，並且建造一個更高更開闊的意識狀態。

如果真的可以推進到第二個階段，那麼這就會是個理想的結果。本性似乎一點也不想待在更高的意識狀態裡，情況正好相反；而社會也不重視這種心靈的特技，它總是只讚揚成就而不是人格；只有在一個人死後，社會才會讚美他的人格。這個事實使人們不得不推論出一個特定的答案，也就是畫地自限於力所能及的事物，畫分特定的天賦，而這樣的畫分正是有社會能力的個人的真正本質。

成就、實用性等等都是個理想，它們似乎可以指引人們走出層出不窮的難題迷障。對於我們的物質生活的擴張和鞏固，我們在世界裡的扎根，它們是指路明燈，但是對於人類意識——也就是我們所謂的文明——的演進卻不然。當然，對於青春期而言，這個抉擇是很正常的，而且再怎麼說都比和難題糾纏不清好多了。

中年

如果過去既存的事物可以適應未來事物的可能性和要求，那麼難題就會迎刃而解。人自我設限於力所能及的事物，在心理學上就意味著放棄了所有其他心靈的可能性。有人會失去了某一段珍貴的過去，有人則會失去某一段珍貴的未來。我們都會想起某些朋友和同學，他們都是前程似錦的、懷抱著理想的年輕人，可是多年以後重逢，他們已經在沼澤裡乾涸且困在其中。所謂的答案，就是這麼一回事。

人生重大的難題從來都不會一勞永逸地解決。如果看起來沒事了，那麼就總是意味著失去了什麼。難題的意義和目的並不在於答案，而在於我們鍥而不捨地和它們周旋。唯有如此，我們才不致於變得愚劣癡鈍而頑梗不化。如果人們自我設限於力所能及的事物，那麼青少年的難題的答案也只會是暫時有效的，基本上不會是永久的答案。在社會裡謀得一席之地，並且扭曲自己的初衷本性以適應這種生存方式，無論如何，都是個相當可觀的成就。那是在自己心裡以及外在世界的一場搏鬥，相當於童年時期為了自我的存在的搏鬥。那樣的搏鬥固然是在不知不覺中進行的，可是如果我們看到多年後的自己仍舊執著於童年的幻想、預設之類的東西，就會明白當時是花了多少力氣才把它們形構出來的。在我們的青少年時期形成的理想、信念、主導性觀念、心態等等也是如此，我們為了它們而奮戰、受苦、戰勝：它們和我們的本質融為一體，我們宛如變成了它們，於是我們隨興地延續它們的存在，那是那麼理所當然的事，就像年輕人不管願意或不願意，都必須在面對世界以及他自己的時候堅持主張他的自我。

人越是到了中年，他的個人心態和社會地位越是鞏固，他就越加覺得自己是走在正確的人生道路上，找到了正確的理想和行為原則。於是他會預設它們是永遠有效的，並且認定它們是一種美德而信受奉行。可是人們忽略了一個基本的事實，那就是他在社會上的成就是以整個人格為代價才獲得的。太多的人生，太多錯過了的人生，或許就此一直塵封在記憶的貯藏室裡，有時候它們也宛如灰燼裡的零星炭火。

統計上顯示，人到了四十歲左右，憂鬱症的個案會大幅增加。女性的精神官能症問題一般會更早開始。在這個人生階段，也就是三十五到四十歲之間，人們心靈的重大改變已經是山雨欲來了。起初當然是不知不覺的變化，只有一些不起眼的徵兆，它們似乎是在無意識裡開始的。有時候是性格的漸漸改變，有時候則是童年時期消失的特質重現，或者是現在的傾向和興趣開始變淡了，而代之以其他傾向和興趣，或者是現在的信念和原則，尤其是道德方面的，會漸漸僵化而固執，到了五十歲左右則會變本加厲，越來越不容異己而盲目狂熱，彷彿這些原則的存在遭遇到威脅而必須一再強調它們似的。

青春的酒並不一定會隨著年歲增長而更清釅，有時候也會變成濁醪。我們在偏執的人們身上看得最清楚，只是或早或晚的問題而已。在我看來，這個情形往往會因為個案的父母親仍然健在而延遲出現。那就像是青春期延伸得太長了。我在若干父親仍然在世的男子身上看到這種情況。而父親的去世迫使他倉促地成熟，幾乎是災難性的成長。

我認識一個信仰虔誠的人，他是教會執事，到了四十歲左右，他對於道德和宗教方面的事物越來越不寬容。而他的性情也越來越陰沉。後來的他就只是教會暗影裡的廊柱而已。直到五十五歲，有一天夜裡他驀地醒來，坐在床上對著妻子說：「現在我總算明白了。原來我是個無賴。」這個自我認識對他不無影響。他的晚年生活窮奢極欲，把他的財產揮霍殆盡。然而他顯然不是那麼令人討厭而行為兩極的人！

在成年人身上屢見不鮮的若干精神官能症障礙，都有個共同點，那就是他們都想要讓青春期的心理特質跨越所謂不惑之年（Schwabenalter）的門檻。我們誰沒有遇過那種讓人感動的老先生，他們會一再回頭溫習學校所學的東西，只有回想起他們荷馬（Homer）式的英雄事蹟，他們才會燃起生命的火燄，但是除此之外，他們其實是無可救藥而鐵石心腸的市儈？當然，他們一般而言都有個不容小覷的優勢，也就是說，他們不是精神官能症，而只是單調無聊而泥古不化罷了。

至於精神官能症患者，他們總是不滿現狀而沉湎於過去。正如他們以前沒辦法走出童年時期，現在他們也無法揮別青春期。他們不想面對年老色衰的傷懷，而使勁地回顧過去，因為日薄西山的前景讓他不忍卒睹。就像幼稚的人害怕看到世界和人生裡的未知事物，到了人生下半場的成年人也會慄慄危懼，宛如那裡有什麼未知而危險的任務在等著他，或者是會有什麼他無法忍受的犧牲和損失，或者是現在的生活太美好而珍貴了，讓他捨不得放下。

歸根究柢，這會不會是因為對於死亡的恐懼呢？我覺得不太可能，因為一般而言，死亡離他們還太遠，因此是很抽象的東西。而經驗顯示，這個過渡期的所有障礙的基礎和原因，其實是個深層而奇特的心靈轉變。我想以每天日升日落的譬喻來形容它。我們不妨想像太陽擁有人類的感覺以及人類的瞬時意識。早上它從無意識的暗夜大海裡升起，眺望眼前遼闊而繽紛的世界，它越是攀升到穹頂，視野越是橫無際涯。隨著它的升起而不斷延伸它的運行範圍，太陽會認識到它自身的意義，並且看到它的究竟目的，也就是盡可能地延伸它的祝福。於是太陽懷抱著這個信念來到了不曾預見的頂點——之所以是不曾預見的，那是因為太陽的一生是獨特而個別的，沒辦法預見它的頂點在哪裡。正午十二點，太陽開始下山。太陽西下是早上所有價值和理想的反轉。太陽沒辦法首尾一貫。它就像是躲到它自己的陽光裡。它的光和熱越來越少，直到終於熄滅。

所有比喻都會有缺陷。但是這個比喻至少沒那麼不恰當。有一句法國名言相當挖苦而心灰意冷地概括說明了這個比喻的真理：「Si jeunesse savait, si vieillesse pouvait」（但願年少者有知，年老者有力）。

幸好我們人類不是太陽，否則我們的文明價值就會遭殃了。但是我們心裡都有燦若太陽的東西，而人生的清晨和初春，夜晚和暮秋，並不只是多愁善感的閒談，而是有其心理學上的真理，尤有甚者，它更是生理學上的事實，因為正午的反轉甚至會改變人的體質。尤其是南方的民族，我們看到老婦人聲音沙啞低沉，臉上有短鬍，臉部線條剛硬，以及其他各種男性特徵。反之，男人的外型也會因為若干女性特徵，諸如脂肪增加和溫柔的臉部表情，而變得柔和。

在民族學文獻裡，有一則關於印第安酋長和戰士的有趣報導，他在中年夢見「巨靈」顯現對他說，從今以後，他要和婦女兒童坐在一起，穿著女裝，吃女人的食物。他照著夢境的話做，而不覺得有失顏面。這個異象忠實地表現了心理上的正午反轉，沉沒的開端。種種價值，甚至是身體，反轉到對立面，即便只是暗示性的方式。

我們不妨把男性和女性的心靈特質類比為在上半輩子揮霍無度的物質的庫存。一個男人消耗了他大量的男性物質庫存，只剩下一點女性物質可以使用。反之，女性身上至今一直沒有用到的男性物質，現在也派上用場了。

相較於身體的轉變，心理的轉變更加意義重大。比方說，一個四十五歲到五十歲的先生破產了，他太太穿起長褲，開了一家小雜貨店，或許也讓先生幫忙打雜。許多女性到了四十歲才喚醒她們的社會責任感以及一般性的社會意識。在現代社會生活裡，尤其是在美國，這種神經崩潰（breakdown）在四十歲以後是相當頻繁的經驗。我們更仔細檢視患者一下，就會看到崩潰的，其實是一直到當時的男性生活類型，而只剩下一個女性化的男人。反之，我們觀察同一個社會領域的女性，她們在這個年齡會漸漸出現相當程度的男性特質，也更加固執己見，而壓抑自己的心和情感。這種轉變往往伴隨著各式各樣的婚姻危機，因為我們不難想像，當男人發現了他的溫柔情感，女人發現了她的知性，那會是什麼境況。

其中最不樂見的，是聰明而有教養的人們渾渾噩噩，得過且過，而不知道有這種轉變的可能性。他們沒有任何準備就踏入人生的下半場。或許不知哪裡會有為了不惑之年者開設的學校，不只是高等學校，應該說是更高等的學校，讓他們可以因應眼前的生活及其需求，就像職業學校和大學裡教導年輕人關於世界和人生的知識一樣？沒有，什麼都沒有。我們完全沒有準備就走入人生的下午，雪上加霜的是，我們是以關於至今的種種真理和理想的錯誤預設踏上旅程的。我們沒辦法以人生上午的原則去渡過人生的下午，因為在早上豐沛富庶的資源，到了晚上就會枯竭，在上午為真的事物，到了晚上就顯得虛妄不實了。我治療過太多老年人，也窺探了他們心靈的密室，因而早就對於這個基本的真理見怪不怪。

老年

人老了就會知道，他的生命再也不會走上坡或者有什麼擴展，反而會有一個無情的內心歷程使得人生越來越狹窄。對於年輕人而言，如果眼裡只有自己，那幾乎是一種罪，或至少是有危險的，可是對於年老的人來說，認真地審視自己則是一種義務和必要性。在為了世界而揮霍它的光之後，太陽會收回它的光芒以照亮它的自我。可是許多上了年紀的人反而寧可當個慮病症患者、吝嗇鬼、教條主義者、讚美過去的人（laudatores temporis acti），或是永遠的年輕人，那都是自我照亮的可憐替代品，卻也是妄念不可避免的結果，也就是下半輩子必須被上半輩子的原則支配著。

剛才我說過，我們並沒有為四十歲的人開設的學校。那並不完全正確。我們的各種宗教自古以來就一直是這樣的學校，或者說曾經是吧。可是現在有多少人認為它們依舊扮演這個角色呢？我們有多少年長者真的為了下半輩子的祕密，為了年老、死亡和永生，而到這樣的學校接受教育呢？

如果七、八十歲這個歲數對於人類這個物種是沒有意義的話，人也不會活到那麼老了。因此，他的下半輩子也應該要有自己的意義和目的，而不僅僅是上午的可憐累贅而已。人生的早晨的意義無疑是在於個人的發展、他在外在世界的立足和延續以及生兒育女。這是相當明顯的自然目的。可是這個目的實現了以後，而且是充分地實現後，那麼賺錢、征服世界以及延續生命，除了任何理性的意義之外，還要繼續下去嗎？任何人在沒有正當理由的情況下把上午的法則，也就是自然目的，延伸到生命的下午，就必須以心靈的損失為代價，就像年輕人想要把他在童年時的自我中心延伸到成年一樣，必須以社會上的失敗去補償他的錯誤。賺錢、社會生活、家庭、子女，都只是自然的東西，而不是文化。文化是超越自然目的的。那麼，文化會不會是下半輩子的意義和目的呢？

例如說，我們在原始部落裡看到耆老們總是祕義和律法的守護者，部落的文化就表現在這些事物裡。那麼，我們的老年人的智慧在哪裡呢？他們的祕密和夢境異象在哪裡呢？在我們這裡，老人都想要像年輕人一樣。在美國，父親的理想是要當他的兒子的兄弟，母親則是要盡可能像她女兒的妹妹一樣。

我不知道這樣的錯亂是因為誇大了年輕時的叱吒風雲，或者是因為虛妄不實的理想。就後者而言，這些人的鵠的無疑地不在他們前方，而在他們身後。於是他們拚命地回頭看。我們必須對他們承認說：在人生的下半場裡，我們很難看到上半場的目標以外的東西：延年益壽、追求利益、呼風喚雨、在社會生活裡出人頭地、在適當的婚姻裡生兒育女，以及體面的社會地位——這些人生目的應該足夠了吧！可惜許多人認為年老只是生命在下降，而覺得從前的理想正在消褪而磨損，在他們眼裡，那些事物還算不上什麼意義或目的！當然，若是這些人以前就滿溢了他們的生命之杯，直到流瀉在地上，那麼他們現在的感覺應該會不同，也會歡迎年老的寂靜。可是我們不要忘了，這些極少數的人是生活藝術家，而生活的藝術也是所有藝術當中最高貴而難得的——優雅地流盡一整只杯子，有誰做得到呢？對於許多人而言，生命裡有太多事物是沒有經歷過的，就連他們朝思暮想的種種機會也不曾遇見過，於是壯志未酬的他們踏入耆艾之年的門檻，而情不自禁地頻頻回顧。

對於這樣的人而言，不停地回首是特別有害的事。他們的前方應該有個美好風景，在未來有個目的地。所以，所有偉大的宗教都會應許一個彼岸世界，一個塵世以外的目的地，讓凡人在下半輩子和上半輩子一樣努力迎向目的地。對於現代人而言，人生的不斷擴展和積累是個合理的目標，而死後生命的想法就顯得可疑甚或難以置信。不過生命的結束，也就是死亡，也可能是個理性的目標，如果人的一生困頓，真的到了盡頭，反而感到快慰，或者是相信太陽不管升起或西沉，都是一以貫之，「為了照耀遠方的眾民」。[5]但是信仰的力量現在已經成了艱難的技藝，尤其是有教養的人，特別不得其門而入。他們習慣認為靈魂不朽這方面的問題有太多矛盾的看法，而且其中沒有任何可信的證明。由於「科學」成了我們這個時代具有絕對說服力的口號，人們也就凡事都要求有個「科學的」證明。可是任何有識之士都知道，這種證明在哲學上是不可能存在的。我們對此一無所知。[6]

我是否也可以說，同理，死後會發生什麼事，我們同樣一無所知嗎？答案是不確定的，既不是肯定也不是否定的。對此我們不知道有任何在科學上確定的答案，就像火星上到底有沒有生命之類的問題一樣；而對於火星上的居住者而言，我們肯定或否定他們的存在，他們一點都不在乎。他們可能存在也可能不存在。所謂的靈魂不滅也是如此，我們或許可以把這個問題存而不論。

可是我身為醫師的良知現在被喚醒了，覺得有必要說一下這個問題的要旨。我曾經觀察到，一般而言，相較於漫無目的的生活，一個目標明確的生活會更加美好、豐富而健康，而隨著時間之流往前看也會比溯洄時間健康得多。在心理治療師眼裡，一個沒辦法和生命道別的老人，和一個沒辦法擁抱生命的年輕人，他們其實都一樣貧弱而病態。而在許多個案裡，問題的重點也往往在於同樣的幼稚貪欲、恐懼、固執和任性。身為醫師，我認為如果在死亡當中可以找到一個值得追尋的目標，那會更衛生一點（如果我可以這麼說的話），如果抗拒它，則是不健康的、不正常的事，因為那會使人的下半輩子喪失目標。所以說，我覺得就心理衛生而言，所有宗教都有個塵世以外的目標，那是格外理性的事。如果我住在一棟房子裡，又知道它在十四天內會倒塌，那麼我的所有生命功能都會因為這個念頭而受損；反之，如果我覺得它很安全，那麼我就可以愜意而正常地住在裡頭。所以說，如果我們可以把死亡視為一個過渡，只是一個未知的、巨大而漫長的生命歷程的一部分，那麼從心理治療師的觀點來看，不失為好事一樁。

儘管大多數人們不明白為什麼身體需要鹽分，大家還是會基於本能的需求而攝取它。心靈事物也是如此。自古以來，大多數人們都會感受到生命延續的需求。因此，我們以及我們的診斷並不是在人類生活的小路上，而是在通衢中央。而我們關於生命意義的思考也是正確的，雖然我們不明白我們在思考的是什麼東西。

我們真的明白我們在思考的是什麼嗎？我們所認識的思考只是個等式，我們輸入什麼，得出來的就是什麼。這就是知性的作用。可是除此之外，還有一種原始的形象思考方式，它們是一種象徵，比人類歷史更加古老，自太初以來就深植於人心，世代相傳，歷久彌新，充斥著我們心理的底層。唯有和它們和諧一致，才會有滿全的生命，唯有以它們為依歸，才會有智慧。它其實和信仰或知識無關，重點在於我們的思考是否和無意識的原型一致，它是所有思想難以想像的源泉，那是我們的意識挖掘不到的地方。其中一個原始的思想，就是死後生命的觀念。科學和這些原型是不可共量的。它們是非理性的既存事物，是想像的先驗條件，其存在是不容置疑的，而科學只能後驗地研究它的實用性和正當性，就像甲狀腺的功能一樣，在十九世紀以前，人們以為它是沒有意義的器官。對我來說，原型就像個心理器官一樣，我必須小心翼翼地處理它們，所以我有一次必須對一個年紀比較大的病人說：「你的神性觀以及靈魂不滅的觀念都在萎縮當中，所以你的心靈的新陳代謝才會失控。」古老的「不死藥」（pharmakon athanasias），它的意義比我們想像的更加豐富而深遠。

最後，我想要回到太陽的譬喻一下子。生命的一百八十度的半圓形可以畫分為四個區間。第一個區間在東方，是童年時期沒有難題的境況，我們是別人要面對的問題，但是還沒有意識到自己的問題。有意識的難題是分布在第二和第三區間，到了第四個區間，也就是耆艾之年，我們又陷入那種對於我們的意識狀態無憂無慮的境況，再度成為別人的問題。小孩子和老年人固然大不相同，可是他們卻有個共同點，也就是會陷入無意識的心靈世界裡。由於孩子的心靈是從無意識發展出來的，所以他們的心理現象儘管不容易進入，但是相較於再度陷入無意識而漸漸消失其中的老人而言，還是沒有那麼難以辨認。童年和老年都是人生裡沒有難題的境況，所以我在這裡不加以討論。

本講座節錄刊登於 *Neue Zürcher Zeitung.* (Zürich, 14./16. März, 1950)

注釋

1 譯注：出自尚・保羅（Jean Paul, 1763-1825）的同名小說。

2 譯注：Minderwertigkeitsgefühl 也譯為「劣勢感」。

3 譯注：diastole 原本是「分裂」的意思。歌德說：「對於自然的真正觀察者，儘管有不同的思考，卻都會同意說，一切被觀察的事物作為一個現象，都可以兩種方式呈現。或者是原本的兩端而可以統一，或者是原本是統一體而可以分裂。自然的運行就是分裂那統一的，統一那分裂的；這就是心跳的收縮（Systole）和舒張（Diastole）的永恆運動，我們在其中生活、行動和存在的世界的吸氣和呼氣。」（J. W. Goethe, *Zur Farbenlehre*, 1808-1810）

4 譯注：《新約聖經．哥林多後書》十二：7～10：「又恐怕我因所得的啟示甚大，就過於自高，所以有一根刺加在我肉體上，就是撒旦的差役，要攻擊我，免得我過於自高。為這事，我三次求過主，叫這刺離開我。祂對我說：『我的思典夠你用的，因為我的能力是在人的軟弱上顯得完全。』所以我更喜歡誇自己的軟弱，好叫基督的能力覆庇我。我為基督的緣故，就以軟弱、凌辱、急難、逼迫、困苦為可喜樂的，因我甚麼時候軟弱，甚麼時候就剛強了。」

5 譯注：《舊約聖經．多俾亞傳》十三：13「那時，燦爛的光輝，將照耀大地四極；無數的外方人，將從遠方到你這裡來；大地四極的居民，將要歸屬於上主天主的聖名之下，雙手帶著禮物獻給天上的君王；萬世萬代必將因你而喜樂，被選者的名號必永垂不朽。」

6 譯注：這種立場在哲學上叫做不可知論（Agnostizismus）。

十　婚姻作為一種心理學的關係

作為一種心理學上的關係，婚姻是相當複雜的結構。它是由許多主觀和客觀的已知條件構成的，其中有一部分是異質的。由於我在本文只是著眼於婚姻的心理問題。所以我基本上會排除法律和社會方面的客觀事實，儘管這些事實對於配偶之間的心理關係影響相當大。

原始同一性與父母的影響

我們在談到心理關係時，就預設了**意識**的存在。人與人之間的心理關係不會是在無意識的狀態中。就心理學的觀點而言，那就意味著他們完全沒有關係。換個觀點來看，好比說生理學的立場，他們就可能是有關係的，雖然它不能叫做心理的關係。我所假定的整個無意識當然不會出現，不過還是會有相當程度的無意識的存在。由於無意識的存在，心理的關係也有所侷限。

在孩提時候，意識從無意識的心靈世界深處浮現，起初就像一座座島嶼，漸漸才形成「大陸」，整合成一個相續不斷的意識。這個不間斷的心理演進歷程，意味著**意識的擴延**。在一個相續不斷的意識出現的那個瞬間，就已經存在著心理關係的可能性。就我們所知，意識一直都是關於自我的意識。為了意識到我自己，我必須有別於他人。唯有存在著這個分別，才可能建立關係。儘管一般而言有所分別，但是這個區分往往有其缺陷，因為心靈世界或許還有一大片領域是無意識的。在無意識內容方面是不會有任何區分的，在那個範圍裡因而也不會產生什麼關係；那裡充斥著一個原始的無意識境況，那是自我和他人的**原始同一性**（primitiven Identität），也沒有任何關係存在。

適婚年齡的年輕人固然已經有了關於自我的意識（女孩子一般而言比男孩子早），不過他們是不久前才從原始的無意識濃霧裡走出來的。他們心裡還有一大片領域仍然籠罩在無意識的陰影裡，在那片領域裡也沒辦法產生心理的關係。其實，年輕人對於他人以及自己的認識並不完整，對於他人以及自己的種種動機也是一知半解。一般而言，他們的行動大部分是出於無意識的動機。他們當然會主觀地認為自己是相當有意識的；因為人們一直低估了意識的內容，我們也往往會驚覺到，我們以為自己攀上了巔峰，其實只是在漫長的階梯底層而已。無意識的範圍越大，婚姻也就越加說不上是自由選擇，人們在墜入情網時明顯感受到的**命運力量**，特別容易讓人在主觀上注意到這點。就算沒有墜入情網，這種力量還是存在著，只不過是會以沒有那麼悅人的形式存在。

無意識的動機在性質上既是個人的，也是普遍性的。起初的動機是源自**父母親的影響**。在這個方面，對於男孩子來說，他和母親的關係是決定性的因素，而女孩子則是取決於她和父親的關係。他們和父母親的親密程度尤其會無意識地影響、促使或阻礙他們的伴侶選擇。對於父親和母親的有意識的愛，會促使他們選擇和父母親類似的配偶。相反地，無意識的親密關係（它不一定要有意識地表現為愛）則會阻礙這樣的選擇，使他們不得不調整他們的選擇。為了理解這個更改，我們首先必須明白他們和父母親的無意識的親密關係是由什麼造成的，在什麼情況下，他們會不得不做出有意識的調整，甚至是放棄選擇。**一般而言，父母親因為人為的動機而使他們的生命產生的缺憾，會以相反的形式遺傳給孩子**，也就是說孩子會無意識地被迫選擇一條人生道路，以補償父母親的生命裡的缺憾。其結果就是，疾惡如讎的父母親，他們的孩子卻往往越禮犯分；沒有責任感而遊手好閒的父親，卻有個執著於病態的虛榮心的兒子。父母親**刻意地不去意識它**，往往會造成極為不幸的結果。例如說，一個母親為了不想打破美滿婚姻的假象，而刻意不想意識到問題，如此一來，她會無意識地把兒子當成丈夫的替代者。於是，兒子就算沒有變成同性戀者，也會被迫違反本意而改變他的選擇。舉例說，他會娶一個顯然不如他的母親的女孩子，因而沒辦法和他母親爭風吃醋；或者他會愛上一個性格專斷蠻橫的女孩子，或許會使他掙脫母親的控制。如果本能沒有被扭曲的話，配偶的選擇應該不會受到這些因素的影響，可是它們早晚都會成為他的阻礙。從物種繁衍的觀點來看，或多或少基於本能的選擇可能是最好的，可是就心理學的觀點而言，它卻不一定是幸福的，因為在純粹本能的人格和因人而異的人格之間，其實有一段相當大的距離。因為基於本能的選擇固然可以改善或強化一個種族，卻也會犧牲了個人的幸福。（「本能」一詞當然只是所有器官和心理的因素的一個統稱，而它們大部分的性質，我們仍然不得而知。）

如果個人被認為只是保存物種的工具而已，那麼完全基於本能的配偶選擇應該再好不過了。可是人們並不會意識到這個選擇的理由，因此它們只能建立一種非個人的聯繫，就像我們在原始民族那裡清楚觀察到的。如果要說那是一種「關係」，那麼也只是一種若有似無的、淡漠的、非個人的聯繫，完全受到故老相傳的習俗和成見支配，那是每個陳陳相因的婚姻的模範。

只要父母親沒有以他們的認知、算計或所謂的關愛去安排孩子的婚姻，只要孩子的原始本能沒有因為不當的教育或是因為被積壓和忽視的父母親情結的祕密影響而扭曲變形，那麼他的擇偶一般來說會是基於無意識的、本能的動機。無意識會導致沒有分別，或者無意識的同一性。實踐上的結果就是，一個人會預設另一個人也擁有類似的心理結構。正常的性愛是共同的、表面上平衡的經驗，它會加強合而為一以及同一性的感受。這個境況就叫做完全的**和諧**，也被歌頌為極大的幸福（「一心一意」〔Ein Herz und eine Seele〕）；[1]的確有它的道理在，因為回到那個無意識的合而為一的原始境況，就像是回到童年一樣（所以所有戀人們舉手投足都很孩子氣），尤有甚者，更像是回到母親的子宮裡，回到深不可測的大海裡，那是仍然沒被意識到的無窮源泉。那是真實不妄而不容置疑的神性經驗，其震懾力量泯除且吞噬了所有個體性的事物。那是和生命以及非個人的命運的真正共融（Kommunion）。這個泰然自若的個人意志被打破了，妻子變成了母親，丈夫變成了父親，兩者都被剝奪了自由，成了延續生命的工具。

意識的覺醒：包容者與被包容者

這裡所說的關係一直是在生物性的本能目標的範圍內，也就是物種的保存。由於這個目的在性質上是集體性的，因此夫妻之間的關係基本上也是集體性的，在心理學的意義下，沒辦法被視為**個人的關係**。唯有無意識的動機被找出來，而原始的同一性也不斷被揚棄，我們才有辦法談到這種個人的關係。很少或者完全沒有任何婚姻可以順利而沒有危機地演變成個人的關係。沒有任何意識的覺醒是無痛的。

意識覺醒的道路各自不同，可是它們都遵循著若干特定的法則。一般來說，轉變肇始自**人生下半場的臨到**。人到中年，那是心理學上至為重要的年歲。孩子剛開始的心理世界是最狹隘的，侷限在母親和家庭的魔力範圍裡。隨著孩子漸漸成熟，視域和他自己的影響圈也不斷擴大。他的期望和意圖都指向個人力量和所有權範圍的延伸，欲望也不斷伸向世界的每個角落。個人的意志漸漸被等同於種種無意識動機的自然目的。於是人就把他的生命氣息灌注到事物裡，直到事物可以自己生存且繁衍，不知不覺地，它們的蔓生超越了他自己。母親被她自己的孩子們超越，男人被他們自己的創造物超越，原本辛苦努力創造出來的東西，再也沒辦法讓它停下腳步。一開始是熱情，接著變成責任，最後成了難以承受的負擔，一個吸取其創造者的生命的吸血鬼。中年歲月是繁花似錦的時分，人以全部的力量和意志投入其事業。可是就在這個瞬間，夜晚也誕生了，人生的下半場就要上演。熱情換了一張臉孔，現在叫做責任，意圖也很殘酷地變成了義務，以往充滿驚奇和發現的道路，現在則是司空見慣。發酵了的酒開始變得清澈。只要不出問題，人的心態越來越保守。人不再往前看，反而不自覺地頻頻回顧，為了自己生命演變至今的方式辯護。人找尋他的真正動機，不斷地探索。對於他自己以及他的命運的批判性審視，使人認識到他自己的特質。可是這個認識不會那麼理所當然地臨到他身上。唯有經過劇烈的震撼，人才會認識他自己。

由於人生下半場的目標有別於上半場，如果長久執著於年輕時的心態，會導致意志的分歧。意識要向前走，或多或少聽從它自己的行動；而無意識卻要走回頭路，因為它再也沒有力氣和內在意志去不斷擴張了。這種和自己的分歧會造成不滿，而由於人沒有意識到他自己的境況，一般都會把種種原因投射到他的配偶身上。於是產生了一種山雨欲來的氛圍，那是意識覺醒不可或缺的前提。通常夫妻不會同時出現這種情況。婚姻再怎麼完美，也沒辦法消弭這種個別差異，配偶各自的境況也不會完全相同。兩個人中間通常會有一個人比較急著要結婚。和父母親的關係比較正面的一方，比較容易適應其配偶，反之，由於和父母親深層而無意識的親密關係，另一方在適應上會受阻。所以他要多花一點時間才能夠完全適應，而或許因為得來不易，他會更加珍惜它。

步調上的差異以及**心理人格的範圍**在關鍵時刻會導致種種典型的困難。我不想讓人有個印象，以為「心理人格的範圍」比較廣闊，就是胸襟比較寬大的意思。完全不是如此。我要說的其實是心性的特定**複雜性**，就像是有許多個切面的石頭和簡單的立方體的對比。那是多面的、一般而言有問題的天性，負載著或多或少不一致的心理遺傳特徵。不管是要適應這些天性，或者是這些天性要適應更單純的人格，都是不容易的事。這些多少具有解離性傾向的人們，一般都有辦法把分歧的性格特質長期分隔開來（abspalten），因而「看起來」很單純；或者說，他們的「多面性」，他們捉摸不定的性格，使他們特別有魅力。他們的配偶很容易會在這個迷宮一般的天性裡迷失方向，在其中找到許多讓他們思惹情牽的種種可能的經驗；儘管不會是全然討人歡喜的，因為他們往往必須在伴侶反覆不定的性格後面苦苦追趕。

單純的人格總是被這些經驗包圍著或是困在其中。他會被吞沒在伴侶比較複雜的人格當中，找不到走出去的路。這是個屢見不鮮的現象：妻子完全被圍困在她的丈夫的思想裡，而丈夫完全被圍困在他的妻子的情緒裡。我們可以把它叫做**「被包容者」**（*Enthaltenen*）**與「包容者」**（*Enthaltenden*）**的難題**。

「被包容者」基本上是以婚姻為生活的一切。他會全心全意對待另一半，對於外面的世界，他基本上沒有責任，也沒有會牽絆他的興趣。這個「理想的」境況有惱人的一面，那就是什麼事都要依賴一個摸不透的、因而沒辦法完全相信或信任的人格，而會感到擔心受怕。其好處則是在於他的全心全意，對於「心理經濟」（seelische Ökonomie）[2]而言，是個不容低估的因素。

至於**「包容者」**，就其或多或少的解離性傾向而言，則會特別渴望以對於他的配偶全心全意的愛使得他自己感到完整，這對他來說是很困難的事，因而會一直趕不上另一半比較單純的人格。他在伴侶身上找尋和他自己的種種面向互補和對比的一切微妙而複雜的性格，卻會因為對方的單純而感到困惑。因為在一般的情況下，簡單比複雜更有優勢，所以他很快就會放棄在一個單純的天性裡找尋微妙而可疑的反應的企圖。而另一半基於簡單的天性而期待他有個簡單的答案，不多久就會使他疲於奔命，因為這個對於簡單的答案的期待會（套用術語來說）「排列」他的複雜性。不管他願意或不願意，他都會屈服於簡單性的說明力而選擇退縮到自己心裡。對於人們而言，任何心理作用（一般性的意識歷程）在任何情況下都會偏好簡單的東西，即使事實並非如此。就算只是一半為真，他也會耽於其中。對於複雜的人而言，簡單的天性就像是一個小房間，讓他沒有足夠的空間伸展。反之，複雜的天性給了簡單的人太多的房間、太大的空間，使得她不知道自己到底屬於哪裡。於是自然而然地，比較複雜的人會包含比較簡單的人。前者不會被吞沒在後者裡頭，而是會環抱著後者，但自身不會被環抱。可是或許由於他更渴望被環抱，因而覺得自己不在婚姻裡頭，而扮演著有問題的角色。被包容者抓得越緊，包容者越是想要往外跑。被包容者緊抓著不放而執意強求，可是，被包容者越是不斷索求，包容者就越沒辦法回應。包容者頻頻窺探窗外，當然起初是無意識的。可是他步入中年，那種對於合而為一以及全心全意的渴望越來越強烈，由於他的解離性的傾向，那幾乎是做不到的事，於是接著就往往會發生一些讓他意識到衝突的事。他會意識到，他其實是在找尋他一直欠缺的被包含的感覺以及全心全意的感覺。對於被包容者而言，這些事件起初只是證明了讓他們痛苦難耐的不安全感。被包容者覺得那些表面上屬於她的房間裡頭，還住著其他不速之客。被包容者對於安全感的期望漸漸消失，這個失望使她退縮到自己心裡，被包容者沒辦法以絕望而粗暴的方式迫使對方就範，也沒辦法讓他承認或相信他對於合而為一的渴望只是個幼稚或病態的妄想。既然粗暴的手段行不通，斷念的作法倒也有好處，也就是說，以往被包容者在對方身上尋求安全感，現在她明白了她只能反求諸己。於是她找到了自我，也在自己的簡單天性裡看到了包容者遍尋不著的那些複雜性格。

如果說包容者沒有因為面對一般人們所謂的「出軌」而崩潰，而仍然相信他對於合而為一的渴望有其內在的正當性，那麼他會選擇暫時接受這個**自我分裂**（*Zerrissenheit*）。解離（Dissoziation）不會因為分隔（Abspaltung）而治癒，而是必須透過更澈底的裂解（Zerreißung）。所有渴望合而為一的力量，所有對於自我的健康欲求，都在抗拒這種裂解，於是，他會意識到內心的合而為一的機會，那是他以前在外在世界裡找不到的。他在自己心裡找到了完整的自我，那是他得到的回報。

這就是人到中年屢見不鮮的事，於是我們奇特的人性迫使自己從人生上半場過渡到下半場，原本人只是其本能天性的工具，經過了這個境況的轉變，他不再是工具而已，而可以真正做他自己，那是從天性到文明、從本能到思想的轉變。

我們要慎戒不要以道德暴力中斷這個必然的發展，因為以分隔和潛抑本能的方式得到的心態，其實是個**贗品**。沒有任何事物比偷偷的意淫更噁心的了，它和到處拈花惹草一樣不堪聞問。可是這個過渡是個長路漫漫的歷程，大多數人都會半途而廢。如果我們可以像原始民族一樣，讓這個婚姻的整個心理發展安住在無意識裡，那麼這個發展就可以沒有太多磨擦而完整實現。我們在所謂的原始民族那裡會看到讓人敬畏之心油然而生的靈性的人，他們是宛若江河行地的命運的成熟作品。我這裡談到的是我的親身經歷。可是我在歐洲到哪裡找到那種沒有因為道德暴力而扭曲的人呢？我們還是那麼野蠻，才會相信苦行這種東西或是它的反面。可是歷史的巨輪是不會倒轉的。我們只能向前走，追尋著一種可以讓我們實現自我的命運的態度，就像原始民族的命運一樣。只有在這個條件下，我們才不會把精神歪曲（pervertieren）成感性（Sinnlichkeit），而把感性歪曲成精神；兩者都是必須存在的，因為它們是相互汲取生命源泉的。

陰性基質與陽性基質的投射

我在上面概述的轉變，是婚姻裡的心理關係的基本內容。當然我們還可以多談一下那些被以為是自然目的並且導致轉變的種種妄念，那是人到中年的特點。在人生上半場特有的婚姻和諧（假如在適應上沒有問題的話），基本上是奠基於若干原型的投射（正如在關鍵階段看得到的）。

每個人一直以來心裡都會有個女性的形象，那不是「**這個**」特定女子的形象，而是「**一個**」特定女子的形象。這個形象基本上是個無意識的、源自太初的、深植於生命系統的遺傳物質，它是列代先祖們對於女性的所有經驗的一個「類型」（原型），是所有關於女性的經驗的一個沉澱，一個遺傳的、心理的適應系統。就算沒有女人存在，也可以在任何時候從這個無意識的形象推論出一個女人在心理觀點下應該是什麼模樣。而在女人心裡也是如此，她們在心裡也會對於男人有個天生的形象。經驗告訴我們說，它其實應該說是對於「**男人們**」的一個形象。而男人則是有一個對於「**女人**」的形象。由於這個形象是無意識的，所以它也就無意識地被投射到心愛的人身上，這也是情欲上的愛憎的原因之一。我把這種原型叫做「**陰性基質**」，因而對於經院哲學的問題「女人有靈魂嗎？」相當感興趣，因為我認為這個問題之所以有意義，那是因為人們似乎有理由懷疑。女人沒有「陰性基質」，但是有個「**陽性基質**」。陰性基質有個愛欲的、情緒性的性格，陽性基質則是講理的性格，所以說，男人口中所說的女性愛欲以及一般性的女人的感情世界，其實是基於他們自己的陰性基質的投射，因而有所偏頗。而女人對於男人的令人詫異的臆測和想像，則是以陽性基質的作用為基礎，它源源不絕地產生不合邏輯的判斷和錯誤的因果解釋。

不管是陰性基質或是陽性基質，它們都有極為多面向的性格。在婚姻裡，被包容者會把這個形象投射到包容者身上，而只有一部分的包容者會把這個形象投射到配偶身上。在這些情況裡，這個讓人心旌搖曳的形象迴盪在空中，等待真實的人來填入。有些女性類型似乎天生就會吸引陰性基質的投射；人們對於其中特定的類型都耳熟能詳。所謂「人面獅身」（Sphinx）性格更是不得不提，也就是雙面或多面性格；那不是人們說不上來是什麼性格的曖昧的不明確性（Unbestimmtheit），而是看似有許多線索的不明確性，就像蒙娜麗莎（Mona Lisa）的無聲勝有聲——不管是年輕或年老、母親或女兒、可疑的貞操、童稚的或是讓男人卸下心防的天真的慧黠。[3]不是每個真正有見識的男人都是陽性基質，因為陽性基質不在於識見不凡，而在於妙語如珠，尤其是談微言中而讓人覺得回味無窮。當然他也一定會被褐懷玉而與世乖違，因而也會有捨己為人的想法。他一定是個不拘一格的英雄，有無限的可能性，但是這並不是說陽性基質的投射不會在被一般人認為庸庸碌碌的人們裡頭找到一個真正的英雄。[4]

不管是男人或女人，只要他們是包容者，那麼這個形象的填充就意味著一個結局不堪設想的經驗，因為由於自己的複雜性，他就可能會期待找到對應的多面性的回應。被圍繞和包容的空間看似一望無際。我用「看似」這個語詞，那是因為它其實是個有歧義的可能性。正如一個女人的陽性基質投射往往會挑上默默無聞而特立獨行的人，甚至會支持他去創造自己的命運，一個男人的陰性基質投射也會喚起一個「鼓舞人心的女性」（femme inspiratrice）。可是那或許十有八九是個飛蛾撲火的妄想。他之所以會失敗，那是因為他的信心不夠堅定。我必須對悲觀的人說，在這個心理原型裡有著特別正面的價值；相反地，我也必須告誡樂觀的人要提防那些讓人心醉神馳的妄想，更不要誤入歧途。

我們不可以把這個投射理解為一種個人的、有意識的關係。它剛開始的時候絕非如此。它會以無意識的動機為基礎（不同於生物上的動機），產生一種不由自主的依賴性。哈葛德的《她》暗示了在陰性基質投射底下讓人匪夷所思的觀念世界。它基本上是個精神性內容，往往以愛欲作為偽裝，表面上是一個原始民族神話心態的片段，它是由原型組成的，而所有原型加起來，就構成了所謂的**集體無意識**。相對應地，這樣的關係基本上是集體的，而不會是個人的。（貝努瓦在其《亞特蘭提斯》創造了和《她》如出一轍的想像人物，但是他否認抄襲哈葛德。）

如果配偶的其中一位產生這種投射，集體的生物性關係就會和集體的精神性關係扞格不入，而導致上述的包容者的裂解。如果他有辦法把頭浮出水面，那麼他就會透過這個衝突找到他自己。在這個情況下，原本相當危險的投射反而會促使他從集體的關係過渡到個人的關係。這就相當於在婚姻關係裡完全的意識覺醒。由於本文旨在闡述婚姻的心理學，所以不打算談到投射狀態的心理學。我們只要把它當作一個事實就行了。

如果不提到關鍵性的過渡的本質（即使有誤解之虞），我們就很難探討婚姻的心理關係。我們都知道，就心理學的觀點而言，除非人親自去體驗，否則他不會理解任何事。儘管如此，人們還是相信他自己的判斷是唯一正確而有說服力的。這個讓人詫異的現象是源自對於當時的意識內容的必然高估。（如果沒有這些注意力的不斷累積，他根本沒辦法意識到任何事物。）每個年齡階段都有它自己的心理真理，它所謂的計畫性真理，也就是每個心理發展的階段。有些階段甚至只有極少數人才會到達，那涉及種族、家庭、教育、天賦和熱情的問題。大自然是貴族式的。所謂的正常人只是虛構的，儘管它或多或少擁有普遍有效的規律性。這個心理世界是個從底層一直到停止下來的發展過程。就好像每個個體都有特定的重力，在各個階段忽升忽降，而達到他的極限，他的識見和信念也是如此。難怪大多數婚姻都可以在追求生物性的目的時攀升到心理的極限，而不損及心靈和道德的整全性。少數人會在心靈深處和自己產生衝突。在遭遇到許多外在的困境時，人們不會因為油盡燈竭而產生多麼戲劇性的衝突。可是社會越是安全，心理就會越加感到不安，起初是無意識的，並且導致精神官能症；接著則是有意識的，並且造成分歧、爭吵、離婚以及其他「婚姻問題」。到了更高的階段，我們會看到心理發展的種種新的可能性，它們觸及了宗教層次，而批判性的判斷也會到此為止。

所有這些階段都會停下來，而完全沒有意識到下一個發展階段會是什麼。一般而言，人會因為強烈的成見以及迷信的恐懼而把下一個階段的大門堵起來。不過那其實是有好處的，因為如果人意外地攀升到一個對他而言太高的階段，會使他變成一個有害的小丑。

自然不僅是貴族式的，它更是祕教式的。可是任何有見識的人都不會受到引誘而隱藏什麼祕密，他很清楚心理發展的祕密不可能會被洩漏，因為那個發展是個人能力的問題。

本文初次刊登於 *Das Ehe-Buch.*
Eine neue Singgebung im Zusammenklang der Stimmen führender Zeitgenossen.
Hg. Von Graf Hermann Keyserling. Celle 1925

注釋

1　譯注：見《新約聖經．使徒行傳》四：32：「許多信徒都一心一意，沒有一人說他的任何東西是自己的，都是大家公用。」現代中文譯本作「同心合意」。

2 譯注：seelische Ökonomie 是佛洛伊德使用的術語，就像「原欲的經濟」一樣，seelische Ökonomie 一般也譯為「心理經濟」，但容易誤導。在心理分析裡，它是指欲望、性欲、心靈或心智的所有作用，因而可以指心理世界的基本結構，佛洛伊德用 Ökonomie，是要強調「量化的」和「機械化的」觀點。至於其他學科怎麼望文生義，那就是另一個故事了。

3 關於這種類型的精彩描述，參考哈葛德的《她》與貝努瓦《亞特蘭提斯》。

4 關於陽性基質相當不錯的描述，參考海耶的《邪惡的葡萄園》、懷里（Ferner Elinor Wylie）的《珍妮佛・羅恩》（*Jennifer Lorn: a sedate extravaganza*）與拉格洛芙（Selma Lagerlöf）的《葉斯達・伯陵的故事》（*Gösta Berling*）。

十一　分析心理學和世界觀

世界觀：知道世界是什麼以及我是誰

德文裡的「Weltanschauung」（世界觀）幾乎沒辦法譯成其他語言。我們由此可知，這個語詞有個特別的心理學性質：它並不只是指涉關於世界的概念（若是如此就很容易翻譯了），也意味著一個人觀照世界的方式。固然「哲學」也有類似的情況，不過它是限定在思想層面，而「世界觀」則是涵攝了對於**世界的種種態度**，包括哲學上的。所以有美學的、宗教的、觀念論的、實在論的、浪漫主義的、實用性的世界觀，不勝枚舉。在這個意義下，世界觀這個概念和「態度」有許多共同點；所以說，我們或許也可以把世界觀說成是一種**以概念表述的態度**。

那麼我們又是怎麼理解「態度」一詞？態度是個心理學概念，指涉有個特定目標或是以所謂的「上層觀念」（Obervorstellung）[1]為取向的心理內容的特殊排列。如果我們把心理內容比擬成一支軍隊，而以軍隊的特殊狀況來表述各種形式的態度，那麼注意力就是集中駐紮的軍隊，周遭有許多偵搜部隊。只要偵察到敵方的兵力和位置，戰況就會改變：部隊會朝著特定的攻擊目標推進。心理態度也是以類似的方式在轉變。在單純注意力的狀態下，知覺是主要的觀念，而真正的思考活動以及其他心理內容都會盡可能地被壓抑。當過渡到一種主動的態度，**意識裡的主觀內容**就會顯現，它們是由目標觀念以及行為衝動構成的。正如軍隊會有個指揮官和幕僚，心理態度也會有個主導一切的觀念，它以諸如經驗、原理、情感之類的質料為其支撐和基礎。

人的行為並不僅僅是對於特定刺激的單獨反應，我們的每個反應和行為都會受到複雜的心理前提的影響。為了繼續使用軍隊的比喻，我們可以把這些現象比擬成總司令部。對於一般士兵而言，軍隊遭到攻擊，當然就是撤退，或者看到敵人，當然就是攻擊。我們的意識一直是傾向於扮演一般士兵的角色，並且相信他自己的行動的簡單性。可是在現實裡，之所以在此時此地喋血沙場，那是因為有個總體作戰計畫，早在幾天前就命令士兵推進到這個地點。而這個總體計畫也不僅僅是對於偵察報告的一個反應而已，指揮官有其主動權，他要考慮到敵人的行動，或許也要考慮到一般士兵不會想到的軍事以外的政治因素。這些因素相當錯綜複雜，遠非士兵所能理解，雖然指揮官對它們瞭若指掌。可是就算是指揮官，也有些因素是他不知道的，那就是他自己的個人前提及其複雜的預設。所以雖然一個簡單而如臂使指的命令就可以指揮軍隊行動，可是那個命令其實是無數複雜的因素協力合作的結果。

同樣地，心理行為也是以類似複雜的預設為基礎的。儘管本能衝突看似簡單，它的個殊性質的每個細微差別、它的強度、它的方向、它的時間和場域的順序、它的目標等等，都奠基於特殊的心理預設，也就是**態度**，而態度則是由**內容的排列**（Konstellation von Inhalten）構成的，其多樣性難以估量。自我就是指揮官；他的信念和決心、他的理由和懷疑、他的意圖和預期，就是指揮官的幕僚，而他對於外在因素的依賴性，就是指揮官對於總司令部難莫測高深的種種影響以及在黑箱裡作業的政治的依賴性。

如果我們僅限於探討**人和世界**的關係，那就不宜過度延伸我們的這個比喻——我們可以把人的自我想像成一支小型部隊的指揮官在和他的周遭環境作戰，而且往往有兩個戰場，前面是為了生存而戰鬥，後面則要對抗自己叛逆的本能天性。就算不是悲觀主義者的我們，也會覺得生存就像戰鬥一樣。至於和平狀態，則只是一廂情願的想法，如果一個人和世界以及他自己議和，那會是引人側目的大事。正如兵連禍結的戰爭狀態，我們需要一個未雨綢繆的態度，而如果有人想要獲致永久的心靈和平，他的態度必須更加嚴陣以待而有備無患，才能維持永久和平。相較於長期平衡的狀態，在流轉不息的狀態當中，在事件持續的跌宕起伏裡，心靈生活會更容易一點，因為在平衡狀態裡——撇開它的極致高度和成就不談——可能會有讓人難以忍受的無聊的窒息感。因此，我們可以合理地假定說，心靈的和平狀態，也就是沒有衝突的、愉快的、深思熟慮的、平穩的心境，如果它可以持續維持下去的話，那麼它總是以特殊發展的態度為基礎的。

對於我捨棄「世界觀」一詞而偏好「態度」這個語詞，或許有人會感到驚訝。「態度」這個概念究竟是指涉有意識的或無意識的世界觀，我想對這個問題存而不論。一個人可以擔任他自己的指揮官，在內心以及外在世界的生存戰鬥當中所向披靡，甚至獲致相對穩定的和平狀態，而不必擁有一個有意識的世界觀。可是如果沒有一個態度，他就做不到這點。一個人至少必須認真嘗試以概念或直觀的方式表述他的態度，說明他為什麼要這麼做或是這麼生活，才有世界觀可言。

可是你或許會問，如果沒有世界觀也行，那麼為什麼要有世界觀呢？可是你也可能會問我說，如果沒有意識也行，那麼為什麼要有意識呢？世界觀究竟是什麼？它其實只是更廣闊或更深入的意識而已。為什麼會有意識，它為什麼努力要更廣闊或更深入，理由很簡單：**如果沒有意識，人會感覺有哪裡不對勁**。大地之母顯然就是因為如此，而創造了這個最嘆為觀止的自然奇蹟，也就是意識。就算是最無意識的原始民族，也可以適應環境而開物成務，可是也只是在他們的原始世界裡而已，在其他環境裡，他們會險象環生，而那是意識程度比較高的我們可以避免的。當然意識程度更高，也會遭遇到原始民族做夢都沒有想到的危險，可是事實上征服世界的是有意識的人，而不是無意識的人。而對於超越人類的究竟目的而言，它到底是好是壞，那不是我們可以決定的。

世界觀的產生取決於意識程度的高低。每個關於理由和意圖的意識，都是個萌芽當中的世界觀。經驗和知識的每一次增長，都意味著世界觀的發展又跨了一大步。**而思考中的人也會隨著他所創造的世界形象而改變他自己。**認為太陽繞著地球轉的人，和認為地球是太陽的行星的人完全不同。布魯諾（Giordano Bruno）的無限性思想代表著現代意識最重要的開端，這不是沒有道理的。一個認為他的宇宙在天國裡的人，和一個思想受到克卜勒（Johannes Kepler）的觀點啟發的人完全不同。一個還在懷疑二加二等於多少的人，和一個認為數學的先驗真理是最毋庸置疑的人完全不同。換言之，我們擁有什麼樣的世界觀，並不是那麼無關緊要，因為我們不僅創造了一個世界形象，它也會反過來改變我們。

我們對於世界的理解，就是我們所謂的世界的形象。而我們的種種適應，也是以這個形象的性質為取向。而如上所述，這一切並不是有意識地進行的。戰壕裡的士兵不會知道幕僚在做什麼。我們固然也是幕僚和指揮官。但我們總是必須下定決心讓意識擺脫當下迫在眉睫的事物，才能專注於更一般性的態度問題。若非如此，我們就不會意識到我們的態度，也就不會有什麼世界觀，而只有一個無意識的態度。如果人對於其理由和意圖沒有任何解釋，就不會意識到它們，一切就會彷彿是自然而然發生的。可是其實有相當複雜的背景事件在作用著，它們有種種難以捉摸的理由和意圖。有許多科學家避談世界觀，因為他們認為那不是科學。可是他們顯然不知道自己真正在做什麼。他們其實是刻意隱藏自己的主導觀念，換言之，是執著於一個更深層而原始的意識層次，而那並不符合他們的意識能力。有些批判或懷疑並不完全是知識的表現，正好相反，人會拿懷疑當作藉口，以掩飾他們在世界觀上面的貧乏。他們欠缺的往往是道德勇氣，而不是知識。因為人不會只看到世界而看不到他自己，他看到世界，也會看到他自己，而那是需要極大的勇氣的。所以說，如果沒有一個世界觀，那會是相當危殆的事。

擁有世界觀的意思是：創造一個世界和自己的形象，知道世界是什麼以及我是誰。就字面上來看，這或許要求太高了。沒有人能夠知道世界是什麼，更不知道他自己是誰。可是至少保留地說，那意味著：**盡可能地認識**。那會需要智慧，並且避免沒有根據的臆測、恣意的論斷、專橫的意見。人要追求有憑有據的假設，而不要忘記所有知識都是有限的，而且難免會有錯誤。

如果說我們創造的世界形象不會對我們起反作用，那麼人就會滿足於某個美好而賞心悅目的假象。可是自我欺騙會對我們起反作用，使我們變得不真實、愚蠢而無能。由於我們用一個世界的假象去格鬥，所以會敗在現實世界的強大力量之下。我們這才明白，擁有一個小心翼翼地奠基而建構起來的世界觀有多麼重要。

世界觀是個假設而不是信條。世界會變容，「時代在變，我們也隨之而變」，我們必須在心裡形成一個世界的心理形象才有辦法認識它，而當這個形象改變的時候，我們往往搞不清楚究竟是世界變了，或者是我們變了，或者是兩者都變了。世界的形象隨時都可能會變，正如我們對世界的理解也隨時可能改變。每個新的發現、每個新的思想，都可能為世界換上新的面貌。我們必須時時考慮到這點，否則我們會驀地置身於一個過時的世界、一個層次比較低的意識的殘羹剩飯。人皆有死，可是我們的求生意志會想盡辦法延遲大限到來的那一刻，為此，我們的世界形象不可以太過僵化，而必須審視每個新的思想，看看它是否可以銜接到我的世界形象。

「精神分析」與「分析心理學」各自為世界觀增加了什麼？

所以說，如果我要著手探討分析心理學和世界觀的關係這個問題，那就必須考慮到上述的觀點，也就是以下的問題：分析心理學的知識，是否為我們的世界觀增加了什麼新的東西？為了有效討論這個問題，我們必須先考慮到分析心理學的本質。我所謂的分析心理學，是個特別的心理學趨勢，主要研究所謂的情結心理現象，而有別於生理心理學或實驗心理學，它們盡可能地把情結現象分解成它的種種元素。我使用「分析」這個語詞，是因為這個心理學趨勢原本是從佛洛伊德的「精神分析」那裡演變出來的。佛洛伊德把他的精神分析等同於關於性欲以及潛抑的理論，並且把它固定成一種教條。因此，當我在談到單純技術性問題以外的東西，我會避免「精神分析」這個說法。

佛洛伊德的精神分析是由一種技術構成的，它讓我們重新意識到所謂潛抑的、無意識的內容。這個技術是個治療方法，用以診斷和治療精神官能症。就這個方法而言，精神官能症似乎是肇因於以道德的憤恨（Ressentiment）——它是源自教育的影響——潛抑種種痛苦的回憶和傾向，也就是所謂的不相容的內容，而使人不再意識到它們。如是觀之，無意識的心理活動，也就是所謂的無意識，主要是呈現為所有讓意識厭惡的內容以及被遺忘的印象的一種受囊（receptaculum）。可是另一方面，我們不能排除說，這些不相容的內容其實是出自無意識的驅力，而無意識也不只是個受囊，而且是意識想要拋棄的所有事物的母親。可是我們可以更進一步說：無意識也會創造新的內容。人類思想創造的一切事物，究其極都是來自無作為意識種子的內容。佛洛伊德特別強調第一個面向，我則是強調第二個面向，卻也不否認前者。儘管人總是會迴避不快樂的事物，喜歡忘記和他扞格不入的東西，可是我覺得更重要的是指出究竟什麼是無意識的**積極**作為。就此而論，我們可以說**無意識是初始階段**（*statu nascendi*）**的所有心理內容的總和**。這個不容置疑的無意識功能會被潛抑在意識之外，而無意識的自然活動的干擾，正是所謂心因性疾病的基本來源。或許我們可以把無意識理解為一個具有特殊創造力量的自然器官。如果由於潛抑而使得它的產物不被意識接受，那就會導致一種回堵現象，對於一種實用功能的不自然抑制，就像膽汁原本是肝臟功能的自然產物，卻因為阻塞而無法流到腸道（黃疸）。而正如膽汁溢流到血液裡，被潛抑的內容也會放射到其他心理和生理區域。歇斯底里症主要是生理功能的障礙，而其他的精神官能症，例如恐慌症、強迫觀念（Obsession）、強迫行為（Zwangsneurose）則主要是包括夢在內的心理功能的障礙。正如我們可以在歇斯底里症的身體症狀以及其他精神官能症（以及精神病）的心理症狀當中證明被潛抑的內容的作用，我們也可以在夢裡找到它的蛛絲馬跡。做夢本身是個正常的功能，它就像其他功能一樣，也會因為阻塞而受到干擾。佛洛伊德的理論只是從這個角度去思考或說明種種夢境，也就是只把它當作一種症狀。精神分析也以類似的方法探究其他心理領域，例如藝術作品，卻很尷尬地證實了藝術作品並不是什麼症狀，而是真實的創造。我們只能就其自身去理解創造的成就。如果人們以病理學的角度誤以為它是個精神官能症，那麼這種解釋的企圖就會變成讓人惋惜的怪胎。

夢的情況也是如此。它是無意識的奇怪創造物，因為潛抑而變形扭曲。如果我們也把它解析為潛抑的症狀，也會被這種夢的解釋誤導了方向。

不過我們還是談一下佛洛伊德的精神分析的成果。在他的理論裡，人表現為一個本能的生物，處處和法律、道德誡命以及他自己的洞見扞格不入，而不得不潛抑部分的本能。他的方法就是旨在讓人意識到這個本能內容，藉由有意識的矯正而揚棄對於本能的潛抑。我們可以把它解釋為嬰兒期的本能想像，因而抵銷了本能的釋放可能造成的威脅。該理論也假定人們可以把它（用精神分析的術語來說）「昇華」（sublimieren），也就是把它轉向到一個有益的適應形式。如果有人相信他可以任意為之，那就是在欺騙他自己。只有絕對的需要，才能夠有效抑制自然的本能。如果沒有這個需要或者是殘酷的必要性，那麼「昇華」就只是自我欺騙而已，只是另一個更難以捉摸的潛抑。

在這個理論以及這種人性觀裡，有什麼東西是有助於我們的世界觀的？我相信幾乎沒有。佛洛伊德精神分析的解析心理學裡頭的主要觀念，是盛行於十九世紀的理性主義的唯物論。它並沒有衍生出任何其他的世界觀，因而也沒有其他對於世界的態度。可是我們不要忘了，只有極少數的態度是受到理論影響的。情感因素是更有效的途徑。可是我看不出來一個枯燥乏味的理論表述怎麼讓人有感覺。我可以提出關於監獄相當詳盡的統計數字，我的讀者們應該都會昏昏欲睡。可是如果我帶他到監獄或精神療養院參觀一下，他不但不會打瞌睡，反而會感到相當震撼。讓佛陀出家的，是什麼理論嗎？不是的，他的大出離是因為目睹了烙印在他心裡的老、病和死亡。

所以說，佛洛伊德的精神分析既片面又大錯特錯的觀點，其實沒有告訴我們任何東西。可是如果我們檢視真實精神官能症個案的精神分析，看看所謂的潛抑造成了什麼樣的災難，對於不可抗拒的本能歷程的忽視會導致什麼樣的破壞，那麼我們至少會有個持久不去的印象。沒有任何人類悲觀不是肇因於自我和無意識之間的這場戰爭。任何人目睹了監獄、精神療養院和醫院的恐怖景象，他的世界觀都會因為這個印象而更加豐富。當他看到了在精神官能症病患身上展開的人類的苦難深淵，也會有相同的感受。我不知道聽了多少次這樣的驚呼：「這太可怕了！誰會想到有這種事！」我們真的沒辦法否認說，當我們試圖以必要的認真而追根究柢的態度去研究精神官能症的結構，都會對於無意識的作用感到印象深刻。而讓人看一看倫敦的貧民窟，也會大有斬獲，看過的人一定比沒看過的人看到更多的東西。但是它充其量只是個衝擊而已，而「我們該怎麼辦」的問題，則一直沒有答案。

精神分析揭露了鮮為人知的事實，甚至試圖處理這個事實。可是它對此的態度是什麼？它的態度是新的嗎？換言之，這個強烈的印象有什麼豐碩的成果嗎？它是否改變了世界的形象，因而有助於我們的世界觀的形成？精神分析的世界觀是個理性主義的唯物論，一個基本上是實用性的自然科學的世界觀。我們會覺得這個觀點太狹隘了。如果我們從歌德的詩推論說他有戀母情結，如果我們說拿破崙（Napoleon Bonaparte）是個男性欽羨的個案，而以性欲潛抑解釋聖方濟（Franziskus），我們會覺得相當失望。它既不充分，也不符合事物重要的實在性。美、偉大和神聖，這些東西在哪裡？而它們才是最有生命力的實在性，如果沒有了它們，人生應該會極為單調乏味。那麼人世間無可如何的痛苦和衝突的問題，會有個正確答案嗎？如果有的話，答案裡至少應該有個聲音可以讓我們回想起痛苦的程度。可是這個理性主義的理性態度固然言之有據，卻忽略了**痛苦的意義**。他們會擱置它，認為那是無關緊要的事，只是庸人自擾而已。的確很多事物都是如此，但不是所有事物。

它的錯誤在於，所謂的精神分析固然是個科學，卻也只是對於無意識的理性主義看法。當人談到本能時，他們想指涉的是某個熟悉的東西。但是其實我們談的是某個我們一無所知的東西。其實我們只知道它從心靈陰暗的地方對我們起作用，而意識必須同化它，才可以避免造成其他功能的災難性障礙。我們不可能不假思索地就說這個作用的性質是什麼，或者它是否奠基於性欲、權力欲或是其他本能。就像無意識本身一樣，它也是歧義或多義的。

我剛才解釋過，無意識固然是所有被遺忘的、過去了的、被潛抑的事物的容器，但是它也是所有閾下事件進行的場域，例如因為閾值太低而沒辦法被意識到的感官知覺。它也是個孕育出所有未來的心理現象的母體。我們知道人會潛抑擾動不安的願望，迫使其能量摻和到其他功能裡，而我們也知道，一個人可能一直沒有意識到對他而言相當遙遠的新的想法，結果它流入其他功能而造成障礙。我看過許多個案，他們會因為意識到一個新的想法或內容而使得他們的異常性幻想在一瞬間突然完全消失，或者是意識到一直沒有意識到的詩，他的偏頭痛突然就銷聲匿跡。**正如性欲在幻想裡弦外之音的表現，創造性的幻想也會在性欲裡有著言外之意的表現**。就像伏爾泰（Voltaire）所說的：「在語源學裡，任何事物都可能意指任何事物。」關於無意識，我們也必須這麼說。無論如何，我們沒辦法一開始就知道那是什麼東西。就無意識而言，我們只會有後見之明，再說，我們也不可能先驗地知道無意識當中的任何境況。任何這方面的推論都顯然只是「彷彿」而已。

在這個情況下，無意識似乎是個巨大的未知物，我們只知道它會產生重大的作用。我們只要看一看世界歷史裡的各個宗教，就會明白這個作用在歷史裡有多麼重要。再看看現代人的疾病，我們也會明白這點。它們只是表現的方式不同而已。五百年前的人們會說：「他被魔鬼附身了。」現在我們知道他是罹患了歇斯底里症；以前的人說他中邪了，現在我們知道那是神經性消化不良（Magenneurose）。同樣的事實，只是以前的解釋在心理學看來沒有那麼準確。現在我們有了理性主義的症狀名稱，其實是空疏寡實，言之無物。因為如果我說某個人被惡靈附身，那麼我描述的事實是說，被附魔者其實不算真的生病了，而只是被看不見的惡靈騷擾而不由自主。這個看不見的東西是所謂的**自律性情結**，一種無意識的內容物，我們有意識的意志對它不得其門而入。當人分析精神官能症的心理時，會發現所謂的情結，它的表現不同於意識內容物，沒辦法要它來就來，要它走就走，它聽從自己的法則，換言之，它是獨立的，套用術語來說，它是**自律的**。它的行徑宛若怎麼也抓不到的惡鬼。如果人意識到那個情結（正如分析的目的），那麼他或許會如釋重負地說：「啊呀，原來一直困擾著我的是這個玩意兒！」於是他看似大有斬獲，也就是說，症狀消失了；就像人們所說的，情結被解開了。我們可以像歌德一樣吶喊說：「我們總算弄清楚了（我們已經啟蒙）！」可是我們接著也要用歌德的話說：「可是忒格爾（Tegel）還在鬧鬼！」[2]現在真正的情況才揭曉；我們總算明白了，要不是我們的天性賦予了這個情結一個神祕的驅力，它根本沒辦法興風作浪。我舉一個簡單的例子解釋一下我的意思：

有個病人有神經性胃部症狀，類似飢餓時的疼痛收縮。分析結果顯示是一種嬰兒期對於母親的渴望，也就是所謂的戀母情結。隨著這個恍然大悟，症狀就消失了，可是仍然存在著一個渴望，儘管證實了它只不過是個嬰兒期的戀母情結，這個渴望卻並不因此而沉寂下來。以前那種類似身體的飢餓以及身體的疼痛，現在成了心靈的飢餓和心靈的疼痛。他會渴望一種東西，而且心裡很清楚他只是把它誤認為母親而已。這個無法止息的渴望的事實一直存在著，而相較於把精神官能症化約為戀母情結，這個問題的答案顯然困難得多。這個渴望是個無止境的要求，一個痛苦逼惱的空虛，人或許偶爾會忘記它，卻沒辦法以意志力克服它。它會反覆出現。人們起初不知道它是打哪裡來的，甚至不知道自己在渴望什麼。人們會不斷猜想，可是唯一可以確定的是，除了戀母情結以外，還有個無意識的某物，它不管我們的意識，不斷地提出這個要求，而那是我們的評論無法解釋的東西。這個某物就是我所謂的自律性情結。從這個源頭產生了一種驅力，它原本支撐著嬰兒期對於母親的要求，因而導致精神官能症，因為成年人的意識必須把這個童年的要求視為不相容的東西而排拒且潛抑它。

所有嬰兒期的情結到頭來都可以回溯到無意識的自律性情結。原始民族的心靈把這個感覺很陌生而費解的內容人格化為鬼魂、惡魔和諸神，試圖以神聖而巫術性的儀式滿足其要求。原始民族正確地認識到這個飢渴不是飲食或回到母體就可以止息的，於是創造出不可見的、愛吃醋的、要求嚴苛的存有者形象，比人類更有影響力、更強大、更危險。屬於不可見的世界，卻和可見世界合而為一，就連鬼魂也都是住在鍋子裡。原始民族認為鬼神和巫術是致病的原因。在他們那裡，自律性內容被投射到這個超自然的角色身上。相對地，我們的世界袚除了魔鬼而一個都不剩。可是自律性內容及其要求卻仍然存在著。它們有一部分會表現在宗教裡，可是宗教越是理性化而攙了水（那是幾乎不可避免的下場），我們探究無意識內容的道路就越加混亂而神祕。精神官能症就是其中最常見的道路，雖然是人們始料未及的。人們習慣以為精神官能症是一種低等的東西，在醫學上的「可忽略不計的量」。正如我們所見，他們大錯特錯！因為在精神官能症底下潛藏著種種強大的心理作用，它們植根於我們的思想態度及其主導性的觀念。理性主義的唯物論這個看起來很可疑的思想態度，其實是對於神祕主義（Mystizismus）的心理學反制運動。神祕主義才是它要對抗的神祕對手。唯物論和神祕主義只不過是心理學上的兩個死敵，就像無神論和有神論一樣。它們是互別苗頭的兄弟，兩套大異其趣的方法，它們都要克服支配性的無意識作用，一個是否認它，另一個卻是要承認它。

如果要指出分析心理學為我們的世界觀增加了什麼本質性的東西的話，那應該會是認識到無意識內容的存在，它們會提出種種無法否認的要求，或是散播種種作用，不管願意或不願意，意識都一定要和它交手。

分析心理學的經驗性發現：集體無意識與原型

如果我現在擱置我所謂無意識的自律性內容，也不打算談到我們的心理學對於這個內容的經驗性發現，你們應該會相當扼腕。

正如精神分析假定的，如果說，嬰兒對於母親的原始的、嬰兒期的依賴是渴望的原因，這個答案是明確而充分的話，那麼這個認知應該也會提供人們一個解決之道。的確有些嬰兒期的依賴，它們會在澈底的探究之下自然消失。可是我們不應該就此誤以為所有個案都是如此。在所有個案裡，都有某個東西沒有解決，有時候我們很難說個案已經結束了，有時候在許多個案裡，不管是病患或是醫師對於結果都不怎麼滿意，甚至覺得一事無成。再說，我治療過許多病人，他們相當清楚自己作為病因的情結，可是這個認知對他們的幫助並不大。

一個探討病因的解釋在科學上或許比較讓人滿意，可是在心理學上卻有所缺憾，因為對於基礎的驅力的目的，渴望的意義，我們依舊一無所知，也不知道該怎麼對付它。就算我知道傷寒是源自被感染的飲水，那其實無助於解決水源污染的問題。我們唯有知道是什麼讓嬰兒期的依賴一直持存到成年人的生活，也知道這個持存的目的是什麼，才可以找到比較讓人滿意的答案。

如果說人類心靈天生完全是一塊白板（tabula rasa）[3]，那麼就不會有這類的難題，因為人的思想裡不會有任何不是習得或植入的東西。可是在個人的心靈裡有各式各樣不是習得的東西，因為人的思想並不是天生是一塊白板，正如每個人的大腦不是全新而獨一無二的。他的大腦是一望無際的祖先譜系演化的成果。這個大腦是在每個胚胎裡經過完全分化而產生的，而當它開始運作，也會像無數祖先的無數次運作一樣，分毫不差地產生同樣的結果。人的身體結構是遺傳下來的，和祖先的構造一模一樣的系統，其功能也如出一轍。因此，產生和以前大不同的全新結果的機會可以說微乎其微。我們的遠親或近親的基本因子，基本上也會是我們的因子，因為它們都對應於遺傳下來的生物系統。它們甚至是必然的東西，而讓人感覺是種種需求。

讀者們不必擔心我會對你們談到什麼遺傳的觀念。那完全不是我想做的事。無意識的自律性內容，或者說無意識的顯性特徵，並不是遺傳得到的觀念，而是遺傳的可能性，或者說是必然性，由此得以再次產生那些以往表現著顯性特徵的觀念。世上任何宗教和任何時代當然都有它們特別的語言，它們可能南轅北轍。可是在神話裡，英雄一會兒戰勝毒龍，一會兒打敗大魚或其他怪物，那並不是故事的重點；基本的動機其實都一樣，那是人類的共有財產，而不是各個宗教和時代瞬息即逝的表述形式。

人類天生有其複雜的心靈天賦，並不只是一塊白板而已。就算再天馬行空的幻想，也會有心理的遺傳型（Erbmasse）為其界限，而隔著簾幕，再怎麼撲朔迷離的幻象也會閃爍著遺傳自太初的人類心靈的顯性特徵。當我們發現一個精神病患的幻想和原始民族的想像幾乎一模一樣，我們或許會嘖嘖稱奇。可是若非如此，那或許才真的是怪事呢。

以前我把心理遺傳型的領域叫做**集體無意識**。我們的意識內容都是個別習得的。如果說人類的心理是只由意識構成的，那麼就不會有任何心理現象不是在個人生命歷程當中產生的。若是如此，我們就沒辦法在單純的父母親情結背後發現任何條件或影響了。當我們追溯到父親和母親，應該就是盡頭了，因為會影響我們有意識的心理的，應該就只有這兩個角色了。可是其實我們的意識內容並不只是由於個別環境的影響才產生的，心理遺傳型，集體無意識，也會對它們造成影響或下指令。個別的母親的形象固然讓人念念不忘，然而那是因為那個形象和一個無意識的傾向合併在一起，也就是一個天生的系統或形象，那是源自母親和孩子自太初以來的共生關係。如果說，個別的母親欠缺了某個面向，人就會感到缺憾，也就是要求滿足一個集體的母親形象。我們可以說是有個**本能**未能如願以償。這往往會導致精神官能症的障礙，或至少是性格學上的若干特點。若是不存在著這種集體無意識，那麼一切都可以透過教育養成。我們可以把人變形成一部心理機器而毫髮未傷，或者是把他陶塑成某個理想。可是這些企圖總是成效有限，因為存在著無意識的顯性特徵，它們會提出難以拒絕的滿足要求。在那個患有神經性胃病的病人的例子裡，如果我要指出，除了個人的戀母情結以外，那個支撐著不明確而痛苦的渴望的無意識裡的某物是什麼，我的答案會是：那是**集體的母親形象**，它不是這個人的母親，而是母親本身。

人們會問，這個集體的形象為什麼會激起這樣的渴望？這個問題並不容易回答。如果說我們可以直接想像集體形象（我以「**原型**」這個術語稱之）是什麼，那麼就不難理解它的作用。

為了解釋這個問題，我想要提出以下的思考：母子關係一直是我們所知道的最深層且刻骨銘心的關係；孩子有一段時間還是母親身體的一部分呢！接下來的幾年裡，他更是母親的心理氛圍的組成部分，於是，孩子身上所有原始的事物，都和母親形象融合在一起。不僅是對於若干個案如此，歷史也可以證明這點。那是祖先世系的絕對經驗，一個絕對的生物真理，就像兩性關係一樣。因此，在原型裡，在集體的、遺傳的母親形象裡，當然也存在著特別強烈的關係，使得孩子本能地緊緊貼著他的母親不放。多年以後，人們隨著成長而自然而然地脫離母親，但是沒辦法脫離那個原型，假設他不再處於類似動物性的原始狀態，而是成就了相當程度的意識以及文明。如果他只是本能的，那麼他的生活裡就沒有意志這種東西，因為它總是預設了意識的存在。他的生活是依據無意識的法則，而不會有偏離原型的情況。可是如果存在著多少有作用的意識，那麼意識都會相對於無意識而被高估了，因而產生幻覺，以為脫離了母親就沒事了，彷彿他不再是這個個別的母親的孩子似的。而意識只認得個別習得的內容，所以也只認得個別的母親，而不知道她也是原型（也就是所謂的「永恆的」母親）的載體和代表。但是唯有把原型也包括在內，他才算是真正的脫離母親。脫離父親也是如此。

意識的產生以及意志的相對自由，當然也決定了脫離原型以及本能的可能性。脫離了以後，跟著就會產生意識和無意識之間的解離，也會開啟了可感的、大多是讓人相當不愉快的無意識作用，而且是以一種內在的、無意識的固著形式，間接地表現在症狀上。於是產生了一個境況，彷彿他還沒有脫離母親似的。

原始民族固然不知道有這種兩難，可是他們的感受卻更加清楚，因而會在童年到成人的歷程中間舉行重要的儀式，也就是成年禮和入會禮，它們有個明確的目的，那就是以巫術的方式脫離父母親。如果沒辦法以巫術的方式感受到和父母親的關係，那麼這個活動就是多餘的。然而所有無意識的作用都可以說是無意識的。可是這些儀式的目的不只是要脫離父母親，更是要過渡到成年狀態。它也包括了不再殘存著任何回顧童年的渴望，也就是滿足受傷的原型的要求。人們會以其他關係對比於和父母親的關係，也就是和親族或者部落的關係。大多數是以若干身體的記號為之，諸如割禮和刺青，以及年輕人在入會禮時接受的祕教教義。這些入會禮往往極為殘忍。

原始民族出於他們沒有意識到的原因，認為應該以這種方式滿足原型的要求。僅僅是脫離父母親還不夠，他們需要更激烈的儀式，就像是向那些可以克制年輕人的力量獻祭。他們在其中當然也可以窺見原型的力量：**它迫使原始民族和大自然為敵，才不致於淪為大自然的犧牲品**。這就是所有文明的開端，是人在意識到有可能擺脫無意識的法則之後的必然結果。

我們的世界對於這些東西早就很陌生了，但是大自然並沒有因此喪失它在我們身上的支配力量。我們只是學會低估它而已。可是一問到我們該怎麼面對無意識內容的種種作用，我們就會很尷尬。對我們來說，它再也不是原始儀式的問題，那會是個不自然而沒有效率的倒退。此外，我們也都太挑剔而且太講究心理學了。如果人們問我這個問題，我也會很尷尬。我只能說，多年來我觀察了不少病人，看到他們如何憑著本能選擇滿足無意識內容的要求的方法。可是如果談到這些觀察，我顯然會離題太遠了。就此而論，我想我應該介紹一部深入詳盡地探討這個問題的學術作品。[4]

如果我可以在本文裡讓大家認識到，在我們自己的無意識心靈裡有一種力量，人類把它當作諸神而投射到蒼穹裡，獻祭崇拜它，那麼我想就足夠了。有了這個認識，我們就可以證明，在人類歷史裡扮演要角的所有這些各式各樣的宗教習俗和信念，並不是基於恣意的虛構和個人的意見，它們的源頭是由於強大而無意識的力量的存在，如果我們忽略了那些力量，心理的平衡就會產生障礙。我用來說明戀母情結的例子當然只是其中之一。母親的原型只是一個個案，我們也可以輕易加上一系列其他的原型。這些無意識顯性特徵的雜多性，也說明了為什麼宗教觀念如此五花八門。

所有這些因素對於我們的心靈都仍然有效，被超越的只是它們的表述形式和它們的評斷，而不是它們的實際存在和有效性。我們現在把它們當作一種心理力量，那只是一種新的說法、新的表述，或許能夠讓人找到方法以建立和這些無意識力量的一個新的關係。我認為這個可能性相當重要，因為集體無意識絕對不是在心裡某個陰暗的角落，而是自太初以來駕馭著一切的祖先經驗的沉澱物，它是史前世界事件的反響，每個世紀都會有微量的變異和分化。由於集體無意識終究是表現在大腦和交感神經結構裡的世界事件的沉澱物，整個來說，它意味著一種無時間性的、永恆的世界形象，而對比於我們倏忽生滅的意識世界形象。它也可以說是另一個世界，一個鏡像世界。可是無意識的形象不是單純的鏡像，它擁有獨立於意識的自身力量，據此得以開展強大的心靈作用，這些作用不會顯現在世界的表層，而是在陰暗的內心深處，因此對我們的影響更加強烈，只要人一直不願意批判倏忽生滅的世界形象、因而一直在自我逃避，他就沒辦法看見它。世界不只是外在的，它也包括內心世界，它不僅可見於外在，更會在每個無時間性的當下，從看似最主觀的心靈深處震懾著我們，我認為這是一個知識，儘管它也是個古老的智慧，在建構世界觀的時候，它的這種形式仍然是值得考慮的一個新的因素。

分析心理學不是個世界觀，而是個科學，它提供了基石或工具，人們可以用來建構一個世界觀，也可以拆除或改建它。現在有許多人認為他們在分析心理學裡嗅到世界觀的氣味。我倒是希望它是個世界觀，因為如此一來，我就不必挖空心思去探究和懷疑，而且可以言簡意賅地指出通往天堂的道路。可惜我們還沒有到那個地步。我只是在一個世界觀裡做實驗，試圖搞清楚這個新知識的意義和範圍。這個實驗在某個意義下的確是一條道路，因為我們自己的存在就是大自然的一個實驗，一個新的組合的實驗。

不是為了世界，而是為了我們自己

一個科學絕對不會是個世界觀，而只是一個世界觀的工具而已。一個人是否手裡要拿著這個工具，這個問題應該反過來問，他準備了什麼樣的世界觀。因為不會有人沒有任何世界觀。教育和環境最起碼會迫使他接受一個世界觀。比方說，如果有個世界觀對他說，「只有這樣的人格才是世人最大的幸福」，那麼他會毫不猶豫就抓住科學及其研究成果，以它們為工具造就一個世界觀，因而也造就他自己。可是如果世代相傳的觀點告訴他說，科學不是工具，它自身就是個目標和目的，那麼他也會追隨著這個一百五十年來漸漸興起而成為主流的口號。當然也有人極力抗拒，因為人格的完美才是他們對於成就和意義的觀念的極致，而不是技術工具的差異化，因為那必然會導致某個本能極為片面的差異化，例如說認知本能。如果**科學**是目的本身，那麼人的存在理由就只是個當個知識份子而已。如果說藝術是目的本身，那就意味著表現力成了人類唯一的價值，知識份子只好流落到貯藏室。如果**賺**

錢是目的本身，那麼科學和藝術就可以把它們不值錢的廢物束之高閣了。沒有人可以否認，在現代意識裡，這個目的本身是什麼，可以說言人人殊。可是人也因此被馴養成種種個別的性質，他們自己成了工具。

在過去一百五十年來，我們經驗到太多的世界觀，這證明了世界觀本身已經名聲掃地，因為一種疾病越是難以治療，就會有越多的藥物問世，而藥物種類越多，它們就越加聲名狼藉。我們會覺得「世界觀」這個現象本身似乎已經過時了。

我們很難想像這個演變只是個偶然現象，一個可惜而沒有意義的脫軌，因為一個風靡一時的事物應該不會就這麼黯然而不明所以地從世界的畫面消失。它應該有什麼沒有用的或是劣質的東西在裡頭。因此我們應該問的是：世界觀本身到底哪裡不對勁？

我覺得至今為止的世界觀的錯誤，在於它們主張自己是一種客觀有效的真理，甚至是一種科學的證據，因而導致讓人難以接受的推論，例如說，同一個慈愛的神居然必須幫助德國人、法國人、英國人、土耳其人和異教徒彼此相殘。對於世界大事有更多認識的現代人看到這種怪物就嚇得避之唯恐不及，而想要在哲學找尋替代物。可是這些替代物到頭來居然也主張擁有客觀有效的真理。這使得它們失去了信用，而我們終究也和它們完全不值得的推論分道揚鑣。

每個世界觀的根本錯誤都在於它喜歡自稱是事物本身的真理的怪癖，然而它其實只是我們為事物取的一個名字而已。我們要在科學裡爭辯海王星這個名字是否符合這個天體的本質並且是它唯一「正確的」名字嗎？當然不。這就是為什麼科學會占上風，因為它只認得操作性假設。只有原始民族才會相信有「正確的名字」這種東西。如果人唸出童話裡的侏儒怪的正確名字，侏儒怪就會屍骨無存。酋長們都會隱瞞他們的真實名字，為自己取一個神祕兮兮的假名以行世，別人才不會以他的真實名字對他施法。埃及法老會以象形文字在墳墓裡刻上諸神的真實名字，如此一來，他就可以用諸神的真實名字脅迫祂們。卡巴拉主義者（Kabbalist）[5]認為知道了神的真正名字，就掌握了絕對的魔法力量。簡言之：對於原始民族的心靈而言，事物因為有了名字而各安其位。「祂說什麼都會成真，」關於普塔（Ptah）[6]的古諺是這麼說的。

世界觀一直搞不定這種無意識的原始心靈。正如天文學不會認為火星居民會因為他們的行星名字被叫錯了而跑到地球來抱怨，我們也可以假定世界根本不在乎我們怎麼思考它。可是我們也不必因此就不再思考它了。我們的確不會，因為科學會持續存在，它是陳舊而沒落了的世界觀的女兒和繼承人。可是在這個所有權轉移當中變窮的其實是人類自己。在舊式的世界觀裡，他天真地把自己的心靈誤以為是事物本身，把自己的外貌看作世界的面容，認為他是神的肖像，他的好日子也不必以地獄的永罰為代價。可是在科學裡，人們想的不是自己，而是世界，是客體：他把自己擱置一旁，把他的個性獻祭給客觀精神。因此，在道德上，科學精神也比舊式的世界觀崇高許多。

可是現在我們也感受到人的個性萎縮是什麼樣的下場了。人們到處探究世界觀的問題、生命和世界的意義的問題。我們的時代也有許多人舊病復發，熱中於老掉牙了的世界觀，也就是神智學（Theosophie），而人智學（Anthroposophie）則更合他們的口味。我們都會渴望有個世界觀，至少年輕的世代都有這個渴望。可是如果我們不想走回頭路，那麼新的世界觀就必須拋開任何對於其客觀有效性的迷信，它必須能夠承認它只是我們為了取悅心靈而畫上的一個形象，而不是我們為客觀事物取的一個魔法名字。我們擁有一個世界觀，不是為了世界，而是為了我們自己。如果我們沒有建構一個世界全體的形象，那麼我們也就看不到我們自己，因為我們是這個世界的忠實摹本。我們唯有在我們的世界形象的鏡子裡才看清楚我們自己。我們只會顯現在我們自己建構的形象裡。只有在我們的創造行動裡，我們才會走到陽光底下，認識到我們整個自我。我們只會以我們自己的樣貌為世界畫上面容，而為了找尋我們自己，我們更必須那麼做。因為身為工具的創造者，人類高於科學和藝術的目的本身。唯有認識我們的自體（Selbst，我們一直誤以為已經認識它了），我們才得以窺見所有源頭最重要的祕密。可是比起宇宙的深處，我們對於自體的深處卻沒有那麼熟悉，我們可以直接窺見它的創造性存有和生成變化，卻一點也不瞭解它。

在這個意義下，分析心理學賦予我們種種新的可能性，因為它證明了幻象的存在，它們源自陰暗的心理深處，因而讓人認識到在無意識裡生起的事件。集體無意識的內容是世代相傳的心理作用的結果，整個來說，就是一個自然的世界形象，那是由數百萬年來的經驗匯流且濃縮而成的。這些形象是神話式的，因而是**象徵性的**，因為它是在表現能知的主體和所知的客體的共鳴。當然，所有神話和所有神啟，都是出自這個經驗母體，因此，關於世界和人類的所有未來的觀念也是源自於它們。可是如果我們假定無意識的幻象就像神啟一樣可以直接被利用，那就是個天大的誤會。它們只是原料，如果要成為有意義的東西，仍然需要被翻譯成那個時代的語言。如果翻譯成功的話，我們的直觀世界就會透過世界觀的象徵而和人類的原始經驗重新接軌；我們心裡的那個已經成為歷史的、普遍的人，它和在變化當中的、個別的人握手，這個經驗很類似原始民族的經驗，他們在儀式的宴席上以神話的方式和祖先的圖騰合而為一。

在這個意義下，分析心理學是對於意識過度的理性化的一個反彈，意識汲汲於創造種種方向確定的歷程，孤立於世界之外，於是人類也被剝奪了他的自然歷史，被移植到以理性為界限的當下，也就是從生到死的短暫光陰。這個侷限性使他感覺到了偶然性和無意義性，這個感覺也使得我們的生活失去了那個要求我們盡情啜取生命的意義重量。生活變成單調乏味，再也沒辦法充分表現人類。於是有大量沒有被體驗到的生活陷入無意識當中。人的生活就像是穿了太小的鞋子在走路似的。在原始民族那裡清晰可辨的永恆性質，在我們的生活裡完全闕如。我們在自己的理性圍牆裡，和大自然的永恆完全隔絕。分析心理學就是試圖要拆掉這座高牆，它把被理性認知批評得體無完膚的無意識幻想形象重新挖掘出來。這些形象在圍牆外面，它們屬於**我們心裡的自然**；它們被掩埋在我們身後深處，我們躲在理性的圍牆後面構築工事抵抗它們。由此便產生和自然的衝突，而那正是分析心理學力圖揚棄的，它不是追求盧梭所謂的「回到自然」，它會珍惜理性的現代成就，以自然心靈的知識充實我們的意識。

認識到這點的人，應該都會說這個印象讓人感到震懾。但是他的這個印象不會太持久，因為他馬上會問，人們要怎麼消化這個新知識？牆裡牆外的東西原本被證明是不相容的。於是難題就成了我們如何把它翻譯成當代的語言，或者是任何新的語言，這也是世界觀的問題，那種世界觀應該可以讓我們和我們心裡早已成為歷史的人產生共鳴，讓它的低沉和弦不致於被理性意識的刺耳音調掩蓋掉，或者反過來說，讓個人思想的珍貴光芒不致於被淹沒在自然心靈的無盡黑暗裡。可是我們還沒來得及深入這個問題，就必須離開這個科學領域了，因為我們必須以創意決定我們的生活要信任哪一個假設；換言之，我們來到了一個道德問題，如果沒有它，我們就沒辦法思考世界觀。

如果我說，分析心理學固然不是什麼世界觀，卻是用以建構世界觀的重要工具，那麼我想以上的闡述應該充分說明了這點。

本講座發表於一九二七年卡爾斯魯爾（Karlsruhe）

注釋

1 譯注：由德國心理學家李普曼（Hugo Liepmann, 1863-1924）提出的概念。

2 譯注：一七九七年柏林郊區忒格爾的鬧鬼事件，歌德在《浮士德》裡用了這個故事：「（肛門幻視者）：你們還在胡鬧！真是聞所未聞。我們已經啟蒙！快給我滾！魔鬼的一幫，簡直不顧法規。我們已開明，忒格爾還在鬧鬼。我已花了很長的時間掃除迷信，總掃不乾淨，真是聞所未聞！。」（《浮士德》，頁二四七，商周出版，二〇二一）

3 譯注：十七世紀英國哲學家洛克（John Locke, 1632-1704）提出的概念。

4 譯注：見榮格：《榮格論自我與無意識》，商周出版，二〇一九。

5 譯注：猶太教的神祕主義。

6 譯注：造物神普塔是用話語創世的。「普塔，（埃及）孟斐斯的城市神，後來成為國家神。在托勒密時代，祂的神殿是國王登基的地方。祂和妻子薩赫美特（Sachmet）以及兒子奈夫圖（Nefertem）組成孟斐斯三聯神。晚期祂則被認為是被神化的尹和泰普（Imhotep）的父親。祂是工匠神、藝術家神，祂的大祭司同時也是『工匠領袖』。在新王國時期，祂是普世的造物神，在孟斐斯的神學裡，是八聯神裡的最高神，是阿圖（Atum）或太陽神雷（Re）的父親和母親。祂以命令的話語的造物，『心和舌頭』，即理性和話語，是祂的創造工具。」（《神話學辭典》，頁四二二－四二三，林宏濤譯，商周出版，二〇〇六）

十二　精神和生命

以經驗為基礎

精神（Geist）[1]和生命的關係是個在探討時涉及錯綜複雜因素的問題，所以我們必須避免陷入我們用來圈套住這個難解的謎的文字障裡。因為我們要怎樣才能把我們所謂「精神」或「生命」的漫無邊際的事實複構放到一個思考活動的關係裡，好讓我們以文字概念（只是知識份子的把戲）戲劇性地表現它？這個對於文字概念的不信任似乎讓我疲於奔命，可是如果我們要窮本溯源的話，它卻又格外地貼切。當然，「精神」和「生命」這些字眼我們都已經耳熟能詳，甚至是老掉牙了，幾千年來，它們一直是游移在思想家的棋盤上的棋子。問題的開端是在邈遠的上古時代，人們很困惑地發現臨終者死前喉頭呼嚕作響，最後**一口氣**離開了身體，那不只是意味著呼吸的動作。所以說，人們以擬聲詞「ruach」、「ruch」、「roho」（希伯來文、阿拉伯文和史瓦希利語）指稱「靈魂」，相當於希臘文的「pneuma」和拉丁文的「spiritus」，這並不是偶然的事。

那麼，儘管我們對於這個文字概念都很熟悉，可是我們知道「精神」到底是什麼東西嗎？或者說，我們確定在使用這個語詞時是在指涉同樣的事物嗎？「精神」一詞難道不是很多義而且可疑的，甚至是最讓人沮喪的歧義語詞嗎？「精神」這個語詞也被用來指涉意義包羅萬象的、難以想像的、超驗的觀念；它也對應於英文裡味如嚼蠟的「mind」；它也被用來意指知識份子的戲謔，接著則是指鬼魂，或者是意味著會導致顯靈現象的無意識情結，例如桌靈轉（Tischrücken）、自動書寫（automatisches Schreiben）、叩擊聲等等，再來則是轉義詞，用來意指某個社會團體的主流態度，「支配著那裡的精神」，最後是用於物質性的意義，例如 Weingeist（酒精）、「Salmiakgeist」（氨水）以及「geistige Getränke」（烈酒）。這不是什麼拙劣的笑話，它一方面是德文裡穆穆庸庸的流風，另一方面卻也是思想的沉重世代包袱，對於想要攀上語言的階梯到達九霄雲外的觀念的人而言，那會是個悲劇性的阻礙。因為當我使用「Geist」一詞，不管我再怎麼限定當下要強調的意義，都不足以完全排除這個語詞的歧義性光環。

於是，我們必須提出一個原則性的問題：如果人們把「精神」和「生命」放在一起，那麼「精神」究竟指的是什麼？我們無論如何都不可以默默地預設每個人都清楚知道「精神」和「生命」所指為何。

我不是哲學家，而只是個經驗主義者，許多困難的問題，我都會傾向於讓經驗去決定。可是如果沒有明確的經驗基礎的話，那麼我寧可讓問題存而不論。我會一直試圖讓抽象的因素還原為它們的經驗性內容，以確定我知道自己在說什麼。我必須承認，我並不是很清楚「精神」指的是什麼，就像我也不是很明白生命是什麼一樣。我只是在生物的身體那裡認識到「生命」，而相對地，作為一種抽象狀態，除了語詞之外，它在己為己地是什麼，我就算猜也猜不出來。所以我必須捨「生命」而探討生物的身體，捨「精神」而談論心理的事物。這並不意味著我要逃避上面的問題，轉而探討身體和心理；正好相反，我想要以經驗為基礎，為「精神」找到真正的存在——而不致於忽略了生命。

對於我們的目的而言，生物的身體的概念比生命的普遍概念容易解釋多了，因為身體是個直觀而可以經驗到的事物，它對於我們的想像力更有幫助。我們不難同意說，身體是適應生命的目的、由物質單位構成的內在相互協調的系統，因而是我們的感官可以把握到的生命體現象，或者簡單地說，是一個使生命體得以存在的、實用性的物質構成。為了避免混淆，我要說明一下，我在定義身體時並沒有把我姑且名之為「生命體」（das lebendige Wesen）的東西包括在內。藉由這個我既不想辯護也不要批評的分割，身體不只是死氣沉沉的物質堆積，而是一個預備生命的、使生命成為可能的物質系統，然而前提是：如果它沒有成為生命體，就算有種種準備，還是沒辦法生存。因為撇開生命體的可能意義不談，身體欠缺了成為生命不可或缺的東西，也就是心靈。我們起初是從我們自己身上的直接經驗那裡、透過對於更高等的脊椎動物以及比較低等的動植物（由於沒有反證）的科學推斷明白這點。

心理學對於不一不二的心靈與身體的立場

那麼我應該把上述的「生命體」等同於在人類意識裡可以直接認識到的心靈，把老掉牙的心靈和身體的二元性舊調重彈嗎？或者說有什麼理由可以證成生命體和心靈的分割嗎？如此一來，我們也會把心靈理解為一個實用性的系統，這個結構不只是為生命做準備的物質，更是有生命的物質的結構，或者說是生命歷程的結構。我完全不知道這個觀點是否被普遍認可，因為人們太習慣於認為心靈和身體是生命的二元性，很少人會認為心靈只是反映在身體裡的生命歷程的結構。

就我們基於一般的經驗對於心靈本質的推論而言，它告訴我們心靈歷程是附屬於神經系統的現象。我們相當確定地知道，某個腦區的損壞會造成對應的心理缺陷。到脊髓和腦部基本上包含了種種感知和運動的路徑，也就是所謂的**反射弧**（*Reflexbogen*）[2]。我舉個例子說明一下那是什麼意思。人的手指頭觸摸到一個相當燙的東西，熱度會立刻刺激觸覺神經末梢。這個刺激會改變直到脊髓以及腦部的整個傳導路徑的狀態，可是在脊髓裡，主司接收觸覺刺激的節細胞（Ganglienzelle）[3]就已經把狀態的變化傳導到附近的運動神經節（motorische Ganglienzelle）[4]，它又把刺激傳導到手臂肌肉，導致肌肉突然收縮，於是他的手就縮回來。這一些都發生在電光石火之際，往往人一意識到痛覺，手就已經縮回來了。這個反應是自動產生的，事後才會被意識到。可是在脊髓裡的反應，會以一種可以賦予概念和名字的心像形式傳導到認知的自我。於是人可以依據這個反射弧，也就是由外到內的刺激以及由內到外的神經衝動，產生關於這些在心靈底下的事件的觀念。

我們再舉一個沒有那麼簡單的例子：我們聽到一個隱隱約約的聲音，它起初的影響就只是讓人想要豎耳傾聽以理解它的意思。在這個例子裡，腦部的聽覺刺激引起了一連串和這個聽覺刺激有關的想像和意象。它們有一部分變成聲音意象，有一部分變成視覺意象，有一部分則是感覺意象。我所謂的「意象」（Bild），指的是想像，一個心靈事物必須擁有可想像性，也就是具象性，它才會成為意識內容。因此我把所有意識內容都叫做意象，因為它們是大腦歷程的印象。

被聽覺刺激活躍了的一系列意象突然間串連成一個記憶中的聲音意象，而和一個視覺意象結合在一起，就成了響尾蛇的撥浪鼓聲。把它們馬上串連起來，接著就會傳遞一個警訊到整個身體肌肉。反射弧完成了；可是在這個情況下，它已經不同於以往，因為一個腦部事件，一個意象的產生，闖入了感官刺激和運動神經衝動之間，身體的突然緊張啟動了心臟和血管的種種反應現象，這些事件在心靈裡則被描摹成恐懼。

如此一來，我們就可以形成關於心靈特性的觀念。它是由腦部簡單事件的印象以及關於印象的無窮印象構成的。這些印象具有**意識**的屬性。意識的本質是個謎題，我不知道它的謎底是什麼。可是僅僅就形式而言，我們可以說，任何心理事物，只要它們和自我扯上關係，就算是被意識到了。如果不存在這個關係，它們就是無意識的。人的遺忘證明了意識內容多麼頻繁且容易和自我脫節。於是，我們喜歡以探照燈的光束形容意識。只有被光束照射到的對象，才會進入我們的知覺範圍。可是偶然地陷入黑暗裡的對象，並不因此就不再存在，它只是沒有被看見而已。我沒有意識到的心靈事物就存在於某個地方，而它也很可能和被我看到的時候沒什麼兩樣。

所以說，我們只要把意識理解為和「自我」的關係就夠了。而重點就在於自我。我們要怎麼理解這個自我呢？顯然它涉及了自我的統一性以及各式各樣的構成因素。它是以傳遞內在和外在刺激的感官作用的印象為基礎，此外它也奠基於以前事件的意象的大量累積。所有這些形形色色的部件還需要一個堅固的串接，而它就是我們所認識到的意識。於是，意識看起來是自我不可或缺的先決條件。可是如果沒有自我，我們就無法思考意識。這個表面上的矛盾或許可以這麼解決，那就是把「自我」也理解為印象，當然不是單一的印象，而是許多事件以及相互作用，也就是所有構成「我識」（Ich-Bewußtsein）[5]的那些事件以及它們的相互作用。它們的雜多性其實構成了一種統一性，因為意識關係有如重力一般，把個別部分曳引到一個或許是虛擬的中心點。所以說，我談的不僅是一個自我，而是一個**自我的情結**（*Ichkomplex*），而且是在一個有理由的預設下，那就是自我有不斷變換的構成方式，因而也是變化多端的，而不會是什麼絕對的自我。可惜我在這裡沒辦法深入探討古代的「自我的變換」（Ich-Veränderungen）的觀念，[6]人們在心理疾病以及夢的探討裡會看到它。

把自我理解為由心理元素構成的複合體以後，我們很合乎邏輯地來到以下的問題：自我是不是個核心意象，是不是人的整個本質的唯一代表？自我是否讓所有內容和作用都和自己扯上關係並且表現它們？

這個問題的答案是否定的。「我識」是個情結，它並不涵攝人的整個本質：它忘記的東西比它知道的多太多了。它聽到看到的比它意識到的也多太多了。種種思想的演變遠超過它所意識到的，是的，這些思想已經確定下來而且成熟了，而它卻不完全知道。由交感神經系統負責的內在身體活動的重要調節，自我更是懵懵懂懂。自我所認識的，或許是整個意識極小的一部分。

因此，自我只可能是個局部的複合物。或許它是個獨特的複合物，而它的串接就叫做意識？可是心靈部分的任何串接不正是意識嗎？我們看不出來為什麼只有感官作用的某個部分和記憶材料的某個部分的串接才叫做意識，而其他心靈部分的串接就不算是。視覺、聽覺等等的複構有個強大而井然有序的內在關係。我們沒有理由否認這個關係也是意識。正如又聾又盲的海倫・凱勒（Helen Keller）的個案證明的，觸覺和軀體感覺就足以產生或實現一個意識，儘管只是侷限於這個感覺的意識。因此，我認為這個「我識」是各式各樣的「感官意識」的組合，在其中，個別意識的獨立性被淹沒在位階更高的自我的統一性裡。

由於「我識」並不包含所有心靈的活動和現象，也就是說，它並不包含所有印象，而且由於意志再怎麼使勁也沒辦法推進到那些不讓它進入的區域，自然地就產生一個問題，難道不會存在著一個類似「我識」的、**所有**心靈活動的串接，一個更高更廣的意識，在其中，我們的「自我」只是個直觀的內容，就像是我的意識裡的視覺活動一樣，而它也和視覺活動一樣，在位階更高的關係裡，和我沒有意識到的行為合併在一起。我們的「我識」有可能是在一個完整的意識裡，就像是一個小圓被一個更大的圓包圍在裡頭。

正如視覺、聽覺活動等等自己會產生一個印象，它和自我扯上關係，就會得到相關活動的意識，如前所述，自我也可以被理解為對於所有它可以理解的活動的一個整體印象，我們幾乎可以期待所有心靈活動都會產生一個印象，而它們的本質就存在於其中，否則就說不上是「心靈的」。所以我們看不出來為什麼無意識的心靈活動會不具備產生形象（Bildhaftigkeit）的屬性，就像在我們的意識裡呈現的。而既然人是如我們所相信的自身完足的生命體，那麼我們就可以推論說，所有這些心靈活動的印象會被合併在整個人的整體印象裡，而他則會觀察和意識到它是個自我。

對於這個假設，我找不到什麼反駁的理由；可是它至今為止一直是個空談，如果不是要用來解釋什麼的話。就算我們為了解釋若干心靈活動而需要一個更高層次的意識的可能性，那也只是一個假設而已，因為要證明有一個意識高於我們已知的意識，那遠遠超出知性的能力。在我們的意識以外的陰暗處，一直有可能存在著我們再怎麼馳騁想像也無法杜撰出來的東西。

我在下文會回到這個問題，所以現在不妨暫時擱置它，重新討論心靈和身體的原本問題。基於前面所說的，我們或許會覺得**心靈是個產生印象的**（*abbildhaft*）**東西**。最廣義地說，心靈是一系列的印象，但不是隨機的並置或排序，而是一個充滿意義和實用性的結構，一個形象歷歷如繪的生命活動。而正如為生命做準備的身體物質需要心靈事物才會有生命，心靈也預設一個有生命的身體，它的意象才有辦法生存。

心靈和身體是一體兩面的東西，是**一個**生物的表現，它的本性沒辦法從物質現象或是內在直接的知覺獲知。我們都知道，古代的人認為心靈和身體的結合創造了人。可是更正確地說是，一個不知名的生命體——人們說不上來其本質是什麼，只能含混地用來指稱一個生命的基本概念——在外界表現為物質性的身體，自內觀之，則是關於在身體裡產生的生命活動的一系列印象。它們是不二不一的，而我們也難免會懷疑這整個心靈和身體的區別到頭來只是知性為了意識的名言施設，為了認知而不得不把同一個事實畫分為兩個層面，而我們誤以為它們是兩個獨立的存在。

科學一直沒辦法抓住生命的謎團，不管是有機體的物質或是心靈神祕的系列印象，因此我們不斷地在找尋那個生命體，它是經驗無法企及的，而我們只能假定它是存在的。熟悉生理學的深淵的人，應該會被這種說法搞得一頭霧水，而對於心靈事物略知一二的人，也不再期望這種奇怪的鏡像算得上是什麼「知識」。

就這個觀念而言，對於所謂的「精神」這個含混而多樣的東西，我們也不再指望可以探本窮源。我只清楚一件事：正如「生命體」是身體裡的生命的總和，「精神」也是心理本質的總和，而「精神」的概念和「心靈」的概念也經常混為一談。「精神」和「生命體」一樣，都是遙不可及的東西，也就是在茫茫大霧的無分別狀態裡。正如我們懷疑心靈和身體到頭來是不是同一個事物，精神和生命體表面上的對立也是如此。它們很可能是同一個東西。

這樣的總括性概念到底有沒有必要？我們難道不能不要理會心靈和身體的神祕對立嗎？依據自然科學的立場，我們應該在這裡踩煞車了。可是還有一個可以滿足知識良心的立場，促使我們探賾索隱，跨過那看似沒辦法踰越的界限。那就是**心理學的**立場。

在直到現在的思考裡，我都是採取自然科學思想家的實在論觀點，而沒有質疑我所依據的理由。可是為了簡要地解釋我所理解的心理學觀點是什麼，我必須證明，對於為什麼只支持實在論的觀點，這是值得認真質疑的。我們以物質為例，頭腦簡單的人往往會認為那是最真實的東西：關於物質的本性，我們只有模糊的理論猜想，而這些猜想則是我們的心靈產生的種種意象。當我看到波的運動或是太陽的照射，我的知覺會把它翻譯成光。我的充滿形象的心靈會為世界賦予顏色和聲調，我稱之為經驗的那個最真實而理性的確定性，就連它最簡單的形式，也都是極為複雜的心靈意象的結構。所以說，我們可以直接經驗到的，大抵上只有心靈事物本身。一切都是由心靈加以傳遞、翻譯、過濾、譬喻化、扭曲甚至偽造。我們被籠罩在一大片變幻多端的形象裡，使得我們像個激進的懷疑論者大聲嚷嚷說：「沒有任何事是絕對為真的，就連這句話本身也不是絕對為真的。」我們周遭的這片大霧如此濃密而虛妄不實，使得我們必須虛構出各種精確的科學，至少還能抓住一點點事物所謂「真實」的本性。頭腦簡單的人從來都不會覺得這個太清醒的世界會起霧，可是如果我們讓他浸潤在原始民族的心靈裡，以一個文明人的意識去觀察他們的世界觀，那麼他應該會隱約感受到我們身處其中的晨曦。

不管我們對於世界的認知或者直接的領悟是什麼，那些都是從遙遠而隱晦的源泉流出來的意識內容。無論是實在論（realistisch）的「在實在界裡的存在」（esse in re）或是唯心論（idealistisch）的「只在思想中的存在」（esse in intellectu solo）[7]，我不想爭辯它們的相對有效性，而只想以一個「在心靈裡的存在」（esse in anima），也就是心理學的立場，把上述的極端對立統合在一起。**我們只是直接生活在一個形象世界裡。**

如果我們認真思考這個立場，就會得出一個獨特的推論，也就是說，心理事實的有效性是知識批判[8]或自然科學的經驗無從評斷的。那麼唯一的問題就是：意識內容到底存不存在？如果它存在，那麼它自身就是有效的。唯有當那個內容主張說自己是關於一個外在經驗可及的事物的命題，自然科學才派得上用場；而只有當一個不可知的事物被斷定為可知的事物，知識批判才有用武之地。我們舉一個大家都知道的例子：自然科學從來都沒有發現一個神的存在，知識批判則是證明不可能認識神，可是心靈這時候站出來主張說它經驗到神。神是一個可以直接經驗到的心理事實。若非如此，就不會有任何關於神的話題。這個事實是自身有效的，而不需要任何心理學以外的證明，也不是任何心理學以外的批判可以置喙的。它甚至可能是最直接而真實的經驗，而不容訕笑或是反駁。只有事實感發展不足或是迷信而頑固的人，才會對於這個真理視若無睹。只要對於神的經驗不主張普遍有效性或是神的絕對存在，那麼任何批判就不可能了；因為一個非理性事實，例如說大象的存在，是無從批判的。然而對於神的經驗是屬於相對普遍有效的經驗，以致於每個人都大概明白「對於神的經驗」所指為何。作為處處可見的事實，一個科學性的心理學不得不正視它。我們再也不能對於被斥為迷信的事物不理不睬。如果有人說看到鬼魂或是被人施了法，而且他覺得自己不是在鬼扯，我們就會遇到一個普遍的事實，每個人都知道「鬼魂」或「施法」的意思是什麼。因此，我們可以確定說，在這個情況下，我們也是在面對一個心理的事實複構，在這個意義下，它就像我們看到的光一樣「真實」。我的確不知道怎麼以外在經驗證明死者鬼魂的存在，也沒辦法以邏輯工具推論說一定有死後生命，但是我必須深入探究所有時代和地方都有人主張有看到鬼魂的經驗，正如我也必須考量到同樣有許多人完全反對這種主觀經驗。

精神：比我識更高更廣的意識

在以上更概括性的解釋之後，現在我想回到「精神」這個概念，對於前述的實在論立場而言，那是無法理解的東西。「精神」（就像「神」一樣）意指著一個心理經驗的對象，我們沒辦法在外在世界裡證明它，也沒辦法以理性認識它，如果我們真正理解德語的 Geist 這個語詞的話。如果我們拋開偏見，不再認為我們的概念不是源自外在經驗的對象，就是來自知性的先天範疇（apriorische Kategorien），我們就可以把注意力和好奇心投到這個叫做「精神」的奇特而未知的東西。在這類的情況下，看看這個語詞可能的字源，一直都會有所助益，因為一個語詞的歷史往往會出人意料地彰顯在它底下的心理對象的性質。

自古代以來，也就是古高地德語時期（althochdeutsch）以及其後的盎格魯撒克遜語時期，「Geist」或「gâst」都意指一個世間以外的存有者，而對比於身體。根據《克魯格》（*KLUGE*）的說法，[9]這個詞的基本意思不是很清楚，不過似乎和古北歐語時期（altnordisch）的「geisa」（憤怒）、哥德時期（gotisch）的「us-gaisyan」（無法自已）、瑞士德語（schweizerdeutsch）的「ûf-gaista」（無法自已），以及英語的「aghast」（激動、氣憤）有關。其他的語言用法也充分支持這個關連性。「von Wut befallen werden」（勃然大怒）的意思是有什麼東西落在他身上，坐在他身上，騎上他，魔鬼騎在他身上，他被附身，有什麼東西射進他心裡等等。不管是在心理學以前的階段，或是現在依舊在詩的語言裡，由於其生氣勃勃的原始性，情感往往被人格化為魔鬼。於是，人們把墜入情網形容為「愛神的箭射中他」或是「伊莉絲（Eris）把爭端的蘋果丟到男人之間」[10]等等。當我們「怒不可遏」，我們顯然不再是我們自己，而是被一個魔鬼、一個靈附身。

「Geist」（精神、鬼魂）這個語詞第一次出現時的原始氛圍，至今仍舊存在於我們心裡，不過是在意識下層的心理階段。可是正如現代靈學顯示的，那並不足以讓原始心靈的那個部分重新浮上水面。如果這個字源學的推論（它本身就相當可能）真的站得住腳的話，那麼在這個意義下的「Geist」就是人格化了的情感的一個映像。當人說了什麼冒失的話，我們會說他的舌頭掉出來了，意思顯然是說他的話語成了一個和他脫離而獨立的東西。用心理學來說，那就是：**每個情感都會傾向於**

變成一個自律性的情結，脫離意識的位階，想盡辦法要把自我拖著走。難怪原始民族會認為其中一定有個外來的、不可見的東西在作祟，也就是「鬼魂」。在這個情況下，「鬼魂」是獨立的情感的摹本，所以古代的人才會很貼切地把「鬼魂」叫做imagines（形象）。[11]

我們再來看看「Geist」這個詞的另一個出現！「他以去世的父親的『Geist』（精神、鬼魂）行事舉止」，這句話是有歧義的，因為「Geist」可能指死者的鬼魂或是一個人的心態。我們再看看另一個說法：「一個新的精神被引進了」，或是「一個新的精神吹向了某個人」，它要說的是一個性情的改變。它的基本概念還是被一個靈附身了，比方說，那個靈成了屋子裡的「家主神」（spiritus rector，「精神領袖」）。可是我們也可以說，「那個家裡盤踞著一個惡靈」。

這裡再也不是情感的人格化問題，而是一個心性或（用心理學的術語來說）心態。一個壞的心態，人們會說是「居心不良」（böse Geist，惡靈），它的心理作用和人格化的情感差不多。許多人或許會有點訝異，因為「心態」一般被理解為「對於某個事物的態度」，也就是自我的行為，因而是有意的。然而心態或性情並不都是意志的產物，而是由於其特殊性，或者更多是心理的感染力，例如環境的影響。

大家都知道有些惡意的人會破壞氣氛，壞榜樣會傳染給別人，他們會因為自己的不寬容而讓別人很緊張。在學校裡，只要學生裡有個壞蛋，就會敗壞整個班級的風氣，反過來說，一個孩子歡樂而友善的性情，也會讓一個原本死氣沉沉的家庭更加開朗而美好，如果每個人都因為這個好榜樣而改善他們的心態的話。一個心態也可能打敗有意識的意志，「卑劣的夥伴會敗壞善良的風氣」。這個情況尤其可見於群眾的暗示（Massensuggestion）裡。

因此，不管是心態或心性，它們就像一個情感一樣，會自內在或外在強加於意識，也會在相關的語言隱喻裡表現出來。乍看之下，心態似乎基本上比情感複雜許多。可是在仔細探究之下卻並非如此，因為大部分的心態都有意識或無意識地以一個**箴規**為基礎，它甚至往往具有諺語的性格。有些心態，我們可以馬上摸索到關於它的箴規，甚或注意到其來源。有時候用一個語詞就可以形容一個心態，那個語詞往往代表著一個**理想**。一個心態的本質有時候既不是個箴規，也不是什麼理想，而是一個被推崇和效法的人格。

教育者會利用這個心理事實，試著以箴規和理想暗示什麼是正當的心態，其中有許多其實是影響整個人生的準則。就像鬼魂一樣，它們會盤踞在一個人身上。在比較原始的層次上，它甚至是關於一個大師、牧者（poimen）、人類的牧人（poimandres）的靈視，它們是那些人生準則的人格化，以栩栩如生的現象把它們具體化。

於是我們來到遠遠超越了泛靈論（animistisch）的詞形的精神（Geist）概念。這裡的諺語或箴規一般都是個人的許多經驗和努力的結果，是許多洞見和結論的總和，而濃縮成言簡意賅的話語。以《聖經》裡的「似乎貧窮，卻是叫許多人富足的」[12]為例，如果我們深入分析，重構那個推論出這個人生準則的經驗以及反應，那麼我們會不由得讚嘆在它背後豐富而成熟的人生經驗。那是讓人印象深刻的句子，以巨大的力量震撼敏感的心，或許會盤踞在他心裡久久不去。那樣的箴規或是理想包含了無窮無盡的人生經驗以及深刻的反省，它們其實就構成了我們所謂的「精神」概念。如果這類的準則擁有不容置喙的支配性，我們就會說以它為指引的人生是「以精神為前提的生活」或是「精神性的生活」。這個準則的影響越是無條件而且具有約束力，它就具有自律性情結的性質，相對於「我識」，它是個不可動搖的事實。

可是我們不可以忽略了，這樣的箴規或是理想，包括其中的金章玉句，並不是什麼絕對有效的咒語，而只有在若干條件下才有其支配力，也就是在心裡、在主體裡，有個東西願意和它們妥協，一個願意接受眼前的形式的情感。唯有透過情感的反應，不管是理念或是準則，才能成為自律性的情結。否則理念就一直都只是由意識自行判斷的概念而已，只是知性的小把戲，而沒有決定性的力量。如果一個理念只是個知性概念而已，那麼它對人生一點作用也沒有，因為在這種情況下，它只是徒託空言而已。反之，如果理念達到了一個自律性情結的意義，那麼它就會透過種種心性左右一個人的生活。

這類的自律性心態，我們不要以為它們是產生自我們有意識的意志或是我們有意識的選擇。就像我在前面說過，那需要情感的幫忙，我也可以說，如果要產生一個自律性的心態，就必須有個不受有意識的恣意支配的無意識意願。人沒辦法**意欲**成為精神性的人。我們可以選擇和追求的那些原則，一直是在我們的判斷範圍之內、在我們的意識支配之下，因而沒辦法擺脫有意識的恣意。所以，什麼原則要支配我們的心態，那其實是個命運的問題。

人們當然會問，難道沒有人可以把自由意志當作最高原則而且有目的地選擇每一個心態？我不認為有人可以像神一樣或是成為神，可是我知道很多人在追求這樣的理想，因為他們著迷於絕對自由的英雄式理念。所有人都會有所依賴，所有人都是有限的，因為他們不是神。

我們的意識並不會表現整個人性，它一直只是人性的一部分而已。如果大家還記得的話，我在本文開頭暗示了我們的「我識」不一定是我們的系統裡唯一的意識，它或許從屬於範圍更大的意識，就像比較簡單的情結從屬於自我情結一樣。

我不知道怎麼證明有個比「我識」更高更廣的意識存在，可是如果它真的存在，那麼它應該會對於「我識」造成強烈的干擾。我想舉一個簡單的例子解釋我的意思：假設我們的視覺系統有自己的意識，擁有一種「眼睛人格」。再假定它看到一個讓它流連忘返的美麗景象。可是聽覺系統這時候突然聽到了一輛汽車的訊號。視覺系統卻沒有意識到這個知覺。現在自我對肌肉下了指令，要身體避開車子到別的地方，而視覺系統還是沒有意識到。由於這個動作，視覺系統突然轉移了它的對象。那麼眼睛是否會推論說，光明的世界可能遭到什麼不知名的干擾。

如果有個範圍更大的意識存在，它是整個人的意象，那麼我們的意識就應該會發生這種事。那麼是否真的有這樣的障礙，任何意志都無法控制它，任何意圖都無法排除它？我們心裡是否真的有個無法觸及的地方，它可能是這些障礙的源頭？不用多說，第一個問題的答案是肯定的。我們在一般人身上，更不用說精神官能症患者，不難觀察到來自其他方面的顯著障礙和干擾：一個心情可能突然轉變；頭痛突然襲來；我們要介紹一個朋友，可是他的名字卻怎麼也想不起來；一個旋律整天盤旋在腦海裡；我們想要做一件事，可是不知怎的卻提不起勁來；我們忘記了我們最不想要忘記的事；我們很開心終於可以睡覺了，卻輾轉反側難以成眠；我們的睡眠被天馬行空而惱人的夢境干擾；眼鏡明明在鼻樑上，卻到處在找眼鏡；剛買的雨傘不知道擺到什麼地方。這類的事不勝枚舉。如果我們研究精神官能症的心理，我們會看到種種最弔詭的障礙。各式各樣驚人的病症出現，卻沒有任何器官生病。身體沒有任何失調，體溫卻竄升到攝氏四十度以上；沒有任何理由地陷入讓人窒息的焦慮；連病人自己都知道太荒唐的強迫觀念；來無影去無蹤的皮疹，不知道原因為何，也不知道該怎麼治療。族繁不及備載。每個個案當然可以有個解釋，不管是否恰當，卻沒辦法用它來解釋下一個個案。可是，這些障礙的存在，卻是再確定不過的了。

至於第二個問題，也就是障礙的源頭，有一點是我們要注意的，那就是。醫學心理學提出了**無意識**的概念，並且證明了這些病症是源自無意識的事件。就像我們的眼睛人格所發現的，除了可見因素以外，必定還存在著不可見的決定因素。如果說不是所有事實都在欺騙我們，那麼無意識的事件也就不會是什麼無知的東西。它們甚至幾乎欠缺自動性和機械性的特質。所以，它們完全不遜於意識的事件，相反地，它們往往也會遠遠超越有意識的洞見。

我們想像中的那個「視覺人格」或許會懷疑說，它的光明世界的突然干擾是否出自於意識。同樣地，我們也可以懷疑更廣闊的意識的存在，而我們的理由並不會比「視覺人格」的懷疑更充足。可是由於我們沒辦法進入那個更廣闊的意識並且把握它，所以我們以自己的立場，就把那個黑暗的場域叫做無意識。

在這裡，我回到了本文開頭關於一個更高的意識的問題，因為我們現在探討的問題，也就是支配生命的精神力量，和那些超越「我識」範圍的事件有關。我在前面順便提到，如果一個理念沒有情感，它就沒辦法成為支配生命的力量。我也提到特定精神的產生是個命運的問題，我的意思是說，我們的意識沒辦法恣意地產生一個自律性的情結。情結從來都不是自律性的，如果它不是撲到我面前，在那一瞬間證明它比有意識的意志更加強大的話。情結其實就是那種來自黑暗場域的干擾。我在前面說過，必須有個情感的反應對著理念張開雙手，我指的是無意識的意願，由於它的情感特質，它可以深入意識到不了的地方。有意識的理性從來都沒辦法刨除我們神經症狀的根柢；那需要情感事件，唯有情感事件才有辦法影響交感神經系統。因此我們也可以說，如果那範圍更大的意識覺得是時候了，它就會把一個強迫性的觀念放在我識前面，作為一個無條件的命令。任何意識到其指導原則的人，都會知道它是以不容置喙的權威在支配著人生。可是意識往往忙著競逐於它眼前的目標，而從來都沒有為了那決定其人生的精神的本質提出任何解釋。

在這個心理學觀點之下，精神的現象就像自律性情結一樣，似乎是一個優先於「我識」或至少和它不相上下的無意識的意圖。如果我們要正視我們所謂的精神的本質，那麼我們就必須捨無意識而談到一個更高的意識，因為精神的概念所蘊含的，要比「我識」更上一層樓。精神的這個優越性不是有意識地憑空捏造的，而是附著於其現象的真正屬性，可見於所有時代的文獻記載，從《聖經》到尼采的《查拉圖斯特拉如是說》。在心理學裡，「精神」是指一個人，有時候是個高瞻遠矚而思路清晰的人。在基督宗教的信理裡，它甚至是三位一體裡的第三位格（Person）。[13]事實證明，精神並不只是可以表述的理念或箴規，在它最強烈而直接的開顯裡，甚至會演變成一個獨立的生命，讓我們覺得它是獨立於我們存在的存有者。如果說

「精神」可以被命名為或改寫成一個可理解的原則或是可以表述的理想，那麼我們當然也不會覺得它是個獨立的存有者。可是如果它的原則或理念變得難以捉摸，如果它的意圖的起源和目標諱莫如深，卻又有如江河行地，人們必然也會覺得它是個獨立的存有者、層次更高的意識，而沒辦法以人類的知性概念形容其莫測高深而優越的特質。於是我們只能訴諸另一種工具去表達它：我們創造了一個**象徵**。

我所理解的象徵絕對不是什麼比喻或是單純的符號，而是一個形象，它可以充分描繪那個撲朔迷離的精神的本質。一個象徵並不會畫界或解說什麼，而只是指涉一個在對面的、費解的、捉摸不定的意義，我們現有的任何語詞都不足以描摹它。一個可以被翻譯成一個概念的精神，其實是在我們的「我識」範圍裡的心理情結。它既不產生什麼事物，而且除了我們置於其中的，它也沒有其他任何屬性。可是一個要求以象徵為其表現方式的精神，則是個心理情結，它包含著有無限可能性的創造性種子。基督宗教裡的象徵是最直接而明顯的例子，不管是歷史或是觀察都可以證明它的效用。如果我們拋開成見，思考早期基督宗教的精神如何左右著二十世紀一般人的心靈，應該會舌撟不下。可是這個精神的創造性是無與倫比的。難怪人們會覺得它擁有神性的優越性。

處於「生命」與「精神」之間的人

這個明確感受到的優越性，為精神的開顯賦予了神啟的性格以及無條件的權威，那當然是個危險的屬性，因為我們所謂的**層次更高的意識**，絕對不是指我們的意識值「更高」，而往往是和我們所承認的理想對立的。我們只能說這個假設的意識「範圍更廣」，而不要先入為主地以為它在知性或道德方面的層次必定也更高。世上有許多「靈魂」，不管是光明或黑暗的。因此我們不排除說，精神並不是絕對的東西，而是相對的，它需要**生命**作為其補充和實現。我們有無數的個案，人被一個鬼魂附身，使得身體裡的人不再是他自己，而是那個鬼魂，它當然沒有使得他的生命更豐富或充實，反而會危及他的生命。我的意思並不是說，基督宗教殉教者的死亡是沒有意義或目的的毀滅，相反地，這樣的死亡比任何人的去世都更加充實，我說的是若干幽靈，也就是澈底否定生命的教派。當這樣的幽靈扼殺了人類，它自己的下場又會怎樣？孟他努派（montanistisch）[14]的嚴峻主義觀念是在回應當時高唱入雲的道德要求，可是他們卻會危害生命。因此我相信，一個和我們的最高理想呼應的精神也會受到生命的限制。當然，對於生命而言，那是難以避免的，因為我們都知道，只有一個自我的生活，是極為不當而有缺憾的事。唯有遵循某個精神去生活才是有價值的。事實上，只有一個自我的生活，不僅是當事人，就連旁觀者，往往也會覺得槁木死灰。生命的滿全不只是需要一個自我而已，它還需要精神，也就是一個獨立的、層次更高的情結，它顯然有辦法召喚那些我識無法企及的心靈可能性，讓它們都表現在生命裡。

可是正如人有個追求盲目而沒有羈絆的生命的激情，人也有個激情，正因為精神在創造力方面的優越性，人會想要為了它而奉獻他的生命。這個激情會使得精神變成惡性腫瘤，毫無意義地摧毀人的生命。

生命是精神的真理判準。如果精神剝奪了人的所有生命的可能性，而只在他裡頭尋求實現，那麼它就只是個瘋狂的精神（Irrgeist，瘋子），而人們自己也難辭其咎，因為他可以選擇要不要放棄自己。

生命和精神是兩個力量或是必然性，而人則被抛到兩者之間。精神為他的生命賦予了意義以及極致發展的可能性。然而生命也是精神不可或缺的東西，因為如果精神的真理沒辦法生存，那麼它就什麼也不是。

本文發表於一九二六年十月二十九日奧格斯堡文學協會（Literarische Gesellschaft Augsburg）以「自然與精神」（Natur und Geist）為題的講座

注釋

1 譯注：「Geist」在德文裡有許多意思，榮格在本文裡穿梭在各個意思當中，包括：（不可數名詞）精神、思想、心靈、靈魂；（可數名詞）鬼神、幽靈、重要人物，以及聖靈。

2 譯注：英文為 reflex arc。

3 譯注：英文為 ganglion cell。

4 譯注：英文為 motor ganglion。

5 譯注：這裡的「我識」是指透過「自我」產生的意識，或是說意識到有個「我」，並不等於範圍更大也更複雜的「自我意識」（Selbstbewußtsein），也就是意識意識到它自身，而無論是要把自我意識譯為「自識」或「自體意識」，則是另一個問題。

6 譯注：西賽羅（Marcus Tullius Cicero, 106 BC-43 BC）提出「另一個自我」（alter ego），十八世紀的日耳曼醫生梅斯美（Anton Mesmer, 1734-1815）則以催眠術發現「另我」。「自我的改變」是指自我由於年齡或是精神官能症或其他心身症造成的改變。佛洛伊德也在作品裡多次使用這個概念（*Zur Einführung des Narzißmus*, 1914）。

7 譯注：這是安瑟倫（Anselm of Canterbury, 1033-1109）提出的概念。

8 譯注：指康德（Immanuel Kant, 1724-1804）的批判理論。

9 譯注：指《德語字源學詞典》（*KLUGE Etymologisches Wörterbuch der deutschen Sprache*），該辭典主編為克魯格（Friedrich Kluge, 1856-1926），這部辭典也因而簡稱為 KLUGE。

10 譯注：「伊莉絲（紛爭的意思），希臘神話裡的鬥爭和衝突的女神，祂也會製造仇恨、困境以及人類之間的戰爭。祂因為沒有獲邀參加培里烏斯（Peleus）和泰蒂斯（Thetis）的婚禮，為了報復，就把一顆刻有『獻給最美麗的人』的金蘋果丟在宴席間，引起希拉、阿芙羅狄特和雅典娜的爭奪戰，而由帕利斯做裁判。」（《神話學辭典》，頁一五二）

11 譯注：「imagines」是拉丁文「imago」（形象、肖像）的複數。

12 譯注：《新約聖經．哥林多後書》六：10。

13 譯注：三位一體，聖父、聖子、聖靈，第三位格是聖靈（Geist）。

14 譯注：基督宗教最早的靈恩運動，西元二世紀由孟他努（Montanus）所創，謂主即將來臨，期待聖神特恩，反對俗務，為嚴峻派之一。

十三　現代人的心靈問題

現代人的心靈問題是屬於那種因為其現代性而難以一窺全豹的問題之一。現代人是個方興未艾的人的型態，而現代性的問題，也是不久前才浮現的、答案仍然在遙遠的未來的問題。因此，現代人的心靈問題最多只是個問題的提出，而如果我們隱約知道答案是什麼的話，這個提問的方式或許會完全不同；此外，問題仍然是相當不著邊際的——即便不是含混的——它遠遠超出任何個人的理解能力，因此，我們有足夠的理由要以極為謙卑而保留的態度去探究這樣的問題。我認為把這個侷限性謹記在心是有必要的，因為人們總是喜歡以陳義過高而空疏寡實的說法去探討這樣的問題。而我們也會不得不談到一些聽起來自以為是而放誕任氣的事物。我們看過太多因為河漢斯言而不攻自破的例子了。

什麼是「現代人」？

我們現在就舉一個輕率躁急的例子，我必須說，我們所說的現代人、生活在當下的人，其實是佇立在世界的巔峰或是邊緣的：他的頭上是穹廬，腳下是整個人類及其湮沒在太初的濃霧當中的歷史，眼前則是一切未來的深淵。現代人，或者說是生活在當下的人，其實是屈指可數的，因為他們的意識必須是極為廓然明白的，那是既深且廣的意識，其中沒有任何纖介的無意識，因為唯有完全意識到自己身而為人的存在，才可以說是活在當下。當然，活在當下的人並不就是一個現代人——否則每個現在活著的人都是現代人了——只有完全意識到當下的人，他才是現代人。

任何意識到當下的人，他必定是**孤單的**。任何時代裡的「現代」人都是孤單的，因為他的意識越是既深且廣，就越加遠離和群眾的那種原始而動物性的「神祕的分受」，他們只是沉浸在一個共同的無意識裡。每往前跨一步，就意味著脫離太初的無意識這個涵攝一切的母胎，大多數民族的人們都沉湎於其中。就算是文明的民族，其中底層的人們對於他們的生活渾渾噩噩而無意識，和原始民族無甚差別。再上一層的人們，他們對於其生活的意識層次基本上相當於初民社會，而最高層的人們，他們的意識就很接近上一個世紀的意識。唯有在我們的意義下的現代人，才是真正活在當下的，因為只有他才會意識到當下。只有在他眼裡，以前的意識階段的世界才會消褪，那些世界的價值和渴望，在他眼裡只具有歷史觀點下的興趣。於是，他成了最深層的意義下的「無視於歷史」（unhistorisch）的人，也和只知道生活在傳統的觀念底下的群眾漸行漸遠。是的，當他走到世界的邊緣，把被他揚棄的、超越的東西拋在腦後，眼前只有足以孕育萬物的一片空無，他才是真正現代的人。

這聽起來或許只是放言高論而陳腔濫調；因為要觸動意識是再簡單不過的事了，事實上，有太多販夫走卒擺出一副現代風的模樣，自欺欺人地跳過種種意識階段及其艱難的生命任務，突兀地出現在真正的現代人旁邊，宛如一個失了根的人、一個吸血鬼，譏笑說他的孤單並不值得稱羨。因為吸血鬼的灰暗披風，也就是假的現代性，使得群眾霧裡看花，而把他們和少數真正活在當下的人混為一談。這是沒辦法的事，現代人一直都是啟人疑竇而聲名狼藉的，自蘇格拉底（Sokrates）和耶穌以降，任何時代皆然。

現代性的自白意味著主動宣告破產，在一個新的意義下，則是神貧和貞潔的聖願，甚至是更痛苦的放棄聖人的光環，那一直是一種歷史的懲罰。「無視於歷史的存在」是個普羅米修斯的罪。在這個意義下，現代人是有罪的。所以說，**意識的提升是有罪的**。但是如前所述，唯有超越以前的種種意識階段，才有辦法意識到當下，換言之，他首先必須履踐這個世界賦予他的任務。他必須是個才德兼備的人，既要跟得上別人，或者是超越他人，如此，他才得以攀上更高的下一個意識階段。

我知道那些假現代人很討厭「技能」這個概念，因為那會使他們想到自己的欺詐而坐立難安。可是這無礙於我們以技能作為現代人的基本判準。這個判準是不可免的，否則現代人就只是個不負責任的投機客而已。他必須有一身技藝，因為他的「無視於歷史的存在」只會是對於過去的叛離，如果他沒有在另一方面具備創造的能力。如果以為否定過去就是意識當下，那只是在玩小把戲而已。「今天」就只是介於「昨天」和「明天」而已，沒有別的意思。今天是個歷程，是個過渡，它會告別昨天，走向明天。任何人在這個意義下意識到今天，就可以說自己是**現代的人**。

當然，許多人，尤其是假現代人，也都會說自己是「現代的」。於是，我們往往只有在說自己是老派的人們當中才找得到真正的現代人。他們會那麼說，一方面是要特別強調過去，以補償因為拋棄歷史而造成的過失，另一方面則是不想和那些假現代人攪和在一塊兒。任何善的出現都有它對應的惡，世上不會有任何塊然獨存的善而沒有對應的惡。這是個難堪的事實，對於當下的意識會使人自鳴得意，妄想自己站在人類歷史的巔峰，是無數個世紀以來的實現和成就。那只是承認其傲慢的捉襟見肘，因為我們也讓數千年來的盼望和妄想落空了。兩千年來的基督宗教歷史，既沒有基督復臨也沒有千年王國（千禧年），而只有信仰基督宗教的民族之間的世界大戰，鐵絲網和毒氣……直是天上人間的一場浩劫！

看到這樣的景象，我們也不得不回歸到謙卑。現代人固然攀上山巔，可是明天他又會被人趕上，儘管他是一個自遠古以來的演進的成就，卻也讓所有人的希望落空了。現代人意識到了這點。他看到科學、技術和機構如何造福人群，卻也招致了災難。他也看到所有善意的政府基於「si vis pacem para bellum」（欲求和平，必先備戰」）的原則致力於維護和平，卻使得整個歐洲幾乎萬劫不復。[1]至於種種理想，不管是基督教會、人類的同胞愛、國際的社會民主主義、經濟利益的「團結」，都經不起現實世界的考驗（Feuerprobe，火刑驗罪法）。是的，戰後十五年，我們看到同樣的樂觀主義、同樣的機構、同樣的政治願景、同樣的口號，再度甚囂塵上，長遠地看，必然會引起另一場浩劫。《巴黎非戰公約》（Kriegsächtungspakt）[2]的簽定啟人疑竇，儘管人們都樂觀其成。可是基本上所有這類的媾和企圖都有個疑慮心在噬嚙著人心。整體而言，我相信可以持平地把現代的意識比擬為一個人的心靈，它遭受到致命的打擊，因而感到徬徨而不確定。

由以上的說法可以看得出來，因為我是個醫生，而使得我的觀點有所侷限。我不得不當個醫生。一個醫師總是會診斷出種種疾病，但是他的專業基本上會使他看不到還不存在的疾病。因此，我不會貿然主張說，西方國家的人（大體上是說白種人）都生病了，或者說西方沒落了。這樣的判斷遠非我的能力所及。

如果我們聽到有個人在談論文化或人類的問題，那麼我們必須打聽一下他是何方神聖，因為問題越是普遍性，他就越容易會把他自己至為私密的心理學「穿鑿附會」到他的說法裡。那一方面會導致讓人難以忍受的扭曲以及錯誤的推論，但另一方面也正是因為一個普遍性的問題會涵攝整個人性，所以任何人在談論它的時候，都會有真實的體驗，甚或是痛澈心脾的感受。在第二個情況裡，問題會透過他的人格而反映出來，因而訴說著某個真相，而在第一個情況裡，個人的傾向會操控問題，披著客觀性形象的外衣，因而不會得出任何真相，而只會產生一個幻象。

當然，唯有從我在他們以及我自己身上看到的經驗，我才會認識到現代人的心靈問題。我在數百個有教養的人們那裡認識到相當私密的心靈世界，不管是病人或是健康的人，他們涵蓋了整個白人的文化圈，我的論述就是以這個經驗為基礎的。我所提出的無疑只是片面的觀念，因為那是涉及**心靈裡**的一切事物、一切所謂**內在層面**的東西。不過我必須補充說，心靈並不一定存在於內在層面。它也存在於整個民族和時代的外在層面，而和心理學沒有什麼關係，例如許多古代文明，尤其是埃及人，他們讓人讚嘆的客觀性，以及他們天真地否認自己沒有犯過任何罪行。[3]當然，就像巴哈（J. S. Bach）的音樂一樣，我們無法從沙卡拉（Sakkara）的阿庇斯（Apis）[4]神廟或是金字塔的精神那裡想像什麼心靈的問題。

現代意識對自己心靈深處的觀照

只要在外在世界裡存在著一種觀念性或儀式性的形式，它涵攝且表現了心靈的種種渴求和希望，例如現在的宗教形式，那麼心靈就是存在於外在世界，也就沒有什麼心靈的問題，正如在我們的意義下也沒有無意識這種東西。正因為如此，心理學的演進也只是這幾十年來的事，儘管若干世紀以前的人們早就擁有足夠的內省和知性去認識到屬於心理學主題的那些事實。就此而論，科技的問題也是如此。例如說，羅馬人擁有足以建造蒸汽機的所有機械原理以及物理事實的知識，到頭來卻只有亞力山卓港的希羅（Heron ho Alexandreus）以那些知識製作他的玩具。[5]因為他們並沒有迫切的需要。直到上個世紀的分工以及專門化，才產生了這個需求。我們的時代必須有**心靈的需求**，才會催生心理學的種種發現。從前當然也有種種心理事實，可是並不顯著，也沒有人注意到它。沒有心靈也沒關係。可是現在的我們沒辦法對心靈視若無睹。

醫師應該是第一個真正經驗到這個真相的人，因為對於牧師而言，心靈必須套上特定的信仰模式而得以寧靜地生活，如此心靈才有其存在的意義。只要這個信仰形式可以滿足生存的可能性，那麼心理學就只是個輔助技術，心靈並不是自成一類的因素。只要人生活在群體裡，他就不會有、也不需要心靈這種東西，除非他相信靈魂不朽。可是只要他超越了西方國家的宗教範圍，也就是說，宗教再也不是他全部的生活，那麼心靈就成了一個沒辦法以一般的方式去探究的因素。因此，現在我們的心理學是基於經驗事實，而不是信仰教條或是哲學公設，我也看到一個事實，那就是我們的心理學其實是個病症，它證明了普遍的心靈的一個深層創傷。它既是整個民族心靈的問題，也涉及個人心靈：只要一切順遂，所有心靈能量都得以充分發揮作用，我們就不會有什麼心理疾病。我們不會遭遇什麼不確定感或懷疑，也不會和自己不一致。可是一旦有些心理活動無法疏瀹，就會產生若干程度的阻塞現象，即所謂的河水倒灌，也就是內心的意欲和外在行為不一致，其結果就是我們和自身的不一致。唯有在這個情況下，在這個**困境**裡，我們才明白到心靈別有意圖，它是個陌生的東西，甚至是有敵意的、不相容的東西。佛洛伊德的精神分析的發現極為明確地證明了這個歷程。他第一個發現的，就是性變態和犯罪的幻想的存在，就字面而言，它們和文明的意識扞格不入。如果人懷有這種念頭，那麼他一定是個反叛者、瘋子或是罪犯。

我們不要以為心靈背景或是無意識的這個面向是現在才演化出來的。它也許一直都存在於所有文明當中。每個文明都有它為了虛榮而不擇手段的對立面。可是以前沒有任何文明認真注意到這個心靈背景。心靈一直都只是形上學體系的一個部分。可是儘管現代的意識再怎麼激烈奮力地抗拒，也沒辦法對於心理知識視而不見。這就是我們的時代和從前的差別所在。我們再也無法否認，無意識的陰暗事物是強大的力量，也沒辦法否認心理力量的存在，它再也無法被嵌入我們的理性世界秩序裡，至少現在沒辦法；我們甚至為它們建構一門科學，這更加證明了我們有多麼重視它。在以前的世紀裡，人們或許會不經意地把它丟到爐渣裡；我們再也不能把它當作涅索斯（Nessus）的袍子[6]一樣把它扔掉。

世界大戰干戈擾攘的災難性結局對於現代人的意識的震撼，和對於自己以及性善的信念的道德動搖互為表裡。以前我們可以在政治和道德上把其他外邦人當作惡棍，可是現代人卻不得不認識到他在政治與道德上和其他人沒什麼兩樣。如果說以前我相信規勸他人克己復禮是神意的義務，那麼現在我會明白我也要規勸自己行為端正，我知道因此我最好要守時待命。特別是因為我清楚看到我對於世界的理性秩序的信仰，和平而和諧的千年王國的古老夢想，如今已經搖搖欲墜。現代意識在這個方面的懷疑論，澆熄了任何政治和改革世界的熱情；這個懷疑論甚至設置了種種可以想像得到的障礙，不讓心靈的能量盡情宣洩到世界裡，正如對於朋友的道德人格的懷疑會阻礙他們的友誼關係及其發展。這個懷疑論會使現代意識裹足不前，而在回流到內心的時候，會因為遭遇到阻力而意識到主觀的心理現象，它們一直就在那裡，可是只要可以順暢宣洩，它們就會一直蟄伏於深處的陰影裡。中世紀人們的世界則是完全不同的光景：地球是世界的中心，永遠穩固而悠閒，而慈愛且散發溫暖的太陽則是圍繞著地球轉動；所有白人都是神的孩子，在至高者的慈怙之下成長，神會賜予他們永恆的至福，而他們每個人也**都知道要正當地**為人處世，才可以脫離朝生暮死的俗世，獲致一個永恆喜樂的生命。現在的我們再也無法夢想這麼一個實在界。自然科學早就扯下了這個優雅的面罩。那個年代宛如童年一般被我們拋在身後，在那個年代裡，永恆的天父一直是整個國度裡至大至美的人。

對我們而言，中世紀人們的所有形上學的安定感已經杳然無蹤，而我們則是以物質安定以及全體人類的福祉與人道主義的理想取而代之。可是現在仍然認為這個理想是不可動搖的人，一定是太過樂觀了。就連這個確定性也早已灰飛煙滅，因為現代人看到了物質世界的任何進步都可能會招致更大規模的災難。一想到那個境況，所有期盼和想像都望而卻步。舉例來說，對於毒氣攻擊，現在的大城市要如何規畫或演練防空演習呢？依據「欲求和平，必先備戰」的法則，我們必須假定早就有人規畫和準備發動毒氣攻擊了。人們只會不斷軍備競賽，被人類心裡的惡魔支配，放任它虎兕出柙。我們都知道，只要有足夠的武器刀劍相向，戰爭就會自己爆發。

這個支配著所有盲目的事件的可怕法則，也就是赫拉克利特（Heraklit）所謂的「**反向轉化**」（*eantiodromia*），[7]現代的意識開始隱約感覺到這個法則，而在其意識底層感到不寒而慄，再也不相信任何社會和政治手段有辦法對付這個怪物。意識看到了盲目的世界在其天秤兩端永遠擺著生成和壞滅的駭人境況，於是轉向主觀的人類心理，觀照他自己的心靈深處，因而發現了種種讓人不忍卒睹的混亂陰暗面，就連科學也來摧毀了這個最後的庇護所，以前的避難的洞穴，現在已經成了污水坑。

可是在自己的心靈深處看到那麼多邪惡，反而讓人感到如釋重負。至少我們相信在人性裡找到邪惡的源頭了。儘管人們會因此感到震撼而失望，卻也會覺得這個心理事實是我們心理的一部分，因而是可以駕馭、導正或至少有效壓抑的。如果真的可以如人們所想的那樣，那麼至少可以根除外在世界的一部分邪惡。由於關於無意識的知識的普及，大家都以為可以看到政治人物如何被他渾然不覺的邪惡動機牽著鼻子走，報紙也會對他大聲疾呼說：「去做個心理分析吧。你有個潛抑的弒父情結。」

我刻意引用這個怪誕的例子，以證明人們以為凡是心理的東西都是可以控制的錯誤觀念，會導致多麼荒謬的結論。當然，大部分的邪惡都是源自人性裡橫無際涯的無意識。而且我們越是明白了惡的心理源頭，也就更加知道該怎麼對付它，正如科學讓我們有辦法解決種種外在的損害一樣。

二十多年來對於心理學的興趣在全世界層見疊出，顛撲不破地證明了現代意識已經從物質的外在世界撤離，轉向主觀的內心世界。表現主義的藝術預言了這個轉向而開風氣之先，正如藝術總是會預感到大眾意識的未來趨向一樣。

我們時代對於心理學的興趣，證明了人們期待心靈擁有外在世界裡所沒有的東西，那原本應該是在宗教裡的，但是它再也沒辦法容納，或是人們不認為它可以。對於現代人而言，宗教似乎不再是源自內在世界的，不是源自心靈的，而是外在世界的存貨。不會有任何世界之外的聖靈以內心的神啟感動他，他可以任意挑選宗教和信仰，就像是在假日盛裝打扮，而等到那些衣服趕不上流行了，就會把它們束之高閣。

但人們卻還是對於看起來陰暗而近乎病態的心靈深處現象趨之若鶩，雖然他們自己也說不上來為什麼會突然對於以前棄若敝屣的東西趨之若鶩。眾人樂此不疲雖說是個不爭的事實，他們的品味卻是相當低劣。我所指的這個心理學興趣，不只是對於心理學這門科學，甚或是對於佛洛伊德的精神分析更狹義的熱中，而是對於心理現象、靈學、占星學、神智學、超心理學（Parapsychologie）等等氾濫成災的興趣。自十六、十七世紀以來，我們從來沒有見過這類的事。只有在西元一、二世紀靈知派崛起的時候才看得到差堪比擬的現象。現在的思潮可以說和靈知派一脈相承。現在在法國甚至還有靈知派教會（Église gnostique de France），我知道德國也有兩個自稱屬於靈知派的教會。其中最重要的運動無疑是神智學，以及它在歐陸的姊妹人智學，它們是澈頭澈尾披上印度教外衣的靈知派。而作為科學的心理學則是乏人問津。靈知派的特點是它只奠基於深層現象，而且深入探究道德的陰暗面，在歐洲舊瓶新裝的拙火瑜伽（Kundalini-Yoga）也是旨在說明這點。而超心理學的現象也不例外，任何行家都可以證明這點。

投注於這個興趣的熱情，無疑是源自於從種種故步自封的宗教形式回流的那個心靈能力。正因為如此，這些事物在內部擁有真正的宗教性格，儘管它們對外佯言是一種科學，儘管史坦納醫生（Rudolf Steiner）說他的人智學是**唯一的**「靈性科學」（Geisteswissenschaft）。這種掛羊頭賣狗肉的作法，只是證明了宗教也變得和政治以及世界改革一樣聲名狼藉。

相對於十九世紀的人們，現代意識對於心靈的東西有著最深層而強烈的期望，我想我這麼說並不會太誇張，而那不是在傳統信仰的意義下，而是在靈知派意義下。而上述的運動披上科學的外衣，我們也不要認為那是什麼荒誕不經或是掛羊頭賣狗肉的作法，那其實證明了他們是在追求科學（其實是指「**知識**」），而對立於歐洲宗教形式的本質，也就是「**信仰**」。現代意識對於信仰以及以它為基礎的宗教痛深惡絕。他們認為信仰的知識內容必須看起來和經驗的深層現象相符才是有效的。他們想要**認識**，也就是說，他們想要擁有那個源初經驗。

探索的年代，或許要直到探究了地球的每個角落以後才算是大功告成，人們不再相信極北族人（Hyperboräer）[8]只有一隻腳之類的傳說，他們想要親知親見在已知世界邊界以外的任何事物。而我們的時代則顯然打算要探究意識以外的心理現象。每個靈學圈子的問題都是：當靈媒喪失意識的時候，到底發生了麼事？每個神智學者的問題也都是：我在更高的意識層次（也就是我現在的意識以外的層次）經驗到什麼？每個占星學者的問題都是：在我的意圖之外的命運的作用力和決定因子是什麼？而每個精神分析師的問題卻是：精神官能症的無意識驅力究竟是什麼？

我們的時代想要自己去體驗心靈。人們想要的是源初經驗，因此拒絕任何預設，卻又以現有的預設作為工具，例如已知的宗教和真正的科學。以前的歐洲人如果深入瞭解這些事，他們應該會感到背脊一陣寒顫，不只是因為所謂的研究對象讓人們感到陰暗而醜陋，其研究方法更是對於人類至為珍貴的思想成就的無恥濫用。舉例來說，相較於三百年前，現在繪製的星相圖至少有一千多倍那麼多，占星學家對此有什麼話要說嗎？相較於古代，現在世界的迷信一點也沒有變少，啟蒙運動哲學家和教育學家對此有什麼話要說嗎？就連精神分析的奠立者佛洛伊德，也不遺餘力地彰顯心靈深處的黑暗和邪惡，並且指出，對於世界而言，所有歡樂都是黃粱一夢，窮究其極，都只不過糞土殘渣而已。他的企圖並沒有成功，他的恫嚇甚至產生反效果，人們反而視糞壤為瑰寶，那真是無法以常理解釋的變態現象，只能說心靈的東西對於這些人有難以言喻的魅力。

無疑地，自從十九世紀初以來，也就是法國大革命可歌可泣的年代，心靈的東西越來越引人入勝，而受到大眾意識的重視。聖母院裡理性女神（Déesse de la Raison）登基的象徵性動作，[9]其意義不亞於基督教傳教士砍下沃坦（Wotan）的橡樹，因為那些惡棍並沒有遭到天打雷劈的報復。[10]

或許不只是個歷史的玩笑，當時有個法國人杜・培宏（Anquetil du Perron）旅居印度，他在十九世紀初翻譯了五十卷《奧義書》（*Oupnek'hat*），[11]讓歐洲得以第一次深入窺探東方神祕的思想。歷史學家認為那是沒有任何因果關係的偶然事件。可是就我的臨床偏見而言，我當然不會把它視為偶然事件，因為一切事件都是依據一個對於個人生活絕對有效的心理學規則：任何在意識裡被棄若敝屣的重要片段，都會在無意識裡的另一面獲得補償。它和能量守恆原理如出一轍，因為我們的心理歷程就是個**能量的歷程**。沒有任何心理值會在沒有等值物取代的情況下憑空消失。這是在心理治療實務上相當有啟發性而屢試不爽的原理。在我心裡的那個醫師不會把民族的心靈世界視為獨立於心理原理之外的東西。在他眼裡，民族的心靈只是比個人的心靈更複雜一點的構造。再說，不是有個詩人反過來提到他的心靈的「諸民族」嗎？[12]我覺得聽起來似乎很有道理。因為在我們的心靈裡的並不只是個體，而是民族、全體，甚至整個人類。我們畢竟都是一個至大的心靈的一部分，一個唯一至大的人，套用斯威登堡（Emanuel Swedenborg）的話來說。[13]

正如有了我個人心裡的黑暗才會有拯救的光明，民族的心靈世界也是如此。湧進聖母院大肆破壞的邪惡而匿名的群眾，也會影響到個人，就連杜・培宏也被波及，使得他大膽提出了一個影響整個世界歷史的答案。叔本華（Arthur Schopenhauer）和尼采的思想都是源自於他，東方思想難以估量的影響也都要算到他頭上。這個影響絕對不可以等閒視之。儘管在歐洲知識圈相當罕見，大概也只是一、兩位哲學系教授，一、兩個佛教狂熱者，幾個陰沉的社會名流，比方說布拉瓦茨基夫人（Madame Helena P. Blavatsky）、貝森（Annie Besant）以及她們的克里希納穆提（Jiddu Krishnamurti）。[14]他們看起來像是群眾大海裡的孤島，但其實是海底巨大火山群的山頂。不久之前，那些有教養的市儈還以為占星學早就成為眾人的笑柄，現在它卻由社會底層崛起；三百年前還被大學拒於門外，如今卻一窩蜂地登堂入室。

東方思想也是如此，它先是攫獲了底層群眾的心，接著才漸漸浮上水面。建造多納赫（Dornach）人智學家神殿的五六百萬瑞士法郎是打哪裡來的？那當然不是來自一個人的捐贈。可惜沒有統計數字告訴我們到底有多少個神智學家，不管是檯面上的或檯面下的。這個數字應該有好幾百萬之譜。此外還有基督宗教和神智學教區的數百萬個靈性學家。

這個鉅變不是由上而下，而是由下而上的，就像樹木不是自天而降，而是從土裡長出來的，儘管它的種子是天上掉下來的。我們世界的劇變和意識的劇變是一樣的東西。一切都是相對的，因而是有疑問的。正因為如此，意識以猶豫而懷疑的態度觀照這個可疑的世界，其中充斥著和平協議和友好條約、民主和獨裁、資本主義和布爾什維克主義（Bolschewismus）的喧囂，使得心靈更加渴望找到種種杌隉不安的懷疑和不確定性的答案。而陰暗底層的人民，國家裡被人訕笑的沉默群眾，他們不像頂尖階層的人那樣背負著學術偏見的包袱，他們反而聽憑心靈的無意識驅力的引導。自上而下觀之，這些人當然差不多都是在上演一齣悲傷或可笑的戲劇，卻又極為天真無知，就像以前那些被賜福的人們一樣。當我們看到心靈的垃圾在檔案室裡盈箱累篋，難道不會為之動容嗎？我們看到有人一絲不苟地把那些無稽讕言、荒誕行徑和故弄玄虛的東西收錄在《人類生活百態》裡，而艾利斯（Havelock Ellis）和佛洛伊德之流的人更是煞有介事地撰寫論文推崇其學術價值，它的讀書群更是涵蓋了整個白人文化圈。他們為什麼對於如此可憎的東西這麼熱中，為什麼如此狂熱地推崇它？它其實是心理學的東西，是心靈實體，就像從遠古的糞壤裡救出來的手稿斷片一樣珍貴。就連深藏在心靈的、臭不可聞的東西，對於現代人而言也是如獲至寶，因為它們正是人們所要的。可是要用來做什麼？

佛洛伊德在他的《夢的解析》（*Traumdeutung*）扉頁上引用了一句話：「Flectere si nequeo superos, Acheronta movebo」（倘使我不能改變上天的意志，我就放出地獄）[15]。如果我沒辦法讓奧林帕斯山屈服，那麼我就要把阿赫隆河[16]掀起滔天巨浪。但是那是要做什麼？

現在，我們要求退位的諸神，是我們的意識世界裡的種種偶像和價值。眾所周知，上古時代的諸神因為其醜聞而聲名狼藉。歷史不斷在重複。人們挖掘我們漪歟盛哉的德行和超卓不群的理想底下不堪聞問的地基，並且歡呼叫道：看吧，這就是你們的神，人類虛構的假象，沾染了人類的劣根性，那只是一座塗上石灰的墳墓，裡頭盡是糞土穢物。我們想起一句古老而家喻戶曉的話，我們在堅振聖事班上不明白它的意思，現在卻是歷歷在目。[17]

我深信這絕對不是什麼偶然的類比。有太多人覺得佛洛伊德的心理學比福音更平易近人，認為布爾什維克主義比公民德行重要得多。可是這些人還是我們的兄弟手足，我們每個人心裡至少都有**一個**聲音在支持他們，因為我們所有人基本上都是**同一個**心靈的一部分。

這個思潮有個無心插柳的結果，那就是人性的醜陋面被攤在世界面前，人們再也沒辦法愛它，我們再也沒辦法愛我們自己，外在世界再也沒有任何東西可以把我們從自己的心靈那裡拉出來。這其實是它在最深層的意義下的目的。神智學以及它的業和輪迴理論，不就是要告訴我們說，這個表象世界只是有缺憾的人們臨時的道德療養所嗎？他們同樣也把當下世界的內在意義相對化，只不過換了個伎倆，因為他們應許了其他層次更高的世界，卻沒有要人們厭惡當下的世界。可是其結論並沒有什麼兩樣。

我承認這些思想難登大雅之堂，但是它卻攫獲了深層的現代意識。而愛因斯坦的相對論以及超越因果律（überkausal）與直觀法則的原子理論居然也變成了我們的思想資產，這也是個偶然的類比嗎？就連物理學也讓我們的物質世界揮發不見了。

我想難怪現在人無一例外地回墮到他的心靈實在界裡，希冀在那裡找到世界沒辦法提供他的安全感。

但是西方國家的心靈處境卻讓人擔憂，而且是每況愈下，因為我們寧可要關於心靈的美的種種幻覺，也不要殘酷無情的真相。西方人生活在把自己燻得不辨東西的信仰煙霧裡，因為障覆了真實的知見。但是我們在其他膚色的人種眼裡是什麼樣的人呢？中國人和印度人對於我們有什麼看法呢？黑人對我們作何感想呢？而那些被我們以烈酒、性病以及習慣性的土地掠奪滅族的人，他們對我們又是什麼看法？

我有個印第安人朋友，他是培布羅族的酋長。有一次我們私底下談論起白種人，他說：「我們真搞不懂白種人。他們不斷地索求，他們一刻也靜不下來，他們總是在追求什麼。他們到底要追求什麼？我們真的不明白。我們搞不懂他們。他們鼻子高挺，他們的嘴唇細薄而冷酷，臉部線條僵硬。我們覺得他們每個人都瘋了。」

雖然說不上來為什麼，我的朋友卻看到了雅利安人這種猛禽及其貪得無饜的掠奪欲望，再怎麼偏遠的地方，他們都不放過。而我們的自大狂更使我們以為基督教是唯一的真理，白人的基督是唯一的救世主。在我們以科學和技術把東方搞得天翻地覆，讓他們朝貢稱臣之後，我們甚至派遣傳教士到中國。在非洲的基督宗教鬧劇更是可憐。他們奉主之名摧毀了多配偶制，因而導致性交易氾濫，在烏干達一年就要花費兩萬英鎊在治療性病上。而老實的歐洲人還要為了這個振奮人心的下場付錢給傳教士。我們還想要提一下波里尼西亞慘絕人寰的受難史以及販賣鴉片的漁利嗎？

這就是走出其道德煙霧的歐洲人的模樣。難怪我們心靈的挖掘宛如河道疏浚工程一般。只有像佛洛伊德這樣偉大的理想主義者才有辦法把這個挖爛泥的骯髒工作當作一生的職志。那些臭味不是他造成的，而是我們所有人，我們看起來乾乾淨淨而正直體面，而那個臭味則是由無以復加的無知以及最拙劣的自我欺騙構成的。我們的心理學，對於我們的心靈的認知，便是以每個關係當中令人作嘔的那一端作為起點，也就是所有我們不想看到的事物。

可是如果我們的心靈只是由卑劣而無益的東西構成的，那麼世界的任何威權應該都沒辦法讓一個正常人覺得它會有什麼魅力可言。而任何覺得神智學只是可悲的膚淺思想、佛洛伊德學說只是譁眾取寵而已的人，應該都會預言說這些思潮不久就會自取其辱地夭折。可是他們忽略了一個事實，那就是這些思潮是以一個狂熱為基礎，也就是對於心靈事物的著迷，而關於心靈的事物也會有各種層出不窮的說法，一直到它們被更好的表述形式超越。迷信和變態基本上是如出一轍的。它們都是不成熟的過渡形式，自其中會產生更成熟的新說法。

不管是就知識、道德或美學的觀點而言，西方人的心靈內部都沒有那麼吸引人。我們固然以無與倫比的熱情為自己打造了一個嘆為觀止的世界，然而正因為我們的外在成就如此雄偉壯觀，我們在心靈深處看到的東西也就難免顯得貧乏寒傖而捉襟見肘。

出於困境與需求的新的存在形式

我想要不揣鄙陋地在這裡預先概述一般性的意識。對於這些心理學事實的看法仍舊莫衷一是。西方世界的大眾也才剛剛起步，而且可想而知會極力抗拒。他們固然對於史賓格勒（Oswald Spengler）的悲觀主義印象深刻，可是那個印象畢竟是框限在學術圈子裡而讓人稍感心安。相反地，心理學的洞見讓個人的生活感到痛苦，因而會遭到個人的抗拒和否認。而我當然不會認為這種抗拒是沒有意義的。相反地，在我看來，那是對於破壞性的事物的一種健康反應。只要相對主義變成了至高究竟的原則，它就會有破壞作用。當我提到對於心靈深處陰森森的景象時，我並不是要提出什麼悲觀主義的警示，而是要突顯一個事實，儘管無意識的外觀相當駭人，卻擁有強大的吸引力，而且不只是對於病態的人，也包括健康而正向的人。心靈深處是人的本性，而本性是有創造力的生命。本性固然會拆掉它自己建造起來的東西，但是它也會重建。不管現在的相對主義怎麼拆除可見世界的種種價值，心靈都會補償我們。我們起初當然只是看到自己深潛到陰暗而醜陋的地方，可是受不了這個景象的人，永遠不會創造出光明和美麗。光明永遠只會生自黑夜，太陽不是因為人們對於它擔心受怕的渴望緊抓著它不放才一直高掛天上的。杜．培宏的例子不是告訴了我們心靈如何一再揚棄它自己的虧食？中國當然不會相信歐洲的科學和技術會葬送它的命運。我們為什麼要相信東方的神祕靈性影響會毀滅我們呢？

可是我忘了或許我們根本還不知道，我們以優勢的科技能力搖撼了東方的**物質**世界，而東方世界則是以其優越的**心靈**能力使我們的**靈性**世界一團混亂。我們沒有想到東方世界居然會攫獲我們的內心。這個念頭或許看起來很瘋狂，因為我們只會思考因果關係，而看不出來為什麼一個穆勒（Max Müller）、一個歐登堡（Hermann Oldenberg）、一個多伊森（Paul Deussen）或者是一個衛禮賢（Richard Wilhelm）[18]要為我們中產階級知識份子的困惑負責。可是羅馬帝國不是也告訴我們了嗎？隨著中東的遠征，羅馬也興起一陣亞洲風，整個歐洲都被亞洲感染了，至今依然如此。羅馬人的軍隊宗教就是源自基利家（Kilikien），[19]從埃及到多霧的英國，更不用說基督宗教，都受到它的影響。

我們還沒有真的看出來，西方世界的神智學只是對於東方世界的半吊子式的、相當野蠻的模仿。在東方是家常便飯的占星學，在我們這裡再度興起。在維也納和英國崛起的性學，也是以印度為其更優越的範本。他們那裡幾千年前的文本早就在教導我們哲學上的相對主義，而我們剛剛認識到的超越因果律的觀點，正是整個中國科學的基礎。至於我們的心理學若干複雜的新發現，也可以在古代中國文本裡看到能夠辨識的描述，正如衛禮賢教授最近證實的。我們認為是西方國家特有的發明，也就是精神分析以及以它為開端的種種思潮，相較於東方的古老技術，只是初學者的嘗試而已。或許值得一提的是，史密茲（Oskar A. H. Schmitz）寫了一本書，探討了心理學和瑜伽的相似性。[20]

神智學家有個有趣的想法，他們認為在喜瑪拉雅山或是西藏靜坐的聖人（Mahatma）啟迪且引導著整個世界的人們。東方巫術信仰的影響無遠弗屆，有些心智正常的歐洲人甚至信誓旦旦地對我說，我所說的那些話，其實是不知不覺地受了聖人們的影響，而不是我自己的洞見。在歐洲家喻戶曉而深植人心的這個神話，就像所有神話一樣，並不是無稽之談，而是一個重要的心理學真理。東方世界似乎和我們現在的靈性變化的成因有關。只不過這個東方世界不是住在西藏上師的寺廟裡，而主要是在我們心裡。創造新的靈性形式的，是我們自己的心靈，這些形式包含了種種心靈現實，它們會把雅利安人肆無忌憚的掠奪欲望放在蒸氣室裡治療；我們大抵上會看到類似生命的限制的東西，它在東方開展成一種可疑的寂靜主義（Quietismus），我們也會看到，當心靈的要求和外在社會生活的需求一樣迫切的時候，人們必然會主張那種存在的安定性。可是處於大美國主義的我們距離這類的問題還很遙遠，在我看來，我們現在還只是在新的心靈文明的起步階段。我不敢當起先知來，可是如果不提到在杌隉不安的狀態當中對於安全感的渴望、在不確定性的狀態當中對於確定性的要求，那就沒辦法勾勒出現代人的心靈問題。新的存在形式的產生是出於需求和困境，而不是理想的要求或是單純的願望。而如果我們沒辦法至少暗示任何可能的解答，即便不是究竟的，我們也無法完整呈現問題本身。就我眼前看到的問題而言，完全看不出來未來的答案。有人總是會聽天由命地回到現狀，而樂觀的人則是會努力改變世界觀和存在的形式。

在現代意識對於心靈的著迷當中，我看到了現在心靈問題的核心。悲觀地看，它只是個偶然現象；樂觀地看，它則是西方靈性世界最深層的變化的希望種子。無論如何，它都是個意義重大的現象，由於它植基於民族範圍更大的種種層面上，因而更加不容小覷，而由於它觸及了非理性以及（正如歷史證明的）不可預測的心靈驅力，因而更加重要，這些驅力史無前例且神祕莫測地重塑了各個民族和文化的生活。而**那種**力量至今對於許多人而言依然是諱莫如深，在我們的時代對於心理學的興趣深處。對於心靈的著迷基本上不是什麼病態的東西，而是個強大的吸引力，人們不會因為它不堪聞問而退避三舍。

沿著世界上車馬駢闐的大道一路望去，盡是荒煙蔓草，滿目瘡痍。於是我們尋找道路的本能選擇了羊腸小徑，探索人煙罕至的地方，就像古代人總算擺脫了他們的奧林匹亞諸神世界，找到了中東的祕教。我們的神祕本能向外尋索，汲取了東方的神智學和東方的巫術；不過我們也向內心尋索，沉思心靈深處。就像佛陀為了親知親證唯一可信的源初經驗，而把兩百萬個神祇拋在一旁，認為祂們無助於解脫，我們也以相同的懷疑論和激進主義尋尋覓覓。

「危險之所在，亦是救贖之所生」

現在我們來到最後幾個問題。我談到關於現代人的問題，現在是否依舊存在？或者只是個視覺幻象？對於千千萬萬的歐洲人而言，我所提到的事實無疑只是不足一哂的偶然事件而已，許多知識份子更認為那只不過是令人遺憾的歧路。舉例說，對於一開始在底層社會傳道的基督宗教，一個有教養的羅馬人作何感想呢？歐洲人的神就像地中海對岸的安拉一樣，都是有生命的位格神，而他們卻都認為對方是低劣的異教徒，是不可救藥而可憐的。一個聰明的歐洲人甚至會認為諸如宗教之類的事物，只有對民眾和婦女有好處，相較於和經濟、政治直接相關的問題，則沒有那麼重要。

於是我的說法被人們嗤之以鼻，宛如一個人在碧空如洗的豔陽天裡預言會有傾盆大雨。也許大地地平線的那端真的有大雨，也許對於我們根本不會有影響。可是心靈的問題一直都蟄伏在意識的地平線底下，當我們談到心靈問題時，我們其實談到幾乎不可見的事物，談到極為私密而脆弱的事物，猶如只在夜裡才綻放的花。在白晝裡，一切都是那麼清晰明確，可是黑夜和白天一樣漫長，我們在夜裡也一樣活著。有些人會做惡夢，到了白天還會一直心神不寧。有些人白天的生活簡直是一場惡夢，而渴望夜的來臨，那是心靈清醒的時分。我相信現在這種人特別多，因而認為我所描述的現代人的心靈問題雖不中亦不遠矣。

不過我要為自己的片面性致歉，因為對於大多數人都會談到的**我們現實世界的心靈**，我並沒有任何著墨，因為大家都知之甚詳了。它自我開顯於國際或跨國的理想當中，由國際聯盟（League of Nations）之類的組織加以體現，接著也可見於運動、尤其電影院和爵士樂裡。這些當然是我們時代最顯著的症候，我們看到人文主義的理想如何延伸到身體上面。於是運動意味著對於身體的特別重視，在現代舞蹈裡尤其可見一斑。至於電影則和偵探小說一樣，可以安全無虞地體驗在充滿壓抑的人文社會時代裡必然要沒落的刺激、情欲和幻想。我們不難想見這些症候和心理狀態的關聯性。所以說，對於心靈的著迷不外乎一種新的自我省思，對於根本的人性的反省。難怪一直被認為比心靈低下的身體會重新被人發現。我們甚至不由得說出「**肉體對心靈的復仇**」這樣的話。蓋沙令伯爵（Hermann Graf von Keyserling）以反諷的方式說司機是我們時代的文明主角，他大抵上沒有偏離太多。[21]身體開始主張它的平權，它和心靈一樣引人入勝。如果人們還拘泥於心物對立的古老觀念，那麼這個情況就代表著一種分裂、一種難以忍受的矛盾。如果我們可以和神祕宗教和解，認為心靈是自內觀之的身體世界，身體是向外開顯的心靈世界，兩者不是二而是一，那麼我們也可以理解，現在人們試圖透過無意識超越當下的意識層次，為什麼會推論到對於身體的正視，也會明白對於身體的信仰為什麼只能容忍一種不會為了心靈而否定身體的哲學。對於心靈和身體的史無前例的強烈主張，雖然看起來是個墮落現象，卻也意味著一種**回春**，因為，正如賀德林（Friedrich Hölderlin）所說的，[22]

危險之所在，
亦是救贖之所生。

我們看到的其實是，西方世界以更快速的節奏，美國人的節奏，走向寂靜主義和厭世的對反面。外在世界和內心世界之間產生了巨大的對立，或者說是客觀世界和主觀世界之間的對立，或許那是老化的歐洲和年輕的美國的決賽，或許那是健康或者說絕望的嘗試，要擺脫自然律的神祕力量，喚醒沉睡的民族，爭取更偉大而英勇的勝利。不過這是個必須交由歷史去回答的問題。

本文刊載於 *Europäische Revue* IV (Berlin, 1928)，於本書中修訂增補內容

注釋

1 那寫於一九二八年！

2 譯注：英文為 Kellogg-Briand Pact，全稱為《關於廢棄戰爭作為國家政策工具的普遍公約》，於一九二八年在巴黎由十一國簽定的國際公約，規定放棄以戰爭作為國家政策的手段和只能以和平方法解決國際爭端。

3 譯注：人死後必須在死神奧塞利斯那裡接受審判，他會一一否認自己犯過任何錯誤，而對於自己的真正罪行隻字不提。見《法老的國度》，頁一〇八—一一七，蒲慕洲著，麥田出版，二〇〇一。

4 譯注：阿庇斯是豐收神、繁殖神，即有名的聖牛或公牛神。見《神話學辭典》，頁四二，林宏濤譯，商周出版，二〇〇六。

5 亞力山卓港的希羅（c. 10 AD-c. 70 AD），希臘數學家和工程師，出生於羅馬帝國的亞力山卓港。他在其著作裡談到如何製造以蒸汽驅動的汽轉球（aeolipile），被認為是世上第一部蒸汽機，不過沒有任何實際用途。

6 譯注：赫拉克列斯（Herakles）以塗上毒龍海德拉（Hydra）的血的箭射死半人馬涅索斯（Nessus），他臨死前給了赫拉克列斯的妻子戴雅妮拉（Deianeira）一塊沾了毒血的布，騙她說讓丈夫穿上就可

以激起他的情欲，卻毒死了赫拉克列斯。（《神話學辭典》，頁二〇六—二〇七）

7 譯注：「在我們身上，生與死，醒與夢，少與老，都始終是同一的東西。後者變化了，就成為前者，前者再變化，又成為後者。」「上升的路和下降的路是同一條路。」「他們不瞭解如何相反者相成：對立造成和諧，如弓與六弦琴。」（《古希臘羅馬哲學資料選編》）另見：榮格，《榮格論心理類型》，頁四八二，莊仲黎譯，商周出版，二〇一七。

8 譯注：Hyperboräer，希臘文字意是「在北風神之外的地方」，最早見於希羅多德的《歷史》：「至於極北地區的居民，不拘是斯奇提亞人還是這些地方的其他居民都沒有告訴我們過任何事情。」（希羅多德，《歷史》，頁二七一，王以鑄譯，臺灣商務，一九九七）

9 譯注：法國大革命時期興起的民間自然主義宗教，企圖以理性和自由的信仰取代基督宗教。一七九三年於聖母院舉行揭幕典禮，設立理性和自由的神龕，其中一個歌劇女伶擺出「理性女神」的姿態登基。

10 譯注：指北歐神話裡的宇宙樹，聖殿和家戶都會種植一棵守護樹，可能是菩提樹、梣樹或榆樹。見《北歐神話學》，頁五〇〇—五〇二、五七七—五八三，商周出版，二〇一八。

11 譯注：為最早的《奧義書》（*Upanisad*）譯本（Strasbourg, 1801-1802），對於歐洲的東方學影響甚大。

12 譯注：「對於我們叫做野蠻人的大多數民族而言，心靈的國度是他們在墳墓之外的極西樂土。」（Johann Gottfried Herder, *Land der Seele*, 1797）

13 譯注：斯威登堡（1688-1772），瑞典科學家、哲學家和神學家，以其靈視經驗和神學著作而著稱於世。

14 譯注：布拉瓦茨基夫人（1831-1891），俄羅斯神智學家，於一八七五年創立神智學會。貝森（1847-1933），英國社會主義者和神智學家。

15 譯注：原文見：維吉爾，《伊尼亞斯逃亡記》，頁一九二，曹鴻昭譯，聯經出版，一九八〇。

16 譯注：阿赫隆河是冥府之河，必須坐船伕哈隆（Charon）的小舟渡河，才能到冥府哈得斯（Hades）。見《神話學辭典》，頁一一二。

17 譯注：《馬太福音》二三：29：「你們這假冒為善的文士和法利賽人有禍了！因為你們好像粉飾的墳墓，外面好看，裡面卻裝滿了死人的骨頭和一切的污穢。」

18 譯注：穆勒（1823-1900），德國東方學家和印度學家，比較宗教學的奠基者；歐登堡（854-1920），德國印度學家，基爾和哥廷根大學教授；多伊森（1845-1919），德國印度學家，基爾大學教授；衛禮賢（1873-1930），德國同善會傳教士、漢學家。

19 譯注：基利家的英文為「Cilicia」。此句的宗教指密特拉信仰，西元一至四世紀盛行於羅馬的祕教，信仰源自伊朗的密特拉（Mithra）。見《世界宗教理念史》卷二，頁三〇九—三一六，廖素霞、陳淑娟譯，商周出版，二〇〇一。

20 譯注：見 *Psychoanalyse und Yoga* (Leuchter-Bücher). Reichl-Verlag, Darmstadt 1923。

21 譯注：語見 Hermann von Keyserling, *Reisetagebuch eines Philosophen*, 1919：「我們現在當然是身處於司機和黑人舞蹈的年代。」

22 譯注：見 Friedrich Hölderlin, *Patmos*, 1808。

國家圖書館出版品預行編目資料

榮格論現代人的心靈問題 / 卡爾・榮格（C. G. Jung）著；温澤元, 林宏濤譯. -- 初版. -- 臺北市：商周出版, 城邦文化事業股份有限公司出版：英屬蓋曼群島商家庭傳媒股份有限公司城邦分公司發行, 2022.07
面；　公分. -- (Discourse ; 114)
譯自 : Seelenprobleme der Gegenwart
ISBN 978-626-318-323-0（平裝）
1. CST: 榮格（Jung, C. G. (Carl Gustav), 1875-1961）　2.CST: 學術思想
3. CST: 精神分析學
170.189　　111008212

Discourse 114

榮格論現代人的心靈問題

原著書名 / Seelenprobleme der Gegenwart
作者 / 卡爾・榮格（C. G. Jung）
譯者 / 温澤元、林宏濤
責任編輯 / 李尚遠

版權 / 吳亭儀、游晨瑋
行銷業務 / 周丹蘋、林詩富
總編輯 / 楊如玉
總經理 / 彭之琬
事業群總經理 / 黃淑貞
發行人 / 何飛鵬
法律顧問 / 元禾法律事務所　王子文律師
出版 / 商周出版
城邦文化事業股份有限公司
115台北市南港區昆陽街16號4樓
電話：(02) 2500-7008 傳眞：(02) 2500-7579
E-mail：bwp.service@cite.com.tw
發行 / 英屬蓋曼群島商家庭傳媒股份有限公司城邦分公司
115台北市南港區昆陽街16號8樓
書虫客服服務專線：(02) 2500-7718・(02) 2500-7719
服務時間：週一至週五09:30-12:00・13:30-17:00
24小時傳眞服務：(02) 2500-1990・(02) 2500-1991
郵撥帳號：19863813　戶名：書虫股份有限公司
E-mail：service@readingclub.com.tw
歡迎光臨城邦讀書花園 網址：www.cite.com.tw
香港發行所 / 城邦（香港）出版集團有限公司
香港九龍土瓜灣土瓜灣道86號順聯工業大廈6樓A室
電話：(852) 2508-6231　傳眞：(852) 2578-9337
E-mail：hkcite@biznetvigator.com
馬新發行所 / 城邦（馬新）出版集團 Cité (M) Sdn. Bhd.
41, Jalan Radin Anum, Bandar Baru Sri Petaling,
57000 Kuala Lumpur, Malaysia
電話：(603) 9056-3833　傳眞：(603) 9057-6622
E-mail：services@cite.my

封面設計 / 李東記
排版 / 新鑫電腦排版工作室
印刷 / 韋懋實業有限公司
經銷商 / 聯合發行股份有限公司
電話：(02) 2917-8022　傳眞：(02) 2911-0053
地址：新北市231新店區寶橋路235巷6弄6號2樓

■2022年6月初版
■2024年8月初版2刷
定價 560元

Printed in Taiwan
城邦讀書花園
www.cite.com.tw

ISBN 978-626-318-323-0

廣　告　回　函
北區郵政管理登記證
台北廣字第000791號
郵資已付，免貼郵票

115台北市南港區昆陽街16號8樓

英屬蓋曼群島商家庭傳媒股份有限公司　城邦分公司

請沿虛線對摺，謝謝！

書號：BK7114　**書名：**榮格論現代人的心靈問題　**編碼：**

請於此處用膠水黏貼

讀者回函卡

線上版讀者回函卡

感謝您購買我們出版的書籍！請費心填寫此回函卡，我們將不定期寄上城邦集團最新的出版訊息。

姓名：＿＿＿＿＿＿＿＿＿＿＿＿＿＿＿＿ 性別：□男 □女

生日：西元＿＿＿＿＿＿年＿＿＿＿＿＿月＿＿＿＿＿＿日

地址：＿＿＿＿＿＿＿＿＿＿＿＿＿＿＿＿＿＿＿＿＿＿＿＿

聯絡電話：＿＿＿＿＿＿＿＿＿＿＿＿ 傳真：＿＿＿＿＿＿＿＿＿＿＿＿

E-mail ：

學歷：□ 1. 小學 □ 2. 國中 □ 3. 高中 □ 4. 大學 □ 5. 研究所以上

職業：□ 1. 學生 □ 2. 軍公教 □ 3. 服務 □ 4. 金融 □ 5. 製造 □ 6. 資訊

□ 7. 傳播 □ 8. 自由業 □ 9. 農漁牧 □ 10. 家管 □ 11. 退休

□ 12. 其他＿＿＿＿＿＿＿＿＿＿＿＿＿＿＿＿＿＿＿＿＿＿＿＿

您從何種方式得知本書消息？

□ 1. 書店 □ 2. 網路 □ 3. 報紙 □ 4. 雜誌 □ 5. 廣播 □ 6. 電視

□ 7. 親友推薦 □ 8. 其他＿＿＿＿＿＿＿＿＿＿＿＿＿＿＿＿＿＿

您通常以何種方式購書？

□ 1. 書店 □ 2. 網路 □ 3. 傳真訂購 □ 4. 郵局劃撥 □ 5. 其他＿＿＿＿

您喜歡閱讀那些類別的書籍？

□ 1. 財經商業 □ 2. 自然科學 □ 3. 歷史 □ 4. 法律 □ 5. 文學

□ 6. 休閒旅遊 □ 7. 小說 □ 8. 人物傳記 □ 9. 生活、勵志 □ 10. 其他

對我們的建議：＿＿＿＿＿＿＿＿＿＿＿＿＿＿＿＿＿＿＿＿＿＿＿＿

＿＿＿＿＿＿＿＿＿＿＿＿＿＿＿＿＿＿＿＿＿＿＿＿

＿＿＿＿＿＿＿＿＿＿＿＿＿＿＿＿＿＿＿＿＿＿＿＿

請於此處用膠水黏貼